数据经济讲义

高富平◎著

人民日报出版社
北　京

图书在版编目（CIP）数据

数据经济讲义 / 高富平著 . — 北京：人民日报出版社，2024.8

ISBN 978-7-5115-8029-0

Ⅰ.①数… Ⅱ.①高… Ⅲ.①信息经济—研究 Ⅳ.①F062.5

中国国家版本馆CIP数据核字（2023）第247872号

书　　名： 数据经济讲义
SHUJU JINGJI JIANGYI

作　　者： 高富平

出 版 人： 刘华新

责任编辑： 蒋菊平　李　安

出版发行： 人民日报出版社

社　　址： 北京金台西路2号

邮政编码： 100733

发行热线：（010）65369509　65369527　65369846　65369512

邮购热线：（010）65369530　65363527

编辑热线：（010）65369528

网　　址： www.peopledailypress.com

经　　销： 新华书店

印　　刷： 大厂回族自治县彩虹印刷有限公司

法律顾问： 北京科宇律师事务所　（010）83622312

开　　本： 710mm × 1000mm　1/16

字　　数： 306千字

印　　张： 23.75

版次印次： 2024年8月第1版　　2024年8月第1次印刷

书　　号： ISBN 978-7-5115-8029-0

定　　价： 66.00元

序

探寻数据经济新范式

伴随数字技术发展及其在社会的深度应用，人类社会步入数字经济时代。数字经济是继农业经济、工业经济之后的新经济形态，其核心是以数据资源为关键要素，以现代信息网络为主要载体，以信息通信技术融合应用、以全要素**数字化转型**为重要推动力。数字化转型的核心并非是数字化本身，而是利用数字化形成的全面反映客观世界的数据（亦被称为大数据）更高效精准地认知客观世界变化规律，具备改造世界的新的认知能力和智慧行动力。计算机科学已经不仅仅是人们处理、存储和传输信息的便捷工具，还是逐渐发展出能够挖掘数据背后规律、直接输出知识或智慧行动的能力。由此产生以机器学习为代表的人工智能——释放数据价值的认知革命。

在过去，我们借助语言符号，由人力记录和观测客观世界存在及变化，分析和总结客观世界变化规律，形成知识，指导人类智慧行动。知识学习和经验总结是人类智慧的来源。如今，泛在的传感器、智能设备，在运行过程中自然生成了大量以0和1表示的客观数据。这些数据可为机器（计算机或智能系统）识读、分析、学习，形成类似人类的智能体（如ChatGPT），输出供人类参考的信息或知识，或者直接完成传统上由人完成甚或不能完成的事情（如智能驾驶、深海探测等）。由此，数据被认为具有认知价值，可以产出知识或智能，并可以转化为生产力。数据作为资源（常被比喻为“石油”）或生产要素，试图支撑这样的转化。

但是，数据是数字化的副产品，是客观的社会存在。数据本身并没有价值或者说其价值微乎其微。数据能够产出知识和智能，是数据汇集利用的结果，只有汇集才能挖掘及分析数据代表的客观世界的规律。不过，这并非是指人消化吸收数据含义（信息或知识）层面的利用，而是指对超大规模数据寻找联系层面的利用。这超出人的能力，只有机器才能胜任。计算技术的进步使机器可以学习数据，并通过数据之间的关联分析对象（实体）的运动、变化或行动规律，从而产生可以分析新数据的算法、模型。这些算法、模型通过与人的交互，能够完成传统意义上只能由人作出的判断或预测，或者驱动机器适应环境作出一定智能行动。因此，数据本身不会产生智能，数据利用才会产生智能，而数据利用能力则取决于算力、算法、数据处理技术，最终取决于在信息技术领域的长期研发投入、人才培养等。人工智能时代，比拼的仍然是技术，数据依赖技术转化为生产力。

但是，这不否认"数据是资源或是生产要素"的判断。模型训练、机器学习需要数据，没有数据就不能训练出模型，没有足够多的数据就不能产生大模型。但是，每个主体所拥有的数据是有限的，如何创建一种机制让数据主体能够以低成本、高效率的方式获得和汇集所需要的高质量数据，成为机器智能形成的关键？在数字化时代，虽然数据无时不生、无处不在，但是间接获取数据的渠道并不通畅，采集和加工使用数据者是否可以及如何转让数据并不清楚。由此，数据的重用陷入"囤积"和"爬取"之间的较量，导致算法工程师大约80%的时间都在清洗整理数据，这严重阻碍了数据转化为生产力的步伐。

为促进数据生产力的转化，需要激励数据生产者对外提供数据，从而建立健全数据需求主体可获其所需数据的数据社会化利用制度。数据的社会化利用即数据为不同主体、不同目的的重用，旨在使每个人所产生的数据为其他主体所利用，最大化实现数据的社会价值。基于数据非排他、非竞争使用的特点，数据分享（data sharing）被看作有序实现社会化利用的形式。《中共中央 国务院关于构建数据基础制度更好发挥数据要素作用的意见》（简称"数据二十条"）将数据流通描述为**开放、共享、交换、交易等方式，**

这样的数据流通包含了所有提供数据以及让人使用数据的情形，与域外的数据分享含义相同。于是，促进数据分享或数据流通利用，成为推进数据社会化利用、实现数据生产力转化的基础制度。①

数据分享/数据流通既可以采取市场化方式，亦可以采取非市场化方式。非市场化方式将数据资源的对外提供看作公共产品（公共服务），以无偿或非商业交易方式向数据需求者提供数据；市场化方式承认数据生产者（加工使用者）基于价值创造的数据控制权，以有偿或商业交易方式对外提供数据（转移数据使用权）。公共数据开放是数据非市场方式社会化利用的典型，而数据市场被看作通过数据交易实现数据社会化利用的方式。于是，公共数据开放（数据作为公共物品）和数据市场化交易（数据视为可交易“商品”）成为世界各国普遍探索实现数据重用（社会化利用），最终驱动社会创新的两条路径。应当说，到目前为止，这两条路径仍然还在探索中，世界各国还没有找到适应数据特征的数据重用有效制度机制。

当前最主要的问题是如何认识和定位重用数据的性质。在前数字经济时代，事实——无论是以何种符号记录或表达，也无论是否系统地存在于知识成果之中（作为知识的组成部分）——均不纳入私法的产权体系之下；甚至知识产权制度也仅仅是保护创新成果（赋予对创新成果的专有使用权），而不是泛泛地置知识（成果）于创造（作）者的意志支配之下。因此，作为事实记录的数据不能纳入传统产权保护，且一经公开或只要公开，即置于

① 数据社会化利用是脱离原主体使用场景被另一主体在新的场景中使用，被称为数据重用或再用（reuse）；这一过程在域外称为数据分享（data sharing，包括单向允许他人使用，双向允许使用——共享），在我国称为数据流通。因此，数据重用、数据分享、数据流通利用可互换使用。由于数据的非竞争使用属性，所以数据流通以原持有者保留数据，提供（许可）他人使用为典型。数据流通（域外数据分享）并不一定是有对价的交易，还可以是业务合作（数据交换）、无偿提供（开放）等，但有一个共同要求是控制数据流向和使用——实现数据有序重用和风险控制。因此，数据流通不是一种形式，而是对所有允许他人受控使用方式的概括。这样，我们就可以用数据流通涵盖各种社会化数据利用形式。

公共领域（public domain），成为任何人都可以获取和使用的“公共物品”。显然，继续将数据定位成公共物品，看似可以最大化实现数据社会化利用，但它是无序的、无效率的，甚或是破坏性的，容易导致不负责任的滥用或非法使用。

从我国公共数据开放实践来看，直接将从事公共管理和服务的政府数据定位于公共数据不能有效实现政府数据的社会化利用。政府在从事公共管理和服务过程中形成的数据，只有在治理后才能成为向社会提供的数据，成为可机读、可重用的数据。如何明确和分配数据治理责任和开放义务，管控数据流通（社会化利用）的风险，需要配套的责、权、利制度安排，而非将政府数据置于任何主体均可以访问的开放平台那么简单。因此，我国正在尝试公共数据授权运营，寻求在公共机构授权可信第三方开展治理和受控开放，实现公共数据到可重用生产要素的转化。

数据市场交易实际上是将数据看作可交易的商品，试图援用市场经济的原理和规律构建类似传统有形产品生产、交易和消费的秩序，构建数据社会化利用秩序。以数据生产、流通和使用（消费）为内容的数据经济，进入学术研究范畴以及政策制定者的视野。欧盟在2017年正式提出构建欧洲数据经济，并不断围绕数据分享构建相应的数据经济制度。我国提出的数据作为生产要素和数据要素市场建议是相同战略目标的中国表达。但是，数据要素市场也面临基础制度构建的难题。这里的困难不仅在于数据能否设定产权，还在于设置产权后，是否真的有助于数据社会化利用和社会价值的实现。数据本质上是认知客观世界和开展社会交往的工具，在本源上应当实行开放获取和利用的制度。一旦在法律制度上给数据获取和生产者以产权保护，就会进一步强化数字技术对数据的控制力。数字技术使数据收集者和生产者在事实上控制数据，如果再对其配置产权保护，赋予其传统产权的排他和追及效力，可能会对数据持有者形成过度保护，降低数据的可获取性，甚至导致数据权利滥用、妨碍自由竞争等消极后果。

上述表明，将数据定位于公共领域（公共物品），或者纳入传统的产权范式，均不利于数据重用秩序构建，无益于数据的生产、流通和使用进而形成数据经济，无法为数据智能的形成提供足够的燃料。实现有效数据重用的制度可能是介于两极端之间的某种制度安排。“数据二十条”试图创立以数据持有权为支撑的数据使用权流通利用秩序，构建适应数据特征的基础制度和数据产权新范式。但是，如何理解和落实这样的基础制度，按照新产权范式构建数据社会化利用秩序，最大化实现数据社会价值，仍然有许多理论和制度共识需要达成。

显然，《数据经济讲义》并不是对定型的经济形态的原理阐释，而是对形成中的且不确定的数据经济现象的理论探索，试图揭示数据经济或数据要素市场建设的理想状态及其所需的制度机制。因此，它不是一本严格意义上的经济学讲义，而是探索数据资源经济化运营机制的过程性表达。

笔者不是经济学者，只是从1999年开始一直观察和感悟数字经济（之前称为电子商务）发展，并研究其对法律规范的挑战和应用。尤其一开始就关注研究信息交易的法律基础，试图探讨非受版权法保护的信息交易纳入财产法体系的可行路径。2009年，出版了《信息财产——数字内容产业的法律基础》，算是对前期研究的交代。2012年大数据概念出现之后，笔者再次研究可机读原始数据的重用秩序构建问题，本书也整合经济学原理，思考实现数据社会化利用的基础制度。作为专注财产法研究的学者，深知产权的本质在于构建资源利用秩序，而这需要探究数据经济运行规律，从数据经济制度需求出发设计适配的产权体制。

在这样的思想指导下，2019年笔者发表的《数据经济的基础制度——全面数据开放制度设想》《数据生产理论——数据资源权利配置的基础理论》《数据流通理论——数据资源权利配置的基础》三篇研究成果，成为笔者关于数据经济制度设计的理论基础。2020年后，笔者提出数据来源者、数据持有者和数据使用者权益平衡保护的数据治理框架，提出基于数据持有权的数据流通交易制度规则，为国家提出的数据要素市场提供理论支撑。这些研究成为“数据二十条”的理论渊源，并深度参与具体的制度设计。之后，笔者在《数据要素市场形成论——一种数据要素治理的机制框架》《论数据持有者权：构建数据流通利用秩序的新范式》《论公共机构的数据持有者权》等文中进一步论述了数据要素市场形成原理和支撑数据要素流通交易的数据产权新范式——治理范式。所有这些均成为本书的思想来源。

本书的写作初衷定位于“数据二十条”的实施和落地规则，试图为实践操作提供方向性或规则性的指引。但是，在缺乏理论和制度共识的前提下，这一目标很难实现。幸好，笔者自2016年以来一直参与数据交易所制度的建设和实践，尤其参与上海数据交易所的制度设计、广州数据交易所“一所多基地多平台”的落地实施等，积累了一定的实践经验和一手资料，为抽象的理论和制度探索及设计提供了一些支撑材料或可资借鉴的经验。

本书基于笔者长期对数据社会价值实现的法律制度的研究和理解而成，试图搭建数据经济的运行体系框架，并在此基础上探索适配的制度和机制新范式。实际上，本书先提出适合数据特征的新经济范式，再提出适配制度范式——基于数据持有权的治理范式，意味着本书构建了治理范式数据经济秩序，而不是基于清晰产权界定和交易的市场经济范式。横跨经济学和法学两大学科的范式创新不仅需要勇气，更需要实践验证。不管怎样，权且公之于众，供学术共同体、法律规则创制者、产业实践者学习、研究和批判。

本书写作经历了漫长过程，笔者学术团队许多人参与了本书资料整理和修订，包括智能法学科成员侍孝祥、金枫梁、王镭、云晋升、向秦、徐子淼等，博士生陶冉、于弋涵、李群涛、冉高苒、邵鑫宇、郭福卿、王亮等，感谢他们为本书问世的付出。

高富平

2023年9月20日

第一单元　迈向数据经济

第二单元　数据要素价值：数据生产力

第三单元　数据要素基础理论

第四单元　数据要素的基础制度：数据重用治理框架

第五单元 数据经济运行体制和机制

第六单元 政府、政府数据与数据经济

第一单元

迈向数据经济

伴随数字技术不断迭代发展和深度应用，人类社会进入了全面的数字化发展阶段。数字技术正在改变社会和经济，数据智能正在改变人类的认知、创新和智慧行动力。人们不断地使用第四次工业革命、数据革命、人工智能等词语来描述这一技术变革，并将其形成的社会经济形态称为数字经济。这是一种基于数字连接以及人类社会、政治和经济活动全面“数据化”的社会发展形态。数字经济概念已被世界各国普遍接受为社会运行发展的新模式，数据经济是数字经济的内核和引擎，成为各国经济发展战略和制度政策的基本面向。

第1讲　数字经济作为社会经济的变革力量

《“十四五”数字经济发展规划》的开篇指出：“数字经济是继农业经济、工业经济之后的主要经济形态，是以数据资源为关键要素，以现代信息网络为主要载体，以信息通信技术融合应用、全要素数字化转型为重要推动力，促进公平与效率更加统一的新经济形态。”数字经济持续“推动生产方式、生活方式和治理方式深刻变革，成为重组全球要素资源、重塑全球经济结构、改变全球竞争格局的关键力量”。

§1.1　数字经济：一个动态演进的概念

“数字经济”一词最早由经济学家在20世纪90年代日本经济衰退期间提出。1996年，唐·塔普斯科特（Don Tapscott）出版了《数字经济：网络智能时代的承诺与危险》一书，[①]讨论了互联网如何改变商业模式。1999年，美国约翰·霍尔蒂万格（John Haltiwanger）和罗恩·加敏（Ron S. Jarmin）发表了《测量数字经济》一文，认为由于计算机和互联网的普及应用，经济正在发生根本性的变化，需要改进新兴数字经济的数据收集和衡量。[②]

在2020年之前，人们广泛使用各种概念来描述数字技术应用带来的社

---

① Don Tapscott.the Digital Economy：Promise and Peril In the Age of Networked Intelligence［M］. New York：McGraw Hill，1996：34–37.

② Ron S.Jarmin，Measuring the Digital Economy，June 1999，https://www.researchgate.net/publication/2815249.

会经济变化。联合国贸易和发展会议每两年发布一份关于经济的报告，2001年发布了《2001年电子商务与发展报告》，到2017年使用“信息经济报告”，而到2019年开始使用《数字经济报告》[①]。这些报告名称的变化大致反映了国际社会对数字技术在社会经济中作用变迁，在过去主要关注数字通信技术或网络应用对社会经济的影响，而到了2019年的报告，开始关注数字经济在社会经济中创造价值，特别是数据驱动经济、数字数据和数字平台方面。

1999年，电子商务成为我国经济领域的新现象。2003年，国家提出信息化战略，通过企业信息化（电子商务）和政府信息化（电子政务）两化来带动工业化，推进社会经济发展。在这一过程中，我们不断地使用电子商务、信息经济、网络经济、“互联网+”或“+互联网”来描述数字技术带来的社会经济变化。2015年，《促进大数据发展行动纲要》发布后，数据经济、智能经济、智能制造、工业4.0、数字产业化或产业数字化、数字化转型等概念也不断出现。所有这些大致都描述了数字技术发展新阶段带来社会经济运行方式和动能的变化。

2016年二十国集团（G20）杭州峰会，数字经济概念正式登陆中国，成为国家和民间广泛使用的概念，峰会对数字经济的定义，也为国内学术界广泛接受。《二十国集团数字经济发展与合作倡议》中，数字经济被定义为：“以使用数字化的知识和信息作为关键生产要素、以现代信息网络作为重要载体、以信息通信技术的有效使用作为效率提升和经济结构优化的重要推动力的一系列经济活动。”[②]

---

① 2017年的报告为《2017年信息经济报告：数字化、贸易和发展》，2019年《2019年数字经济报告：价值创造和获取：对发展中国家的影响》。

② 参见中华人民共和国国家互联网信息办公室网站，《二十国集团数字经济发展与合作倡议》，http：//www.cac.gov.cn/2016-09/29/c_1119648520.htm。中国信息通信研究院在《中国数字经济发展白皮书（2017年）》中，将数字经济表述为“数字经济是以数字化的知识和信息为关键生产要素，以数字技术创新为核心驱动力，以现代信息网络为重要载体，通过数字技术与实体经济深度融合，不断提高传统产业数字化、智能化水平，加速重构经济发展与政府治理模式的新型经济形态。”

《中共中央　国务院关于构建更加完善的要素市场化配置体制机制的意见》（2020年3月30日）在世界上首次提出了数据作为第五大生产要素，表明了我国对数字经济的新定位。

§1.2　数字经济新定位：社会经济发展新形态

2021年12月，国务院发布《“十四五”数字经济发展规划》，明确将数字经济定义为“继农业经济、工业经济之后的主要经济形态，是以数据资源为关键要素，以现代信息网络为主要载体，以信息通信技术融合应用、全要素数字化转型为重要推动力，促进公平与效率更加统一的新经济形态”[①]。这一定义成为我国对数字经济的权威定义，并将数字经济定位于社会经济发展新形态，是反映社会经济发展趋势的全新定位。据此，数字经济具有以下特征。

1.以信息通信技术发展和应用为核心

数字技术是以计算机技术为核心的，计算机技术的发展和应用使任何信息都可以数字化形式展现（数字化表现和存储）；而网络技术使数字化的信息可以无限传播、传递。数字技术应用集中体现于网络技术，以计算机网络通信不断应用传统电子通信，形成同质化的数字通信。因此，数字技术、网络技术和信息通信技术（ICT）几乎具有相同的含义。网络技术不仅是通信技术、媒体技术，亦营造了人类社会活动的空间，使人类社会的社会交往、经济活动和公共管理与服务均可以通过网络开展。随着传感器技术不断应用及物联网的出现，使人与人、物与物、人与物之间建立无处不在的连接，形成万物互联的泛在网络。主体活动可记录，客观世界可感知，

① 参见中华人民共和国中央人民政府网站，《国务院关于印发〈“十四五”数字经济发展规划〉的通知》（国发〔2021〕29号），http：//www.gov.cn/zhengce/zhengceku/2022-01/12/content_5667817.htm。

由此形成可计算分析的大数据资源，人类进入智能时代。通过软件和算法，对系统的基础功能加以扩展和升级，基于现场情景或人为指令灵活、自动实现相关资源的组织、配置和动作执行。网络化、数字化和智能化的数字技术不断改进和应用，成为支撑社会经济的基础设施，这被表述为“以现代信息网络为主要载体，以信息通信技术融合应用”。

2. 数据资源作为经济的关键要素

在数据生产要素概念提出之前，一般将数字化的知识和信息作为关键生产要素，而在数据成为生产要素之后，我们开始将“数字化知识和信息”替换为“数据资源”作为关键生产要素。①

《“十四五”数字经济发展规划》将数据资源替代数字化知识和信息作为关键要素，并不仅仅是表述转换，而是深刻反映了数字技术应用带来人类社会认识和改造客观世界能力、社会经济发展方式的变化。随着数字技术不断进步和纵深应用，人类获取和分析数据、生产知识的能力发生了巨大变化，由过去的以人为主时代，转变为以机器为主、人类智能与机器智能互补的知识生产时代。现在，在良好的数据架构下，智能系统可以瞬间采集数据、分析数据，产生洞察和预测，支撑组织决策。大数据技术使人类社会可以利用机器可读数据，输入智能和知识，支撑社会经济发展新生产力。因此，将数据资源定位于生产要素，反映了人类社会认识和改造世界的新能力。

3. 数据是所有生产要素的加倍器

数据要素具有边际成本低、规模效应大、流动性高、可重用性、价值多样性等特点，能够与传统生产要素实现新的组合方式，对其他要素的效率具有乘数效应或加倍效应。数据作为一种新型生产要素的主要价值是可以形成

---

① “数字经济是指以数据资源作为关键生产要素、以现代信息网络作为重要载体、以信息通信技术的有效使用作为效率提升和经济结构优化的重要推动力的一系列经济活动。”参见国家统计局发布的《数字经济及其核心产业统计分类（2021）》（国家统计局令第33号）。

快速精准的认知和决策能力，驱动土地、劳动力、资本、技术更好应用。数据要素投入生产的途径可分为三次价值释放过程，即数据支撑业务贯通、数据推动数智决策、数据流通对外赋能。①数据生产要素并非单独发挥作用，而是作为其他生产要素的催化剂。尽管数据不是唯一生产要素，但作为数字经济中全新的、关键的生产要素，其贯穿于数字经济发展的全流程，与其他生产要素不断组合迭代，加速交叉融合，引发生产要素多领域、多维度、系统性、革命性群体突破。一方面，价值化的数据要素将推动技术、资本、劳动力、土地等传统生产要素发生深刻变革与优化重组，赋予数字经济强大发展动力。另一方面，数据要素与传统生产要素相结合，催生出人工智能等“新技术”、金融科技等“新资本”、智能机器人等“新劳动力”、数字孪生等“新土地”、区块链等“新思想”，生产要素的新组合、新形态将为推动数字经济发展不断释放叠加、放大、倍增效应。数据要素与传统产业广泛深度融合，乘数效应凸显，为经济发展提供了巨大的价值和潜能。由此，数据与其他生产要素的融合越全面越深入，则其带来的总产出增长贡献就越大，整个经济的全要素生产率提升幅度就越大。由于数据的基础性作用是知识性的并且数据与其他生产要素结合才会产生全要素生产率提升，因此促进大数据与整个经济深度融合能极大地促进经济高质量增长。②数据要素的乘数效应已经上升为推动数据要素应用的国家政策。2023年12月，国家数据局等17部门近日联合印发《“数据要素×”三年行动计划（2024—2026年）》提出和实施“数据要素×”行动，按照“有基础、有场景、有需求”原则，在12个行业和领域，推动发挥数据要素在各经济发展领域的乘数效应。

4.数字经济是继农业经济、工业经济之后的主要经济形态

数字技术应用催生了一些新兴产业，但数字经济不应当仅仅理解为这

---

① 中国信息通信研究院：《数据要素白皮书》（2022年）；另参见王泽宇、吕艾临、闫树：《数据要素形成与价值释放规律研究》，载《大数据》2023年第2期。

② 唐要家、唐春晖：《数据要素经济增长倍增机制及治理体系》，载《人文杂志》2020年第11期。

些新兴产业。实质上，这些新兴产业形成了社会经济发展的力量，促进整个社会经济走向新的社会形态——数字经济。数字经济应当视为继农业经济、工业经济之后的新社会形态。

同时，数字经济不应限于这些新产业，而应当理解为新产业引发的整个社会的经济变革。数字经济是数字技术不断迭代发展及其在社会经济中运用的结果，数字经济具有渗透性和扩展性，数字化转变对社会产生的影响远远超出了经济，其对各行各业以及更广泛的社会运行和生活方式产生了影响。与其说数字经济是一种独立的经济形态，不如说是社会经济运行和发展的基本方式。

§1.3 全面理解数字经济

数字经济可以被泛泛地用来描述数字技术应用带来的变化，但是对于经济统计和经济管理来讲就必须描述、规划和管理所有的经济活动，界分已经或正在形成的新经济领域，并进行统计计量。

国家统计局《数字经济及其核心产业统计分类（2021）》将数字经济确定为：01数字产品制造业、02数字产品服务业、03数字技术应用业、04数字要素驱动业、05数字化效率提升业等五个大类。[①]01、02和03三个行业实际上是过去所称的信息产业的扩展和升级，而数字经济分类增加了“04数字要素驱动业”和“05数字化效率提升业”。[②]国家统计局的数字经济分类比较全面地涵盖了数字技术本身生产及其应用，勾勒了数字经济的新业态，可以用于数字经济的统计分析。

---

① 《数字经济及其核心产业统计分类（2021）》（国家统计局令第33号）。

② 数字经济分类中04类包括互联网平台、互联网批发和零售、互联网金融、数字内容与媒体、信息基础设施建设、数据资源与产权交易等其他数字要素驱动业，05类包括智慧农业、智能制造、智能交通和智慧物流、数字金融、数字商贸、数字社会、数字政府和其他数字化效率提升业。

2018年，美国经济分析局就开始研究数字经济分类，将数字经济定义为三种主要类型的商品和服务：互联计算机网络存在和运行所需的数字赋能基础设施（主要是信息和通信技术商品和服务），使用该系统进行的电子商务交易（远程销售商品和服务），以及收费数字服务或有偿的计算和通信相关的服务。

一直重视和推动数字经济发展的欧盟至今没有提出严格的经济分类统计，而代之以“数字经济和社会指数（DESI）”，监测成员国在应对数字经济方面的进展及其对社会的影响。

但是，我们应当在整个社会经济形态上理解数字经济。主要是两个层面：一是数字技术发展和应用本身形成新经济领域，即核心的数字经济产业；二是数字技术在整个社会经济活动应用中带来的社会经济变革。这两个层面相互交织，谱写了数字化转型、社会经济发展的全貌。

数字技术的核心是计算机技术，诞生于20世纪50年代，最初只是用于提升人们的信息处理（计算）、传输和分享能力，其与经济的结合起始于20世纪90年代网络通信在商务领域的应用。联合国国际贸易法委员会（UNCITRAL）于1996年发布《电子商务示范法》提出了电子商务概念，并提出了国际贸易中电子通信手段遭遇法律障碍的解决方案，由此信息技术与经济的链接逐渐展开。于是网络通信技术应用于商务，改变企业运营和对外交易（包括对外贸易）的电子商务（后来称为数字贸易）成为数字经济的初始形态。

数字技术对经济影响是逐渐扩张的，一开始只是信息和通信技术在商业组织内部和外部交易的应用（被称为商务电子化），再后来是网络通信的深度应用和信息内容产业的兴起；在繁荣信息内容生产和分发的同时，导致农业和制造业服务化转型和产业融合，形成各种新商业形态。自从云计算、物联网、大数据、人工智能等新一代数字技术被广泛应用，人们就发现数字技术对经济的影响是全方位的、革命性的，影响到社会和经济表现形式、社会资源配置效率、分工体系、生产力、就业、商业绩效等。

2017年，联合国贸易与发展会即注意到新一代数字技术给经济带来新变化，主要包括：先进制造、机器人和工厂自动化；移动和通用互联网连接的新数据源，云计算，大数据分析以及人工智能。联合国贸易与发展会还认为，数字经济出现三个新特点：（1）新的数据来源，从智能手机到工厂传感器，正在将大量数据发送到“云端”，在那里可以对数据进行分析，以产生新的见解、产品和服务；（2）基于技术和产品平台的新商业模式正在显著改变一系列领先优势行业和产品类别的行业组织和竞争条件；（3）ICT硬件和软件的性能已经发展到人工智能和机器学习应用程序激增的地步。[①]这意味着，数字经济已经不再是一种新兴经济领域，而是改变社会经济运行的技术力量。

从这一角度观察数字经济，我们可以发现这样的变革：数字技术的产业化（传统制造业和服务业）带来了新兴数字传输、存储和计算服务业，使人类获取、传输、存储、处理信息的能力不断增强，形成了以生产、传播、分享信息（知识内容）的产业（数字内容产业）。随着数字技术不断进步和产业化，形成万物互联的泛在网络，这样的网络成为人类社会运行的基础设施，支撑了人类社会生活、经济活动和政务活动——人类社会进入网络化（数字化）生存阶段。网络化不仅赋能社会，产生新的生产力，而且产生重要的副产品——大数据。而随着新一代数字技术发明应用，人类掌握利用大数据的能力增强，通过机器学习数据背后的规律，形成了经由机器认知客观世界、辅助或替代人类决策的能力。这便是人工智能（更精确地应称为机器智能）。人工智能的应用需要汇集整理大数据，形成可供机器学习的“材料”。于是，形成新兴的以数据生产、流通、加工处理为机器学习原

---

① 联合国在2017年准备《信息经济报告》时委托麻省理工学院工业绩效中心的Timothy J.Sturgeon博士编写了技术说明《“新”数字经济和发展》。参见http：//www.eitc.org/eita/knowledge-economy-and-technology-management/the-new-digital-economy-and-development/the-new-digital-economy-and-development-1。

材料（数据集）的数据产业（数据经济）。

数据经济不在于数据本身，而在于形成人类社会的新智能——机器智能。如果说人类是借助文字符号认知和改造客观世界（自然和社会），那么在今天，人类社会已经有了机器生产数据、学习数据，输出知识或智能，这是区别于人类智能的新智能。机器智能和人类智能相互补充和作用，将形成认知和改造世界的合力。这种合力不断应用，提高社会经济运行的智能化水平。这便是数字技术给人类带来的新前景，也是数字经济带给人类社会的变革力量。

数据经济在我国被表达为数据要素市场，数据要素市场建设即是构建数据经济。“数据二十条”[①]提出要加快构建数据产权、流通、利益分配等数据基础制度，其目的在于“做强做优做大数字经济，增强经济发展新动能，构筑国家竞争新优势”。数据基础制度体系构建已经成为“我国改革开放事业持续向纵深推进的标志性、全局性、战略性举措”。[②]本书试图揭示数据经济运行基本机理，勾勒数据经济发展的基本制度保障。

数字经济2.0：数据经济

自从信息通信技术（ICT）应用于商务活动，就出现了不少词汇描述人类进入信息社会的经济形态，先后出现了信息经济、知识经济、数字经济等。数字经济的1.0阶段一般被称为“信息经济”或者“知识经济”阶段。

① 《中共中央 国务院关于构建数据基础制度更好发挥数据要素作用的意见》（2022年12月2日发布）。

② 构建数据基础制度 更好发挥数据要素作用——国家发展改革委负责同志答记者问，原载国家发展改革委官方百家号，https://baijiahao.baidu.com/s?id=1752692048159013718&wfr=spider&for=pc。

无论是信息经济还是知识经济，它们提出的背景与本质是基本相同的，由于知识与信息本身就是一对共生的动态概念，两者有所区分又紧密联系。因此，知识经济与信息经济也存在着紧密的交叉关系。按照OECD的定义，知识经济是指以现代化科学技术为核心的，建立在知识和信息的生产、存储、使用和消费之上的经济。而根据波拉特（Porat，1977）的观点，信息经济则是指以生产、获取、处理和应用信息为主的经济。从本质上看两者并无实质的差异和区分，通俗的理解就是“以信息/知识为基础的经济模式”。所以，数字经济1.0阶段主要以知识和信息为关键性生产要素，以互联网为基础性设施，开展智能终端、通信服务、电子商务、网络社交等经济产业活动，主要以服务和解决方案为价值载体，以知识密集型、网络扁平化组织代替传统的“金字塔型”组织架构，经济的发展往往直接依赖于知识/信息的创新、传播和应用，信息服务业和数字内容交易构成数字经济的核心产业。

信息通信技术的不断发展进一步催生了云计算、物联网等技术，出现了万物互联和大数据。数据化信息、网络化传输、智能化运算是大数据时代的最主要表现。从互联网到物联网，从计算机到各种智能化设备、传感器技术等共同构成了无处不在、无时不在的网络，一切主体、物、组织的行为轨迹和活动内容都被记录下来，形成了海量的数据。这些海量的数据本身成了社会资源，数据本身需要流动、交换、汇集、加工分析和应用，构成新的社会资源。这样的新资源利用正在持续改变社会结构和运行方式，使人类社会逐步迈入以数据为基础资源的2.0形态——数据经济时代。数据经济具有以下不同于知识经济的特征：

其一，原始数据本身具有利用价值。在数据时代，人、物和组织行为不断地数据化，如社交媒体用户产生的图片、视频流、上班族在上下班途中产生的流量信息、飞机引擎中上千个传感器的数据流，等等。这些实时产生的数据流本身具有了潜在的价值。为了利用这些数据就需要对来自不同渠道或主体的数据进行采集、筛选、整理、归类，形成各种数据集（Data set），以及各种各样的数据仓库或数据处理平台。数据的采集、收集、整理、汇集将成为数据经济的基础，社会对数据的需求必然催生数据流通市场的形成，数据终将成为可社会化、市场化利用的资源。如果说信息/知识经济是以数字形态知识成果作为核心资源的话，那么数据经济则直接将知识的“原材料”——原始数据作为资源了。

其二，数据利用方式为人工智能。与传统信息/知识经济相同的是，数据的价值体现为知识，数据为人们获得新认知、创造新价值的源泉。但是碎片化的数据本身价值密度很低，需要新的技术才能挖掘、提炼其价值。在大数据时代，数据挖掘、机器学习和深度学习，会使用各种算法来解析数据、从中学习，对真实世界中的事件做出判断和预测，以辅助人类决策。机器学习使得对机器赋予人的智能成为可能，这便是通常所讲的人工智能（Artificial intelligence）。人工智能赋予数据价值，赋予人类以新型知识和能力，使人类可以从浩瀚的数据海洋获取有用的知识。人工智能的对象既可以是结构化的数据，也可以是非结构化的数据，这样就摆脱了人类只能利用知识文献（如新闻、文章、书籍、视听资料、图片等）和结构化数据的局限。因此，人工智能是数据经济区别于之前信息/知识经济的另一项标志，人工智能是大数据应用和数据经济发展的关键。

其三，数据的生产、流通和数据分析成为核心。数据经济使数据的生产、采集、汇集、整理、加工分析和应用成为经济发展的核心产业，用以支撑经济活动、社会治理、科学研究等，形成了数据驱动的社会经济形态。就数据经济的核心产业来看，数据资源的价值实现至少有两条途径，一是作为“原材料”；二是作为“产品”。首先，由于每个社会主体所采集的数据都是有限的，为使各自的数据足够大以提升在数据时代的竞争力，社会主体对数据的需求必然催生数据流通由此产生数据的供给和需求，从而形成数据市场。其次，数据不断流动、匹配、交换、分析加工，形成各种大数据产品或服务，实现数据分析的经济价值。这两个层次的经济活动（市场交易）将成为数据经济区别于信息/知识经济的显著特征。

当然，数据经济的意义并不仅仅在于其本身，更在于其对整个社会带来的变革。数据资源对生产、流通、分配、消费活动都产生了重要的影响，大数据的利用可以推动社会生产要素的网络化共享、集约化整合、协作化开发和高效化利用，改变了传统的生产方式，激活和提高其他生产要素的生产率。数据是数据经济的“原材料”，“互联网+”则实现了数据的链接与共享，而数据经济则是数据全面连接之后的产出和效益。因此，它带来的是整个经济形态和发展模式的转型。这是数据经济真正的意义所在。

资料来源：选自高富平《数据经济的制度基础：数据全面开放利用模式的构想》，载《广东社会科学》，2019年第5期。

第2讲　数据经济战略

数字技术的不断发展和应用，使人类社会从信息经济走向数据经济。随着全球进入数字化时代，数据经济已成为各国经济发展的重要方向。我国作为世界第二大经济体，数据经济的快速发展也深刻地影响了国内外的经济形势。同时，域外各国也纷纷制定了自己的数据经济战略，以适应数字化时代的竞争。

§2.1　数据经济的背景：数据智能的出现

1.数字经济演进内核：知识生产方式变革

20世纪90年代，“知识经济”被用来描述社会经济的关键驱动力。知识经济被定义为基于知识密集型活动的生产和服务，本质上是注重人力资本和创新能力在经济中的作用，使经济转变为更加依赖智力资本和技能，而更少依赖生产过程的经济。数字技术应用带来了人类对信息处理和分析能力的大幅度提升，人们用信息产业、信息服务、信息经济等来表述推动社会经济发展力量，这也就是数字经济初始形态。但是，随着数字技术发展到高级阶段，数字化形成数据可以再次分析利用产生对客观世界的认知或洞见。大数据技术描述了新一代的技术和架构，其本质在于通过高速的采集、发现和分析，从超大容量的多样数据中经济地提取价值。实际上，“大数据+人工智能”是机器生产数据、处理分析数据，输出智能或知识。机器智能或数据智能出现使人类社会发展到人类智能和机器智能互补的认识和改造客观世界，形成新社会生产力的阶段（本书在同义术语上使用“数据智能”“人工智能”“机器智能”均表示该阶段）。

关于人类知识的生产，DIKW模型[①]给出了经典表述：“智慧源于知识，知识源于信息，信息源于数据。”[②]组织使用各种知识管理系统、软件和工具将数据转化为信息，然后转化为知识，最后将其转化为行动。因此，知识管理一直被认为是知识经济时代的企业竞争力之源。实际上，信息可减少不确定性和风险，降低交易成本，提高生活质量和经济效率。信息本身也具有价值，同时信息还可以进一步被分析转化为知识，再由人学习、理解转化为智慧行动或决策，最终提供社会生产力。信息与知识共同成为数字经济的生产要素。数据密集型科研已经成为独立于经验范式、理论范式和模拟实验范式之外的科研的第四范式。[③]人工智能技术成熟后具有了分析利用大型数据集的能力，将会使整个科学研究受益。不仅如此，数字化还加深了信息在社会运作中的作用，随着信息和通信技术的发展及其向生活各个领域的扩展，最终会促进知识的增长。因此，信息社会是知识经济得以发展的环境，创造适当的条件，信息即可以转化为知识，并将其应用于新知识的生产，即实施创新。如果这一过程不

---

① DIKW是英文数据（Data）、信息（Information）、知识（Knowledge）和智慧（Wisdom）的英文首字母缩写，也被称为智慧结构、知识结构、信息结构和数据金字塔。参见Martin Frické，Knowledge pyramid The DIKW hierarchy，https://www.isko.org/cyclo/dikw#refK。

② Jennifer Rowley，The wisdom hierarchy：representations of the DIKW hierarchy，https://www.researchgate.net/publication/41125158_The_wisdom_hierarchy_Representations_of_the_DIKW_hierarchy. 也有学者从信息科学的角度，认为DIKW结构并不合理，方法上有缺陷，不应当成为信息科学和管理的标准。数据是以适当语义和程序方式记录的任何东西，信息是一种弱知识（知识也是弱知识），智慧是那些适当行为人对宽泛的实践知识的掌握和使用。See the Knowledge Pyramid：A Critique of the DIKW Hierarchy，http：//inls151f14.web.unc.edu/files/2014/08/fricke2007.pdf，2020年10月25日最后访问。

③ *The FOURTH PARADIGM*：*Data-Intensive Scientific Discovery*，edited by Tony Hey，Stewart Tansley，and Kristin Tolle. Redmond，WA：Microsoft Research，2009. 284pp. ISBN 978–0982544204.（第四范式是由1998年图灵奖获得者Jim Gray于2007年在一次演讲中提出的，但他并没有发文就失踪了。后来微软组织相关专家分别从不同维度对第四范式进行阐释，形成了该文集）。

仅发生在经济系统中，还发生于整个社会系统中，那么信息社会将演变为知识社会。①

2.数据重用：构建新的知识生产方式

数字技术发展到大数据、人工智能等为代表的新一代技术时，人类知识生产方式发生了革命性变革，出现了人类智能和机器智能互补的知识生产方式。人工智能的概念于1950年提出，②但是普遍应用是在可供计算应用的大量数据出现之后。③人工智能是计算机科学和数据科学结合，以解决人类面临各种问题的系统，其核心是人工智能算法（AI algorithms）。将数据输入该系统即可以进行预测、分析、挖掘出新知。美国微软公司认为，“人工智能是赋予计算机感知、学习、推理及协助决策的能力，从而通过与人类相似的方式来解决问题的一组技术”。④数据之所以能够产生智能或知识，得益于算力、算法、算能改进，以算法为核心的智能系统（机器学习、深度学习）能够分析和利用万物互联的数字世界形成大数据。在《人工智能法律框架》中，瑞士专家将人工智能称为“算法系统”。⑤

如今，泛在网络生产的数据构成了现实世界的映射（甚或孪生）。从客观世界中采集的看似杂乱无章的数据，可以通过汇集处理，洞察出客观世界对象内在规律，提炼或形成新的认知或知识。“数据要素创造价值不是数据本身，数据只有和基于商业实践的算法、模型聚合在一起的时候才能创

---

① Rafał Zelazny，Information society and knowledge economy – essence and key relationships，Journal of Economics and Management Vol. 20（2）· 2015

② In 1950，Alan Turing publishes Computing Machinery and Intelligence.

③ 人工智能之所以得到快速发展和应用主要得益于三方面的发展：数据可用性的增加，云计算能力不断增强，人工智能研究人员开发出了更强大的算法。参见沈向洋、［美］施博德：《计算未来：人工智能及其社会角色》，北京大学出版社2018年版，第6页。

④ 沈向洋、［美］施博德：《计算未来：人工智能及其社会角色》，北京大学出版社2018年版，第4页。

⑤ Florent Thouvenin，etc. *A Legal Framework for Artificial Intelligence*（Digital Society Initiative Position Paper，November 2021）.

造价值。"[①]因此，数据成为生产要素并不是其本身可以直接应用于社会经济活动、产生经济效益或转化生产力，而是通过数据治理、汇集、训练算法工具，应用于特定数据场景产生的效果。这一效果产生于智能系统——智能系统既可以输出新知、预测，形成有价值的信息或知识，还可以直接做出智慧行动，成为辅助或促进人类智能的机器智能。

3. 机器智能：赋能社会发展新引擎

机器智能是人类认知革命，它使机器具有学习能力，又使学习能力产业化成为各种应用，形成了机器智能和人类智能互补的智能体系。机器智能可以补强人类智能的短板（逻辑分析能力），发挥人类特有领悟、形象和思考能力。借助机器智能，人类具有了更强的知识生产和智慧行动能力。

首先，机器智能使人类对数据的利用进入了更深层次。在数字时代，当人们使用技术与周围的世界互动时，会创建一个新的数据层，使外部观察者能够越来越准确地了解个人动机和选择。泛在的传感器、智能设备，在运行过程中自然生成了可观察机器本身和周边环境的数据，可以重用于探索某个实体的规律或预测可能事件。过去，我们需要借助语言符号由人力记录或观测客观世界存在和变化，形成人类可识读的信息。然而，网络运行自动生产出以0和1形式存在的、关于客观事实的记录，以机器可读格式表示，以机器识读方式加注语义（又被称为元数据），形成只有机器可识读的数据资源。机读原始数据成为认知客观世界的媒介或手段，这是人类智能不能触及的信息层。因此，"大数据的一个更好的术语是深度数据"。[②]

① 安筱鹏：《数据生产力的崛起》，见李纪珍、钟宏等编著《数据要素领导干部读本》，国家行政管理出版社2021年版，第27页。

② Dr. Matthew Harding，Good Data Public Policies，Chapter 5 in the report，"The Future of Data-Driven Innovation"，https://www.uschamberfoundation.org/sites/default/files/Data%20Report%20Final%2010.23.pdf.

其次，实时数据处理和分析能力不断增强。对客观世界和对象的数字化感知系统所生产的数据进行即时收集和加工处理的系统，实际上就是以数据驱动的智能系统。[①]现在企业数据中台基本上是实时数据智能系统，它联通各部门之间数据，形成统一数据处理和分析平台，为企业内部提供实时的“分析+应用”的决策服务，甚至还可以API对外实时提供数据或智能服务。在这样的条件下，企业可保持高度的敏捷性，使公司能够快速创建、构建和部署快速变化的市场所需的新产品和服务。在一定意义上，数字经济的企业竞争力建立在捕获所有数据并将其转化为实时智能和见解之上。

最后，机器智能可实现直接智慧行动力。机器智能不仅形成新的知识生产方式，使人类社会走向网络设备和传感器获取数据、分析数据，生产出有意义的信息或知识，而且机器可以自动感知和判断，做出智慧行为，完成人难以完成的操作或部分替代人的劳动。人类通过观察或仪器采集数据限于特定样本，而如今的泛在网络可生产出全样本数据，这使得人类对客观世界的认知更加全面、精准。数据智能可以突破单一维度的因果关系模型，在多维度、多种类的相关性变量之间，推导出最为接近的估计值。[②]因此，机器智能一方面可以输出更全面精确的知识供人类学习，转化为人类的智慧行动；另一方面可以直接输出智慧行动，服务社会经济发展。

人工智能已经应用于各行各业，在不远的将来将出现无商不智能化的社会。这样的经济并不是知识经济的替代，而是知识经济的新实现方式。知识经济的关键组成部分是对智力能力的依赖大于对物质投入或自然资源的依赖。如果说过去知识经济的核心体现于知识资本或智力能力，那么今天主要体现于泛在网络下生成的可机读原始数据的驾驭能力，取决于高效

① 实时大数据分析已经应用于公共安全、市场监管、交通管理等领域，比如智慧交通管理系统，实时获取机动车、行人等信息，实时监控与分析，实时传导至各导航系统，引导人们出行。

② ［美］朱迪亚·珀尔、［美］达纳·麦肯齐：《为什么：关于因果关系的新科学》，中信出版社2019年版。

地将数据治理和组织转化为可以挖掘新知的数据集的能力。与这样的转变相适应，过去由知识管理为核心的商业智能逐渐过渡到以数据管理为核心，搭建支撑智能分析的数据架构，形成数据采集和分析（统计、挖掘、预测）为一体的数据智能。这便是数字化转型所要达到的目标。因此，数据驱动人工智能分析或机器智能最终加速知识生产和技术创新，这是持续改变人类社会经济运营形式和效率的根本引擎。

§2.2 域外数据经济战略部署

数据经济是数字技术发展和应用到一定阶段的产物，由数据驱动发展。因此，世界各国一般是在数字经济发展战略下讨论和部署数据经济发展的，因为数据驱动是社会经济变革的根本发展动能。美国、欧盟、英国、澳大利亚、加拿大、新西兰等国家及组织均积极部署数字经济发展战略。例如，澳大利亚于2021年发布了数字经济的战略，并于2022年予以更新。[①]从域外观察，我们可以看出，数据驱动已经成为各国经济发展基本战略，也成为各国数字经济发展引擎。

1. 美国

美国无疑是数字技术最先进的国家，也是数字经济最发达的国家。美国政府在1997年发布《全球电子商务框架》[②]，描述了一个市场驱动的框架。该

---

① DIGITAL ECONOMY STRATEGY: A leading digital economy and society by 2030, Digital Economy Strategy (pmc.gov.au); DIGITAL ECONOMY STRATEGY 2022 UPDAT，该战略扩展了澳大利亚政府现有的数字和数据举措，制定了政府通过2021–2022年预算采取的进一步行动，并确定了到2030年的未来路径。战略提出数字经济发展的三个支柱是：（1）为发展数字经济繁荣创造政策环境，如数字基础设施、网络安全和信任、技能和包容、制度和规制、贸易和国际参与；（2）加强新兴技术能力建设，如AI、物联网、数据分析、区块链和量子计算；（3）设定数字增长优先事项，推动数字增长、就业和能力，如数字中小企业（SME）、现代产业领域、新兴技术领域和数字政府服务等。

② In 1997 U.S. Pres. Bill Clinton signed the Framework for Global Electronic Commerce, directing the Department of Commerce (DOC) to oversee the growth of business over the Internet.

框架将刺激数字经济的增长，同时提供灵活的、行业驱动的解决方案，将有效解决可能出现的问题。美国商务部在1998年7月发布官方政策规划性质的《正在兴起的数字经济》[①]，该报告提出数字经济发展需要新治理范式：互联网创造的技术发展步伐和无国界环境推动了政府和私营部门责任的新范式。为新的数字经济蓬勃发展创造最佳条件需要一种新的、限制更少的规则制定方法。[②]这无疑奠定了美国数字经济发展的基本战略。

2012年5月，美国正式提出综合数字政府战略，[③]提出“建立一个21世纪的数字政府，为美国人民提供更好的数字服务”。数字政府战略包括开放政府数据（备忘录M–13–13），释放政府数据的潜力；另一个组成部分是通过可重用和开源软件实现效率、透明度和创新（备忘录M–16–21），建立部门源代码清单和存储库，从而供全球其他政府机构和计算机分析师使用。

2014年，美国商会基金会邀请了六位杰出的研究人员，发布《数据驱动创新的未来》报告[④]。该报告提出了数据驱动未来五方面的建议：（1）做出智慧投资政策；（2）认可人力独创性；（3）利用开放数据；（4）形成良好的数据公共政策；（5）避免数据滥用。

2015年底，美国商务部发布了其数字经济议程，专注于数据经济发展的“四大支柱”：（1）在全球推广自由开放的互联网；（2）促进在线信任；

---

① The Emerging Digital Economy（July 1998）（commerce.gov）.

② 具体内容为：政府必须允许电子商务在市场驱动的环境中发展，不受广泛监管、税收或审查的负担。在可能的情况下，互联网和电子商务的规则应该来自私人自治，而不是政府监管。政府在支持在全球范围内为在互联网上开展业务创造可预测的法律环境方面确实可以发挥作用，但必须以非官僚的方式发挥这一作用。应鼓励电信和广播行业的更大竞争，以便将高带宽服务带到世界各地的家庭和办公室，使广播、电话和互联网的新融合市场根据竞争和消费者选择规律运作而不是政府监管。不应对互联网商务征收歧视性税收。互联网应作为一个无缝的全球市场发挥作用，没有政府设置的人为障碍。

③ 该战略由两个行政令组成：第13571号行政命令，简化服务交付和改善客户服务；第13576号行政命令，提供高效、有效和负责任的政府。

④ The U. S. Chamber of Commerce Foundation：*the Future of Data-Driven Innovation*，https://www.uschamberfoundation.org/future–data–driven–innovation.

（3）确保员工、家庭和公司的宽带网络接入；（4）通过智能知识产权规则和推进下一代激动人心的新技术来促进创新。

2019年，《联邦数据战略》（*federal data strategy*，*FDS*）提出人工智能无疑是数字经济的引擎，机器模拟智能行为使人们能够进行处理、分析和转换信息，发展一个全新的产业，并正在动态地改变世界的格局。为此，美国提出人工智能的国家战略。2020年，白宫于2月发布《美国人工智能倡议》（13859行政令）。该计划包含了美国在人工智能领域占据全面领导地位的愿景；11月，美国国会授权的国家人工智能安全委员会（NSCAI）在其中期报告中概述了帮助确保美国技术领先地位的五项努力。

美国商务部收集、存储和分析有关国家经济、人口和环境等大量数据，将自己定位于"美国的数据机构"。商务部正在利用数据来刺激联邦政府的创新，并在全国范围内促进美国社会的繁荣。2021年，商务部提出并发布《商业数据战略》（FY21–24）[①]，指出五方面的目标，旨在构建美国的数据基础设施：

● 将数据作为战略资产进行治理和管理，采用整体战略，以确保政府部门和社会各主体对数据资产的最大化透明使用，并通过数据治理最佳实践增强各部门数据成熟度的治理能力和文化；

● 实现更高效的数据访问和分析，促进数据商业化、创新和公众使用；

● 促进适当的数据使用和公平访问；

● 培养现代数据技能劳动力；

● 协调合作的数据文化。

由于商业数据潜在应用价值和其国际基准性，商务部渴望通过实施商业数据战略，可以带动美国商业数据的流通利用，推进数据经济发展。为

① COMMERCE DATA STRATEGY（Fiscal Years 2021—2024），United States Department of Commerce Data Strategy Fiscal Years 2021—2024.

此，2021年8月公布了商务数据战略行动计划（FY21–22），通过商业数据治理委员会（CDGB）实施。总体来看，从2012年数字政府战略，到2020年人工智能战略，再到2021年商业数据战略，大致可以勾勒出美国政府对数据驱动经济为核心数字经济的部署。

2. 欧盟

欧盟一直将数据作为经济增长、竞争力、创新、创造就业和社会进步的基本资源，并以促进数据要素的自由流动作为统一市场建设的重要措施。2014年，欧盟发布《迈向繁荣数据驱动的经济》，对数据驱动的经济特征作出描述，提出，在数据领域建立公私伙伴关系，建立数字创业与开放数据孵化器，建立数据市场监控工具等基础设施。为了打破欧盟境内的数字市场壁垒，欧盟委员会于2015年提出了“数字单一市场”战略，并于5月6日公布了“数字单一市场”（digital single market）战略的详细规划。在2016年欧盟议会通过《统一数据保护条例》（GDPR），旨在建立统一的个人数据保护法律规则，为欧盟企业的创新发展和促进“数字单一市场”的形成创造法律环境。

2017年1月10日，欧盟委员会再次向欧盟议会和理事会、欧洲经济社会委员会和区域委员会提出《关于构建欧洲数据经济》。该报告主要涉及数据跨境自由流动和数据本地化限制等问题，以及新数据技术背景下出现的数据可访问、责任、可移植性等问题。该报告直接促使2018年欧盟发布《欧盟非个人数据自由流动框架条例》，条例自2019年5月28日起生效，旨在消除欧洲成员国和IT系统之间非个人数据自由流动的障碍。

与此同时，欧盟也开始研究数据分享制度，为数据分享经济的全面实施提供支撑。2018年，欧盟委员会通讯网络、内容和技术总局完成了《欧洲公司之间数据分享研究》研究报告。该报告认为数据分享可以创造无限价值，现在公司之间数据分享存在技术和法律障碍，建议欧盟委员会创建一个B2B数据共享框架，阐述B2B数据共享与重复使用的基本概念、原则和条件。同年，欧盟委员会发布了《建立一个共同的欧洲数据空间》通讯[①]，提出建设共同数据空间设想，同时还发布了附属文件《在欧洲数据经济中分享私人领域数据指南》[②]，提出企业对企业（B2B）和企业对政府（B2G）数据分享原则。

欧盟委员会的这些研究促使欧盟在2020年2月再次提出《欧盟数据战略》，该通讯概述了未来五年的数据经济政策措施和投资战略，并提出和实施“**欧洲共同数据空间**”战略，其核心是为战略性经济部门和公共利益领域提供大量数据资源池，并配合以使用和交换数据所需的技术工具和基础设施以及适当的治理机制，并提出“到2030年，使欧盟能够在数据经济——在欧洲存储、处理和有价值使用的数据——中获得与其经济权重相对应的份额。”这是用单一欧洲数据空间（a single European data space）来实现欧盟建立单一数据市场战略目标，确保欧洲的全球竞争力和数据主权。欧洲公共数据空间将确保更多的数据可用于经济和社会，同时使生成数据的公司和个人保持控制。欧盟委员会还资助设立了“数据分享支持中心”（Support Centre for Data Sharing），旨在促进数据分享并连接数据分享从业者和研究人员的专业知识，展示数据分享实践，并为数据流通交易提供实践、法律和技术支持。其中展示的数据集市（Data Pitch）项目具有一定的影响。

在发布《欧盟数据战略》的同时，欧盟委员会还发布了《塑造欧洲数字未来》的通讯和《人工智能的白皮书》，并将《人工智能白皮书》作为新的数字战略的第一个支柱。

欧盟委员会在其2020年2月的《数据战略通讯》中提出构建新《数据法》（*Data Act*）的计划。该立法计划旨在树立数字信任、开放公共部门数

① COM/2018/232 final.

② COMMISSION STAFF WORKING DOCUMENT，Guidance on sharing private sector data in the European data economy［SWD（2018）125 final］.

据、消除数字边界、鼓励数据贸易、开放竞争和促进安全，为欧盟单一市场建立稳固制度框架，塑造欧盟数字经济的未来。2022年2月23日，欧盟委员会公布《数据法》建议案，2023年11月欧盟议会和理事会通过《数据法》[①]。该法案旨在保护数据和数据收集投资相关的权利，鼓励B2B数据分享，以促进数据访问和使用，充分发挥欧盟数据经济的潜力。

2020年11月25日，欧盟委员会向欧盟立法机构提出《数据治理法（建议案）》，旨在将促进各部门和成员国之间的数据分享，并将数据分享作为数据战略的另一个关键支柱。2022年4月6日，欧洲议会通过《数据治理法》（DGA），5月16日欧盟理事会批准该法。DGA规定了重用公共部门持有的特定数据的法律制度、针对数据分享服务提供者的要求，以及用于利他目的收集和处理数据的实体框架，旨在让数据使用不再受在欧盟实际存储位置的影响，从而实现覆盖健康、交通、制造业、金融服务、能源、农业的“单一数据市场”。

总之，自2014年《迈向繁荣数据驱动的经济》发布伊始，欧盟逐渐形成了以促进数据分享利用为核心的数据经济战略。在2020年新数据战略提出后，尤其是企业与企业、政府之间全面的数据分享方案和制度规则出台后，欧盟的数据经济的建设框架基本形成。

§2.3 我国数据经济战略部署

我国数字经济发展并不落后，甚至在一些领域处于领先地位。这是因为我国很早就重视网络基础设施建设和其在社会中的应用，并提出以信息化带动工业化的发展战略。因此，电子商务、电子政务和电子社区（网络

① REGULATION OF THE EUROPEAN PARLIAMENT AND OF THE COUNCIL on harmonised rules on fair access to and use of data and amending Regulation（EU）2017/2394 and Directive（EU）2020/1828（Data Act）.

社交）成为互联网应用的三个基本面向并为之后的数字经济打下了坚实基础，出现了百度、阿里、腾讯等具有一定影响力的企业。之后随着大数据和人工智能兴起，我国也在部署大数据、人工智能发展战略，提出网络强国、数字中国、数据要素等战略概念，实质上推动了以数据为核心要素的数字经济发展。

2014年3月，大数据首次写入政府工作报告；2015年10月，党的十八届五中全会正式提出“实施网络强国战略，实施‘互联网+’行动计划，发展分享经济，实施国家大数据战略”。[①]我国政府已认识到通过采集、存储和关联分析，可以发现新知识、创造新价值、提升新能力，因而大数据正在成长为新一代信息技术和服务业态。为全面推进我国大数据发展和应用，加快建设数据强国，2015年8月31日国务院印发《促进大数据发展行动纲要》（下称《纲要》）。《纲要》认为大数据是推动经济转型发展的新动力、重塑国家竞争优势的新机遇和提升政府治理能力的新途径，并在三方面进行战略部署。[②]

《纲要》发布后，各级政府积极贯彻落实。2016年12月，国务院发布《“十三五”国家信息化规划》，要求坚持共商共建共享，促进网络互连、信息互通，推动共建网上丝绸之路，推进数字经济、信息技术等合作，推动区域数字经济合作。2020年政府工作报告中明确提出“要继续出台支持政策，全面推进‘互联网+’，打造数字经济新优势”。2020年，国家有关部门围绕数字经济发展出台新政策，其中，3月，中共中央和国务院发布了

① 中国共产党第十八届中央委员会第五次全体会议公报（2015年10月29日中国共产党第十八届中央委员会第五次全体会议通过）。

② 《纲要》部署三方面主要任务。一要加快政府数据开放共享，推动资源整合，提升治理能力。二要推动产业创新发展，培育新兴业态，助力经济转型。三要强化安全保障，提高管理水平，促进健康发展。

《关于构建更加完善的要素市场化配置体制机制的意见》[1]，明确提出五大生产要素的市场化建设方案。国务院2021年发布《要素市场化配置综合改革试点总体方案》（国办发〔2021〕51号），在数据要素方面，提出要探索建立流通技术规则。聚焦数据采集、开放、流通、使用、开发、保护等全生命周期的制度建设，推动部分领域数据采集标准化，分级分类、分步有序推动部分领域数据流通应用。探索“原始数据不出域、数据可用不可见”的交易范式，实现数据使用“可控可计量”，推动完善数据分级分类安全保护制度，探索制定大数据分析和交易禁止清单。

2021年6月5日国家统计局公布的《数字经济及其核心产业统计分类（2021）》[2]将数字经济产业范围确定为：01数字产品制造业、02数字产品服务业、03数字技术应用业、04数字要素驱动业、05数字化效率提升业等5个大类。有利于开展数字经济核心产业的核算工作，有利于引导和推进经济社会各领域数字化转型步伐，形成与数字经济发展相适应的政策体系和制度环境。

2022年12月，中共中央、国务院发布的“数据二十条”提出数据要素市场建设的基础制度框架，创新性地建立以数据持有权为基础的数据流通利用制度，期待可以进一步激发数据要素市场活力，构建有序的数据要素市场。

将数据上升为生产要素，这反映了由工业经济转向数字经济的时代需求，是我国重大的数字经济理论创新。《中华人民共和国国民经济和社会发展第十四个五年规划和2035年远景目标纲要》（以下简称“十四五”规划）中用整篇来论述数字经济的发展规划，提出“迎接数字时代，激活数据潜能，推进网络强国建设，加快建设数字经济、数字社会、数字政府，以数字化转型整体驱动生产方式、生活方式和治理方式变革”，并要求“建立健全数据要素市场规则，统筹数据开发利用、隐私保护和公共安全，加快

① 2019年11月26日，中央全面深化改革委员会第十一次会议审议通过了《关于构建更加完善的要素市场化配置体制机制的意见》。

② http：//www.stats.gov.cn/tjsj/tjbz/202106/t20210603_1818134.html .

建立数据资源产权、交易流通、跨境传输和安全保护等基础制度和标准规范”。在未来，伴随着我国数据要素市场逐步建立，相关制度规范不断完善，将进一步激发数字经济活力，并带动平台经济、共享经济健康发展。

2021年12月，国务院印发了《“十四五”数字经济发展规划》，提出“数据资源体系基本建成，利用数据资源推动研发、生产、流通、服务、消费全价值链协同。数据要素市场化建设成效显现，数据确权、定价、交易有序开展，探索建立与数据价值和贡献相适应的收入分配机制，激发市场主体创新活力”。其规划紧扣数字经济特征优势，从要素、产业、融合、治理等方面系统布局，为“十四五”时期推动数据价值释放提供了重要指引。

至此，我国“十四五”期间关于数据的顶层设计基本完成，体现出党和国家把充分发挥数据价值放在重要的战略位置。同时我们也看到，构建一个统一公平、竞争有序、成熟完备的数据要素市场体系不仅是来自国家顶层的规划目标，也是各市场微观主体的迫切愿望。相信在未来，我国数据要素市场将不断培育成熟，实现以数据促进生产、分配、流通、消费各环节高效贯通，为促进数字产业化和产业数字化发展贡献力量。

表2-1是2015年后国家层面出台的有关互联网、大数据和人工智能等促进数据经济方面的政策文件的汇总。

表2-1　促进数据经济发展国家政策一览表

时间	部门	政策或规范性文件名称
2015年3月	国务院	《关于积极推进“互联网”+行动的指导意见》
2015年5月	国务院	《中国制造2025》（国发〔2015〕28号）
2015年8月	国务院	《促进大数据发展行动纲要》

① 首次将数据列为生产要素：“健全劳动、资本、土地、知识、技术、管理、数据等生产要素由市场评价贡献、按贡献决定报酬的机制。”并提出“推进要素市场制度建设，实现要素价格市场决定、流动自主有序、配置高效公平”。

续表

时间	部门	政策或规范性文件名称
2015年9月	国务院	《关于运用大数据加强对市场主体服务和监管的若干意见》
2016年5月	国务院	《国家创新驱动发展战略纲要》
2016年6月	国务院	《关于促进和规范健康医疗大数据应用发展的指导意见》
2016年7月	中共中央、国务院	《国家信息化发展战略纲要》
2017年7月	国务院	《新一代人工智能发展规划》
2017年10月	国务院	《关于积极推进供应链创新与应用的指导意见》（国办发〔2017〕84号）
2018年3月	国务院办公厅	《关于印发科学数据管理办法》
2019年10月	中共中央	《关于坚持和完善中国特色的社会主义制度推进国家治理体系和治理能力现代化若干重大问题的决定》①
2020年3月	中共中央、国务院	《关于构建更加完善的要素市场化配置体制机制的意见》
2021年12月	国务院	《"十四五"数字经济发展规划》
2021年12月	国务院办公厅	《要素市场化配置综合改革试点总体方案》
2022年12月	中共中央、国务院	《关于构建数据基础制度更好发挥数据要素作用的意见》

第3讲　数字化转型：数据经济形成和发展

伴随数字经济发展，人们发现改变经济组织方式和效率的不仅仅是网络（数字通信技术），还有网络形成的数据，数据正持续地促进新产品和服务，创造新流程，改变商业模式，社会资源配置优化，分工体系重塑等。于是，人们认识到数据本身具有经济价值，数据本身可以提升企业研发能力、市场营销能力和效率，社会资源的组织能力等。因而数据被称为资源或“石油”，人们开始利用数字技术采集数据、获取外部数据、汇集融合分析，挖掘分析数据代表事物的规律（算法模型），形成辅助甚或替代人类认知世界的能力和改造世界的行动力（人工智能）。由于每个社会主体生产和掌握的关于特定对象的数据具有局限性，因此每个主体都在尽力地获取和囤积数据并采取安全措施防御他人获取数据。为解决数据供需矛盾，就产生了通过市场交换来实现数据流通利用需求的方式。大约在2010年，数据交易市场逐渐成为数字经济的新内容。一旦数据被作为有价值的商品进行交换，数据产品的生产、流通和消费（使用）就构成了独立经济活动。这里数据产品区别于传统内容产品（出版物、视听作品、数据库等）的数字化制作（生产）、传播、消费活动。于是，独立的数据经济概念被提出。

§3.1　数字化转型的内涵

数字化转型（digital transformation）是将流程、运营和工具从传统的离线环境转移到在线/数字环境，并汇集整合其中数据，形成数据智能分析和应用能力，使组织走向数据驱动发展的道路。但数字化转型并不是一个项目或一时之举，而是企业和社会经济持续发展的必由之路。任何组织，不管目前数字化程度如何，都必须选择这条发展道路，否则将被社会淘汰。为此，每个企业都应当制定适合各自数字化发展阶段的数字化转型战略。

1.数字化发展应用三阶段

数字化起步于数字技术或信息通信技术（ICT）在商业中的应用。大致经历电子化、网络化和数字化转型三阶段。

第一阶段是电子化。一方面表现为企业内部管理的电子化，财务电子化、ERP、企业网站等；另一方面表现为对外业务往来和交易采用电子邮件、EDI、网络交易平台。从技术表现来看，信息和文件从模拟格式转换成数字格式，并通过网络传输、存储和处理；从社会经济变化来看，主要是电子商务、电子政务和电子社区引领社会发展。从法律角度来看，2004年《电子签名法》颁布生效，成为数字化第一阶段标志性成果。

第二阶段是网络化。随着互联网普及和应用，网络不再是少数企业的专利，而成为社会普遍应用。互联网技术向传统行业渗透，“互联网+”和“+互联网”的概念开始流行。数字技术集成应用到业务流程中，对整个社会分工、产业链、企业组织形式、业务生态产生冲击，带来社会资源配置的重构性调整，促进产业融合与重构，产生新兴产业。

第三阶段是数字化转型。数字技术不断发展，尤其是当物联网技术在社会全面应用，网络社会与现实社会融合，社会生活与生产、经营、社会治理融合，人类社会逐渐进入万物互联的数字化生存阶段。泛在网络构成了现实社会感知网络，现实中社会实体（人、物、组织等在数据科学中称为entity）的运动、行为或事件均能被记录下来，而机器学习、AI算法等智能系统可以在没有人为干预的情形下，直接给出人类面临的各种问题的答案（洞见、预测、知识发现），甚至替我们做出智慧行动。这便是“大数据+人工智能”带给人类社会发展新图景。数据智能技术的应用带来了认知方式（知识生产方式）变革，数字技术和应用也开始迭代和转型，由以前的业务驱动数字化，转变为数据驱动业务重构和智能化运营。现在我们用数字化转型来描述这一变革。简单地讲，数字化转型是将数据作为组织的基础资源，以智能技术支撑组织决策、研发、业务，优化业务流程，提升运营绩效。数字化转型与数据驱动具有相同含义，数据经济、智能经济是对数字化转型后的经济形态的描述。

2. 数字化转型根本目标：数据智能的实现

数字化转型并不是数字化的升级，而是数字化结果的重用，进而形成以数据为驱动力的社会经济运行模式。这是**数字化发展到一定阶段，构建数据基础设施，驱动业务运营，支撑智能决策的一种发展模式，**与数据驱动或数据经济基本上具有相同的含义。

因此，数字技术应用仍然是它的基础。数字化转型成功的关键之处在于，组织应当按照支撑智能分析的目的来架构组织的数字化基础设施和应用数字化技术，而不是盲目地采用各种系统。最为要紧的是要打通组织内部各个系统，以统一的技术和数据标准建设数据基础设施，使数据保持唯一性、一致性、真实性、完整性和可重用性，从而支撑组织**智能决策，同时还能对外分享或流通可重用数据。一旦形成**基于数据的智能决策数字化底座，那么组织就实现了数字化转型。

在数字经济高速发展的时代，数字化转型不是一个可选项，而是一个必选项。这是因为人类已经进入数字社会，每个组织——无论其规模大小或行业——都越来越依赖数字技术生存和发展，并寻求在数字经济竞争中取胜。

数字化转型是每个组织的发展机遇，也是整个社会的发展机遇。2021

年1月，上海市发布的《关于全面推进上海城市数字化转型的意见》提出全面数字化转型发展战略，构建经济、生活、治理“三位一体”的城市数字底座，体现数字化转型在社会层面的部署，进而推进和赋能每个组织，直至整个社会实现数据驱动的发展。

延伸阅读

数字化转型的提出

早在2011年，MIT数据商业和Capgemini咨询中心即发布了《数字转型：亿万美金组织的路线图》研究报告[①]，对数字化转型做出基本定位。该报告认为，数字化转型是指利用技术从根本上提高企业绩效或实现目标（improve performance or reach of enterprises）。他们认为，“成功的数字化转型不是实施新技术，而是尽可能地利用新技术所能提供的优势转变组织。主要的数字化转型计划以重新设想客户体验、操作流程和业务模式为中心。公司正在改变职能（functions）的运作方式，重新定义职能如何相互作用，甚至不断演变公司的边界”。“成功的数字化转型不是来自创建一个新的组织，而是通过重新塑造组织以新的方式利用现有宝贵战略资产”；“无论是使用新技术还是传统技术，数字转型的关键是重新设想和推动公司运作方式的变化。这是对管理层和人员的挑战，而不仅仅是一个技术挑战”。[②]

---

① MIT Center for Digital Business and Capgemini Consulting：DIGITAL TRANSFORMATION：A ROADMAP FOR BILLION-DOLLAR ORGANIZATIONS.

② MIT Center for Digital Business and Capgemini Consulting：DIGITAL TRANSFORMATION：A ROADMAP FOR BILLION-DOLLAR ORGANIZATIONS.

3. 数字化转型的实施

数据是企业信息化建设到一定阶段的产物。根据IBM的说法，当今全球90%的数据都是在过去两年中创建的，每天数据为2.5万亿字节。当这些数据未被使用或未被充分利用时，企业可能会丧失在激烈的市场竞争中胜出的机会。大数据已经成为企业现在及将来的核心战略资产，但问题的关键在于如何利用数据，将数据作为企业发展，提升企业竞争力的资源。数据驱动战略实际上就是将企业转向依赖数据资源的新发展模式。云计算成本的进一步降低，为企业数字化提供的基础环境，各种数据采集分析工具也为企业采集、存储、分析数据提供了可能性，为企业转向基于数据的商业智能（BI）运行提供了条件。

企业为了提升运行效率，除了接入网络，建立内部和外部网络系统外，还不断地配置各种业务系统。但是，部分企业的信息系统是是部门化、模块化的，各系统之间、部门之间缺少连接或联通。而数据驱动战略的实现需要整合和打通企业的内外部数据，建立标准统一、可自由匹配和组合的数据资源池，架设各种智能分析工具，形成基于数据的智能决策系统。这种转型的目的在于盘活数据，从而让“大数据+人工智能”为企业创新、提效服务。在这一过程中，企业可能还要根据外部市场及其对客户的预测分析重新定位业务模式和管理流程，彻底地使企业转向智能决策，建立快速响应机制，提升企业运营管理、流程管理、生产、销售、客户服务能力和效率。

数字化转型不仅是技术转型，更是文化转型和商业转型。它是对客户体验、商业模式和运营的根本性重构，旨在运用智能技术提供价值、创造收入和提高效率。每个企业都应当根据自己业务和数字化阶段，部署数字化转型发展战略。

§3.2　企业数字化转型

数字化的核心是业务驱动的企业运营数字化，而数字化转型的核心是数据驱动的企业决策智能化。但这也并不意味着所有的企业都要走先数字化再转型的老路。对于已经有一定数字化基础的企业来讲，数字化转型需要考虑的是如何正确实施和完善数据策略、数据管理、流程和分析，以实现准确的数据洞察力（data insight），即如何整合与完善离线数据，以支持跨业务的智能决策。这也就是说企业数字化转型的重点在于转型而非数字化。对于还没有实现数字化业务运营的企业，可能需要考虑是否建立数字化运营平台、运用怎样的数字化手段（包括APP、小程序等）与客户和外界建立数字化互动手段，或者直接利用第三方的算力服务、数据服务、智能分析服务等助力数字化转型，开启数字化转型的发展道路。这也就是说，对于数字化正处于起步阶段的企业来说，一开始就可以基于数据重用目标，建立企业自身的数据架构、数据目录、治理标准等，以形成可直接使用的数据资源，从而可以避免先业务驱动后转型为数据驱动的弯路。

因此，无论企业目前数字化阶段如何，企业都必须意识到数字化转型不等于数字化，必须按照数字化转型的要求建立适合智能化运营的新一代数字化基础设施。所有这些都离不开企业战略规划——将数字化转型升级为企业发展战略，纳入企业发展规划之中。这里忽略每个组织的行业环境、基础条件、优先事项和愿景等差异，概括实施数字化转型应当考虑的关键因素。

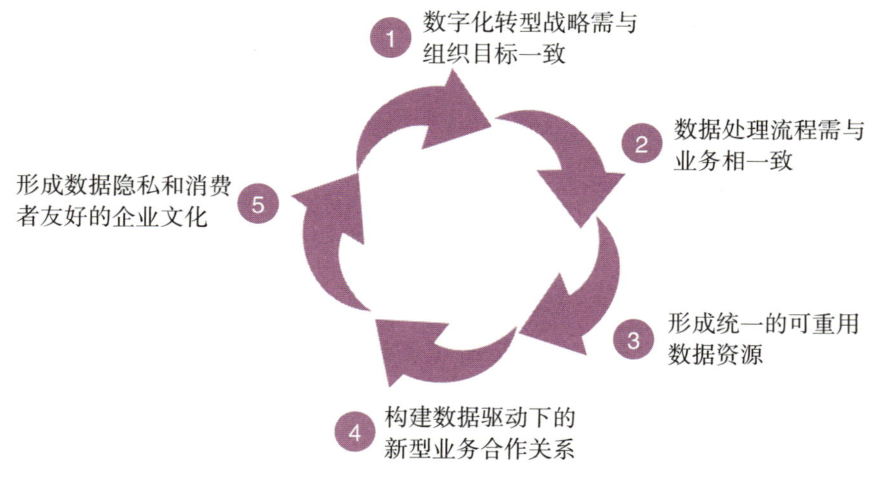

图3–1　可重用数据资源的形成

1. 数字化转型战略需与组织目标相一致

数字化是持续改变企业发展的力量，而数字化转型则是强调要从业务驱动转变为数据驱动，数字化转型不应当被看作一个项目，而应当是企业持续发展的基本模式，因此，企业应当紧密围绕其发展目标来构建数字化转型战略。企业明晰其未来发展道路之后，必须一开始有良好的数据底座，而这样的数据底座也必须服务于企业的长远目标。对于实施数字化转型来讲，一定先要问数字化转型目标是什么，而这样的目标一定是企业发展目标，只有将数字化转型视为支撑企业长远发展目标，企业才能持续稳定发展。数据基础设施可以逐步建设，但是一开始的数据架构应当具有扩张性。

2. 数据处理流程需与业务相一致

数字化转型的核心是依靠技术和数据创建提升企业决策质量和运营效率的商业智能。在这一过程中，仅考虑孤岛式的数字化毫无意义，必须考虑数据策略和数据集成的重用目标，而这要求在整个企业实现业务流程、数据和技术的合并，以形成正确数据支撑的操作层。成功的数字化转型战略会考虑多个要素，如数据战略、技术支持计划、总体结构、业务和营销目标以及客户体验。数字化转型的核心是数据统一和集成，按照统一的数据标准治理数据和管理企业数据资产，使所有的业务部门都成为数据生产和利用者，而不是只能由单一业务部门或业务人员利用数据，或者由IT或数据中心来管理数据。尽管IT部门亦有其重要性，但更多的是负责技术支撑工作，而不是负责数据处理工作，即IT部门在企业数字化转型中发挥的主要作用是提供技术工具，而不是处理数据。

3. 形成统一的可重用数据资源

数字化转型涉及企业运营的方方面面，可能需要解决许多问题，但是其核心是解决数据碎片化，消灭数据孤岛，形成统一的可重用数据资源。企业实现有效转型的核心是数据，无论企业是否选择数字化，其目标都是实施正确的战略、技术和基础设施，以从数据中获取更多价值。数字化转型不仅涉及企业内部各业务系统的整合，而且涉及外部业务（客户）和渠道的网络化整合。整合碎片化的数据，统一、组织、协调和管理他们的数据，是数字化转型需要攻克的关键难题。通常采取的策略是，实现不同部门之间数据一致化，内部数据来源单一化；在此基础上实行内部和外部数据、线上和线下数据的汇集、优化和整合，形成统一的可用数据资源。为实现这样的整合，除了消除参与者本位主义思想或封闭独立的心态外，重要的是要建立统一的技术标准和流程，提供简单和易操作的系统或工具，使所有参与者都能够遵循技术和流程进行操作，保持数据资源之间的互操作性。一旦有单一来源、精准和丰满的数据、可互操作的数据资源，无论数据是否集中存储，都可以形成统一可用的数据资源池，为企业的智慧行动提供支撑。

4. 形成数据驱动下的新型业务合作关系

数字化转型并不是孤立地存在，而是改变整个社会资源配置和商业模式的企业必经之路，企业的数字化转型一定牵涉到产业上下游与既有的客户关系。因此数字化转型并不是单一企业的事情，一个成功的数字化转型必然要求或带动产业上下游的数字化转型。于是，数字化转型实质上是在打造以数据为基础的新商业生态——数据生态。谁能够主导数据，那么谁就能够主导数据生态，主导产业。因此，数字化转型还需要考虑商业价值链，在考虑业务合作伙伴的利益基础上进行整体布局。否则，支离破碎的生态系统，还将面临一次痛苦的转型过程。但是，在正确的时间、以正确的方式，建构数据生态，实现各参与方共赢生态并不是件容易的事情。

5. 形成数据隐私和消费者友好的企业文化

在全面数字化转型背景下，无论你的企业是否面向最终个人消费者，均面临数据隐私和消费者权益保护问题。一个致力于数字化转型的企业最终将转向为基于人的产品和服务营销。因此，企业应当在为终端用户提供便利的同时，尊重个人选择，保护个人隐私，从而赢得消费者的信赖。随着消费者逐步进入数字化空间，企业应当采用越来越多样化的渠道和技术推销产品或服务，以提供最佳的客户体验。要实现满足客户期望的无缝客户体验，提高客户满意度并加强品牌偏好，消费者数据的使用具有必要性，而如何满足消费者个性化需求的同时，又让消费者感受到其个人隐私得到尊重，对此，企业需要将隐私和个人信息权益保护全面贯彻到业务中，形成用户友好文化。

总之，数据是推动转型的燃料，生产、汇集可用数据，最大化发挥数据价值是数字化转型的核心。科学数据架构，清晰数据战略部署，统一、集成、编排和激活数据，释放数据洞察力，是数字化转型的最终目标。该最终目标可以细分为：

- 数据质量和完整性——将数据转化为洞察力；
- 身份管理和隐私——以客户为核心；
- 定位和细分——在正确的地方触达正确的受众；

- 组织化流程和技术——更快、更精简、更智能的行动；
- 个性化——通过正确的接触点提供更好的客户体验。

§3.3 政府数字化转型

1.政府数字化转型的阶段和成效

我国非常重视电子通信技术在政务领域的应用，从一开始政务信息化（电子化）到电子政府，再到今天的数字政府，反映我国政府不断提升数字技术应用能力，提升政府公共管理和公共服务能力。数字政府大致经历了以下阶段：

（1）20世纪80年代至90年代办公自动化阶段；

（2）从1993年至1998年专业领域信息化阶段，金字工程建设①；

（3）1999年至2002年政府上网工程阶段，政府网站得到全面推行；

（4）2002年之后，进入以提升政务信息应用能力的电子政务阶段；

（5）2016年，开始推进政务信息共享为核心的电子政府建设；

（6）2022年，进入数字政府建设阶段。

在数字政府建设方面，目前着重于三方面的建设：

（1）基础设施建设方面，实现一网通办，一网通管，提升政府行政和服务能力；

（2）继续深化政务信息共享，提升政府集约和高效运行能力；

（3）稳步推进公共数据开放，提升政府服务数字经济的能力。

2.数字政府建设的指导文件

在数字政府建设方面，地方政府做出了积极探索，制定了许多地方性法

① 1993年启动的“三金工程”，即“金桥”“金关”“金卡”，现已发展到“12金”甚至更多，即金税、金财、金盾、金审、金贸、金农、金保等。

规，同时试点各种制度措施，为国家数字政府建设和规范发展积累经验。在国家层面，以下规范性文件在数字政府的建设过程中，起着指导和规范作用。

2002年8月，中共中央办公厅、国务院办公厅转发了《国家信息化领导小组关于我国电子政务建设指导意见》（中办发〔2002〕17号文件），对我国电子政务建设的指导思想、原则、主要目标、任务和主要措施等作出具体部署，我国电子政务开始以战略性的地位纳入政府行动计划，即全面建设电子政务阶段。

2007年，《政府信息公开条例》（国务院令第492号）正式发布实施，提出提高政府工作的透明度，促进依法行政，要求充分发挥政府信息对人民群众生产、生活和经济社会活动的服务作用。

2016年，国务院印发《政务信息资源共享管理暂行办法》（国发〔2016〕51号），是为贯彻《促进大数据发展行动纲要》而发布的基础性文件，旨在推动政务信息系统互联和公共数据共享，增强政府公信力，提高行政效率。该文件提出的政务信息资源①共享的基本原则，仍然是数字政府建设应当遵循的基本原则。其中“以共享为原则，不共享为例外”原则，成为政务信息共享的基本遵循。

2022年4月，中央全面深化改革委员会审议通过了《关于加强数字政府建设的指导意见》（国发〔2022〕14号），该意见明确，“要主动顺应经济社会数字化转型趋势，充分释放数字化发展红利，进一步加大力度，改革突破，创新发展，全面开创数字政府建设新局面”。显然，数字政府建设既是推进数字化转型的组成部分，也是整个社会经济数字化转型的重要引领者，

① 《政务信息资源共享管理暂行办法》第二条：“本办法所称政务信息资源，是指政务部门在履行职责过程中制作或获取的，以一定形式记录、保存的文件、资料、图表和数据等各类信息资源，包括政务部门直接或通过第三方依法采集的、依法授权管理的和因履行职责需要依托政务信息系统形成的信息资源等。本办法所称政务部门，是指政府部门及法律法规授权具有行政职能的事业单位和社会组织。”

需要发挥数字政府建设对数字经济、数字社会、数字生态的引领作用。

此外，该意见还将数据赋能作为数字政府建设的核心，并指出："建立健全数据治理制度和标准体系，加强数据汇聚融合、共享开放和开发利用，促进数据依法有序流动，充分发挥数据的基础资源作用和创新引擎作用，提高政府决策科学化水平和管理服务效率，催生经济社会发展新动能。"这些都是数据驱动政府智慧决策的关键制度政策。

3.数字政府建设基本内容和目标

数字政府建设既包括政府自身流程再造，又包括数字经济政策的供给。数字经济政策涵盖了基础设施、平台搭建、市场培育、公私协作等多个领域，本质在于政府如何为企业数字化转型发展提供良好的基础设施和政策环境。因此，数字政府建设既需要数字技术在政务领域深度应用，推动政务数字化升级换代，同时也需要政府本身的决策和治理来实施数字化转型，转向基于数据的决策治理。在这个意义上，"一网通办""一网通管""不见面审批""就近办""一次办""惠企政策精准推送""政策兑现直达直享"等，均属于网络或数字技术在政府管理和服务中的应用，以此提升政务效率和服务便利。新一轮的数字政府建设应当围绕数据驱动和数据应用能力提升展开，通过数据赋能政府，进一步地赋能社会，从而推动整个社会的数字化转型。例如，政府可以利用数字化政务和监管形成的大数据，收集分析企业或其他市场参与者的数据，形成市场主体画像，一方面，可以为企业发展提供更精准和更高效的服务；另一方面，可精准发现企业的违法违规行为，对此类行为及时监督纠正。这样真正实现了基于数据的政务和服务。

政府如何加强制度供给？从促进数字经济发展的角度来看，一方面，政府需要提供持续、稳定且科学的政策和法律制度，为市场主体"上云、用数、赋智"提供可遵循的规则和指引，激发企业数字化转型的内生动力，推进"大数据＋人工智能"在社会经济中深度应用；另一方面，政府则需要加强政府数据治理，向社会开放可机读、可重用的原始数据，成为公共数据要素的供给者。另外，数字化正在转化我国的社会分工和经济结构，加速行业融合和产业转型升级，改变整个经济运行环境和竞争环境，而如何规范企业在新型数字环境下的竞争和发展，维护公平的竞争秩序，也是对政府治理与监管的新挑战。比如，如何发挥互联网巨头企业、人工智能优势企业在传统企业向数字化转型升级过程中的辐射作用，同时避免数字化技术引发垄断性行为，给传统经济造成创伤，政府对此必须审慎应对和防范。

总之，数据是数字经济最基础的社会资源和生产要素，也是现代政府管理和社会治理的根本要素，是数字社会的核心逻辑与底层资源，以数据驱动为目标的数字政府改革和建设对于全社会数字化转型具有引领作用。这首先需要政府率先按照数字化转型的思维进行新一轮的数字政府建设，以数据智能优化政府治理体系，提升政府的数据治理能力，健全统筹协调机制，形成有利于数字经济发展的制度架构和公正有序的环境，进而推进全社会分享数据、利用数据，驱动经济社会高质量发展。

从信息化（数字化）到数字化转型是数字技术应用下社会发展模式的一次巨大转变，正如过去以政务信息化来带动整个社会经济的信息化一样，在推进数据经济发展过程中，我们也需要以政府数字化转型带动整个社会经济的数字化转型。这一方面是因为政府是社会经济活动的管理者，它集中了社会经济活动需要的基础数据，其社会化利用对于推动数据经济起着基础作用；另一方面，数据社会化利用或再利用面临很多不确定性，需要确立基本规则，政府具有规则创设能力，在数据再利用方面应当为社会主体提供示范引领作用。

4. 政府数字化转型面临的挑战：数据治理

政府数字化转型的核心是政府转向基于数据的公共管理和公共服务，以提升数据要素在政府中的应用和智能化水平。为实现这一目标，政府首先需要开展的工作是按照产品化思维开展数据治理，确保数据唯一性、精准性、完整性，实现数据在政府部门之间无缝隙共享和重用。实际上，自2016年始，我国一直在推行“一网统管+一网通办”的改革，而支撑这一改革的则是数据治理，使数据转化为可重用的数据要素，在政府部门之间实现有序高效共享使用。

《政务信息资源共享管理暂行办法》提出了政务信息资源共享的基本原则和数据治理的原则。政务信息共享基本原则为：以共享为原则，不共享为例外；需求导向，无偿使用；统一标准，统筹建设；建立机制，保障安全。政务数据治理的原则为：“谁主管，谁提供，谁负责”的治理原则和“谁经手，谁使用，谁管理，谁负责”的治理责任原则。之后各地方均发布了实施政务数据共享地方规范，推进各地政务数据跨层级、跨地域、跨部门有序共享。

在《“十四五”数字经济发展规划》中，国务院提出使“数字化公共服务更加普惠均等”的政府发展目标，旨在使数字基础设施广泛融入生产生活，实现对于政务服务、公共服务、民生保障、社会治理的支撑。通过不断网络化、数字化、智慧化的利企便民服务体系，全面提升全国一体化政务服务平台功能，加快推进政务服务标准化、规范化、便利化，持续提升政务服务数字化、智能化水平，实现利企便民高频服务事项“一网通办”。尤其需要强调的是，数据基础设施是数据经济发展的物质基础，政府作为资源配置者和公共服务提供者，需要加强对数据基础设施的建设和管理，为数据经济的发展提供有力支持。包括数据平台、通信网络、云计算等方面的基础设施建设和升级，提高数据基础设施的服务能力和水平，也是政府作为数据经济参与者的重要体现。

目前，政务数据共享已经取得了一定成绩，尤其是通过“一网通办”提升全民服务和管理效率，让人民群众有更多获得感。但是，在政务数据要素化治理，实现数据在各部门之间合规高效共享，支撑各部门的智能决策方面还有待提高。

第4讲　数据经济的基本架构

数据经济的理想状态是，每个组织都是数据的生产者、分析处理者和应用者，同时也是数据要素的供给者，每个组织者实现数据驱动和数据智能，整个基于数据生产、流通、加工分析的社会分工体系形成，数据社会化配置和利用实现，形成以数据生产力为主导发展驱动力。架构这样的理想状态，目的是引导各地方培育数据要素市场，各组织寻求参与数据经济的角色，寻找数据经济的发展机会。

在推进数据经济发展过程中，政府发挥着应用的作用，一方面政府作为数据要素社会化利用的制度供给者，为社会提供制度规则和政策环境，引导数据要素市场建设；另一方面，各级政府部门拥有大量基础性数据资源，包括水文地理、人口、法人、交通、金融、电信、工商、卫生等，这些数据可以通过不同方式开放，向社会提供，成为数据要素供给者，为社会提供基础数据资源。对此，将在第六单元设专讲细论，本讲仅勾勒数据经济的基本框架和运行机制。

§4.1　数据经济行为

从行为的角度，从事以下行为的主体都属于从事数据经济活动。

1.数据生产活动

数据生产将成为一种普遍现象，尤其是拥有网络和智能设备者，可以源源不断产生数据，而这些数据可以直接接入数据集成商获得收入，或者经过治理形成可重用的数据产品。伴随数据产品化思维发展，今后每个组织都应具有数据产品化的加工处理能力，以满足组织内部的使用及其对外流通利用的需要。

数据生产理论

人类正在进入数据驱动的时代，数据成为社会的基础资源，但数据一直被认为处于公共领域并妨碍着数据权利化，困扰着数据资源利用秩序的建立。描述特定对象的数据并不是天然存在的，而是被生产出来的，并将数据价值（预测分析、发现新知）的实现过程界分为原始数据生产（采集）、数据集生产（汇集性处理）和数据分析（分析性处理）三种行为，并将前两个行为称为数据生产，提出数据生产理论。数据生产理论首先应区分数据生产和数据分析，原始数据的生产是建立在分析原材料提供者基础之上，应承认其价值并配置适当权利，以满足各种分析目的的数据集的生产。同时，数据生产还应区别数据来源，来源于个人的数据并不一定是个人生产的，只有个人在提供或创制了数据时才是数据的生产者。因此，数据生产理论是在将数据视为一种资源的情形下为数据权利配置提供理论支撑，通过配置相应权利，构筑从原始数据生产者到数据集生产者，再到数据分析者的数据利用秩序。

既然存在数据生产问题，那么我们就应当区分数据来源者和数据生产者。数据描述的对象只是数据的源头，而并不一定生成、产生数据。为了更准确地表述数据，我们将数据描述的对象（主题）称为数据源或数据来源者，而将设计数据采集工具系统或设备、从事数据采集的活动称为数据生产，而将对数据生产做出实质贡献的主体称为数据生产者。数据的生产活动实现数据与描述对象之间的分离，形成与描述对象的独立存在，形成供数据分析的原始数据（raw data）。

数据从描述对象采集或分离后，还不具有直接的使用价值或者仅有有限的使用价值，需要打破不同类型数据的孤立性，实现数据的互通、再提炼和形成更有价值的数据——这便是数据集的生产。数据集的生产是对已形成数据的加工处理活动，它是按照特定目的，收集汇聚、清洗整理、分类归集，形成可用的数据资源，使原生态的数据加工成为具有使用价值的产品性数据，被称为数据集（datasets）。从价值实现的角度，数据从“原材料”的变现到“粗加工”后的变现有两种方式，即API接口的调用和数据文件集的生产。显然，以API接口的方式将原始数据变现，是那些拥有巨大用户群体和良好数据采集和归集架构的网络服务商或平台实现数据价值的方式。这些网络平台大多在采集过程中即对用户数据进行了初步整理，因而可以实现原始数据的直接变现；而数据集或数据文件集的生产则是原始数据变现等更普遍的方式。

——高富平：《数据生产理论：数据资源权利配置的理论基础》，载《交大法学》2019年第4期

2.数据流通交易活动

合法获得数据的持有者可以对数据进行加工处理，生产出满足社会需求的各种数据产品，这些数据产品通过各种数据交易方式实现交易。一旦每个组织具备数据产品的生产能力，那么每个组织都可以在从事主营业务的同时，直接流通交易其生产的数据产品，数据流通交易将成为每个组织的“副业”。

如果我们将数据持有者向他人提供数据或使他人获得数据、使用数据的行为称为数据分享，那么数据分享与数据流通同义。广义的数据流通就是向他人提供数据或使他人接触或使用数据的行为。广义的数据流通包括数据开放、数据共享和数据交易（交换）。

数据流通理论

数据的价值在于认知世界，大数据和人工智能改变了获取和分析数据的手段，使人类有了新的知识和智慧供给方式。各数据控制者掌握的碎片化的数据只有不断流动、汇聚、结合用于各种目的的数据分析，才能实现其价值，满足智能分析需求。数据流通实现了数据社会化利用，形成数据经济的内核。数据流通本质上是数据使用许可，涵盖一对一许可、相互许可和一对众许可三种方式，三种许可全面构筑了数据社会化利用的模式。个人数据和非个人数据均具有可流通性，关键在于法律上认可数据控制者具有许可使用的法律能力。在没有法律明确赋权的情形下，基于数据的事实控制使数据控制者具有事实上的数据使用权，可以开启数据流通之门。关键在于需要法律明确数据控制（使用）合法性判断规则和数据流通利用的责任规则。

1. 一对一数据许可

一对一数据许可是指数据拥有者（提供者）仅向特定对象提供数据，允许其使用数据。一对一数据许可是常见的数据流通方式。它可能内含于企业之间的业务合作中，一方许可另一方使用特定范围的数据；也可以是单独数据许可使用合同，比如，开放API协议。在开放API协议中，一个系统的运营者向另一个主体开放数据接口或信道，以让该主体的程序能够调用该系统形成和存储的数据，甚至在许多情形下可能不需要转移和存储数据，只需要允许其处理或运算利用数据。实践中，网络公司为他人提供广告服务，广告公司购买所谓的“广告位”，实现精准推送或营销，大多数情形即是采纳数据一对一许可调用方式利用数据。在数据开放过程中，为确保数据安全，数据提供者也可以只开放接口，允许数据分析者运算数据，而不移转数据。因此，开放系统接口许可特定对象在特定时间使用特定数据是最为常见的数据流通方式。

2. 相互数据许可

两个以上的数据拥有者相互进行数据使用许可即为相互数据许可，这是共同利用各自产生的数据的一种行为，这种数据许可利用本质上是相互许可方式，亦可以称为数据共享。数据共享的基本特征，一是主体限定在特定范围之内，至少两个主体；二是特定主体之间相互使用各自拥有或控制的数据，存在相互许可使用机制。从计算机学科的角度来看，数据共享就是使位于不同地方、使用不同计算机和不同软件的用户能够读取他人数据并进行各种操作运算和分析。在数据共享中，每个共享人既是数据提供方，也是其他主体提供的数据的接受方或使用方。数据共享可以使特定范围的主体更充分地使用已有数据资源，减少资料收集、数据采集等重复劳动和相应费用。共享数据可以视为该范围主体的共同数据资源，因此数据共享的原理是相互让渡自己的数据使用权，实现数据的共享共用。数据共享可以通过数据交换、联通的方式实现，也可以通过共同建设共享平台（数据池）的方式实现，二者的区别在于是否涉及数据集中。但不管怎样的方式，首先需要建立一套统一的、法定的数据交换标准，规范数据格式，使数据按照统一的标准进行交换、流通，被共享主体调用。

3. 一对众数据许可

一对众数据许可是指数据拥有者对不特定主体进行的许可使用，其根本特征在于数据使用人具有大众性，是面向社会需求者的数据许可。一对众许可大致分为自由使用许可和有条件使用许可两类。

自由使用许可即将特定数据明确为开放数据（Open data），不设任何条件且由不特定社会主体随意取用。开放数据本质上也属于一种数据许可，只是数据控制者不再设置任何条件提供给社会主体使用数据，使用的权利源自法律。在实施时，可以采取标准化的数据开放许可条款或数据开放政策。相对地，有条件使用许可是数据拥有者向不特定需求方许可使用数据，但是限定了数据的使用条件，包括使用目的、使用主体资格、使用对价等。有条件数据许可本质上是一种数据交易，它通过市场机制将数据资源配置给需求者，实现数据的社会化利用。由于这样市场化的一对众的数据许可必须是可控的、有序的，因而数据交易通常需要借助专门数据交易平台实现。美国数据经纪人（Data broker）、我国上海数据交易中心建设的数据交易平台等都属于为数据交易提供服务的机构。一旦通过市场化的方式在数据提供方与需求方之间实现匹配，那么双方之间也需要许可协议，而这种许可可能是一对一的许可，也可能是一对众的标准化许可协议。只有后者才是真正的一对众许可。

——高富平：《数据流通理论：数据资源权利配置基础》，载《中外法学》2019年第6期

3.数据使用活动

在整个数据经济流通利用循环中，数据使用分为生产性使用和消费性使用。生产性使用即对数据进行加工处理形成新数据（可能与已有数据汇集融合），数据使用者再次成为新数据（产品）的持有者。消费性使用是为了应用于研发、决策或智慧行动中，而不是产出新的数据。前一种使用针对的是数据集或治理的原始数据，而后一种使用针对的是数据分析产出物或知识类数据产品；前一种使用，使用者又是生产者（加工使用者），而后一种使用，数据接受者是数据最终使用者（消费者）。区分这两种使用行为和关系，对于规范数据使用/消费关系，具有重要的意义。

在数据成为资源的背景下，汇集处理内部和外部数据，形成支撑组织运营需要的数据资源和分析能力也是每个组织未来的基础经济活动。该活动是一个组织经营活动的组成部分，通过支撑组织运营和竞争能力来间接

获得经济效益。一旦具备上述数据能力，每个组织还可以输出两类数据产品，可重用的数据集（供他人使用）和数据分析使用的产出物（供他人消费）。在某种意义上，数据要素旨在促进经治理的原始数据（集）的流通利用，通过促进数据生产性使用，进而生产出更多更好的知识产品供社会主体消费使用，实现数据到社会生产力。

延伸阅读

数据分析处理——数据挖掘

数据分析最终的价值是为人类各种决策提供知识或决策支持服务，而这一过程需要对数据进行深度的加工处理，发现分析对象的规律或预测未来趋势，从数据中得出新知识、新发现，以做出预测性判断或解决方案。实际上，大数据与大分析（big analytics）捆绑在一起，数据的价值正是源于大分析。这是因为数据分析（data analytics）可以“获得洞见（知识创造）”和“自动决策（决策自动化）”，是数据价值创造和实现的机制。

在DIKW结构[①]下，数据分析的结论表现为信息，或者说是不同于分析所使用数据（原料）的新数据，是从原始性数据（数据集）分析、解读出来的数据，也被称为推断数据（inferred data）或衍生数据。相对于原始数据，分析结论不再是识别特定对象的数据，而是从数据中发现新知识、新规律甚至做出决策。基于原始数据推断、演算分析出来的数据类似于传统的将玉石加工成玉器、木材加工成家具，是一种新物或产品。对原材料性的数据进行处理、分析形成的新数据，与原始数据（数据集中的数据）存在推断、推演

① DIKW指数据（Data）、信息（Information）、知识（Knowledge）、智慧（Wisdom）。

或衍生关系，但已经是两种性质的东西，不宜继续在相同的层次、运用相同的原理讨论其归属。数据发现需要保护的不再是数据本身，而是信息的应用价值。至于如何保护则取决于数据挖掘所形成的成果形式和价值。有些发现的价值可直接用于提升决策精准度和效率（辅助决策），就不需要提供额外的保护；有些可能需要借助著作权来保护AI创制内容，甚至可能会借助对专利保护具有独创性的AI系统或算法本身来对其应用价值进行保护。

新数据的产生离不开不断进步的计算机科学。数据分析处理伴随机器学习、深度学习等技术应用而不断发展，缺失大运算能力的算法系统是不可能完成的。大数据为人工智能提供了原材料基础，而人工智能也为数据分析提供算法支持，为大数据应用插上翅膀，使得传统的数据分析技术有了新的想象空间。通过不同形式的人工智能分析大数据，使人类具有从数据中获取新知识或者新洞察的能力。有了针对不同需求或目的的数据分析，原材料性质的数据才最终发挥出应用价值。可以说，数据分析处理是数据经济价值最终实现的前提。

显然，数据的分析处理是一个技术能力问题，有数据分析技术和能力的主体并不一定拥有数据，因而数据分析就逐渐分化为一种专业服务。于是，在数据经济时代，逐渐形成数据生产者、数据集的生产者（数据汇集处理）和数据分析者的社会分工，而促成这种分工的关键就是数据的流通（为数据集生产提供原料）和数据集流通（为数据分析提供原料）。没有数据和数据集流通，只有数据生产者利用自己的数据从事数据分析，是低效率的，甚至也不可能有大数据分析。为了形成适应数据经济发展的社会分工，需要界定数据经济价值链条中每个主体的角色，肯定或承认他们各自的贡献，并从最终的数据价值中获取相应的回报或利益。在这个过程中，数据生产者是数据矿石的生产者，数据集的生产者（汇集处理者）是数据矿石的分拣者，而数据分析者是数据矿石的“冶炼”者，三者共同构筑数据经济产业链，而社会中的每一个主体都可能是其中的某个角色承担者。不过，数据产业中这样分工并不妨碍这些角色的合一。因为在数据即采即用的情形下，原始数据的生产者、汇集处理者和分析处理者是由同一个主体完成的。因此，这里的角色旨在为数据产业分工提供分析工具，通过对每个角色配置相应的权利来构筑产业或经济秩序。

——高富平：《数据生产理论：数据资源权利配置的基础》，载《交大法学》2019年第1期

§4.2　数据经济主体

在理论上，每个市场主体都是数据经济主体，因为每个市场主体均可能生产、流通和使用数据，都参与到数据经济资源配置和利用的大循环中。由于社会分工的需要，在数字经济形态中，一定存在专门从事数据生产、流通和使用活动的主体，它们的主营业务就是数据产品生产、数据服务或数据市场。这些致力于数据生产、流通（分享）、处理和分析的组织将成为数据经济的核心力量。根据以上分析，以下是支撑数据经济运行，引领数据经济发展的主力军。

1. 数据集成商

数据集成商是从一个或多个来源收集数据、提供一些增值处理并将结果重新组织成可用数据集（数据产品）。所形成的可用数据通过销售或许可协议提供给客户，或者通过查询或API方式提供给他人。数据聚合者也可以为他人提供定制数据治理服务，将处理好的数据返还其客户，或者提供各种数据服务。

2. 数据市场经营者

数据市场是专门致力于为数据提供方提供数据和数据接受方获取数据提供交易媒介服务的主体。这些主体不拥有数据，也没汇集和处理数据，而仅仅是为数据供需方提供撮合和交易服务。这些主体可能有不同的名称，

如数据分享平台、数据交易平台、数据交换平台等。

3. 数据处理提供商

数据需要清理、改进完善、标注等治理活动才能转换成为可用的数据，所有这些均离不开专业的数据处理活动。数据处理将成为一门专业，由专业的公司来承担，数据治理和管理也可以外包，形成一种专业服务。

4. 智能分析服务提供者

广义上智能分析服务属于数据处理服务范畴，只是因为其专注于智能软件和工具，或者为他人提供数据分析服务因而成为独立的一类数据经济主体。从海量数据中找到有价值的数据并非易事，数据探索、挖掘分析均需要专业技能，也将成为一个重要行业。技术见长的企业正在开发新型搜索技术、智能分析工具，通过销售或服务方式满足分析者需求。

5. 安全服务提供者

访问控制和安全管理将是数据生产、流通和应用中最基础的要求，尤其是数据分享应用环境下部署多层访问机制，需要管理访问和监控数据利用行为，实时实现细粒度访问控制。

6. 数据经纪人

数据流通是需求驱动，供需匹配的过程，在这个过程一个不可或缺的角色是具备数据价值和需求发现能力、合规和安全管理能力，实现供需匹配的中介机构，被称为数据经纪人。数据经纪人最先出现于美国，在2010年左右出现专门从事为营销目的收集和销售消费者个人数据的数据经纪人。2021年7月，《广东省数据要素市场化配置改革行动方案》提出鼓励设立社会性数据经纪机构，规范开展数据要素市场流通中介服务。专注于数据价值发现和数据匹配的数据经纪人，可以为数据持有者找有潜力的用户，而为数据需求者找到合适的数据，将成为数据经济重要“润滑剂”。

§4.3 数据经济市场体系

数据经济的市场体系建立在各类数据生产、流通与使用活动之上，而其中数据流通是实现各类数据经济参与主体建立生产性活动的关键。数据不同于其他物质商品，其他物质商品的使用以实际占有为前提条件，而数据的使用可不以控制该数据为前提。使用即流通，流通是数据的生命，流通是数据社会化利用的方式。数据经济的本质在于让他人使用数据，而不是转移数据，转移数据并不是数据流通的必要条件。

数据使用交易关系发生于提供者（the data provider）和数据接受者（the data recipient）之间。数据提供者是向数据接受者提供数据的主体，数据提供者须为合法的数据持有者；数据接受者是从数据提供者获得数据和使用数据的主体。数据使用交易的标的是数据使用（权），其形式可以是数据转让、数据访问、数据共享等。数据使用交易亦被称为数据提供交易。联合国贸易法委员会将数据流通交易称为“数据提供”（Data provision），并将之定义为“数据提供者向数据接受者提供数据的数据交易”。[①]因此，如果从数据流通分享的角度划分数据经济，数据经济的市场体系大致可以分为以下三个层次：（一）基础层：市场主体之间的数据分享；（二）中间层：数据共享与合作；（三）高级层：数据交易市场。

---

① 数据提供者可以通过赋予数据接受者对数据访问权（access to the data），或者通过赋予数据接受者对由数据提供者控制的数据源访问权（access to a data source）来提供数据。广义上的数据提供类同于数据的“销售（sale）”或“许可（licensing）”。提供数据的交易包括了“数据共享（data sharing）”安排，各方当事人据以经常通过网上空间相互提供数据，因此各方当事人既是数据的提供者，也是数据的接受者。United Nations Commission on International Trade Law，*Revised draft legal taxonomy – revised section on data transactions* Fifty–fourth session（Vienna，29 June–16 July 2021，A/CN.9/1064/Add.2）.

1. 基础层：市场主体之间的数据分享

数据分享是具有一定关系的组织之间分享数据价值的方式，交易形式可以是数据交换（交换数据或市场机会）或数据许可使用交易。市场主体之间数据交换或许可使用既可能是数据流通，也可能是数据访问，采取怎样的方式完全取决于双方交易目的，甚至取决于双方相互信任程度。企业之间数据交易一直存在于商业实践中，只是多以业务合作或附属于其他交易关系中。一旦独立的数据交易合法化，那么在具有一定业务关系的主体之间分享数据，交换价值，将成为数据要素市场基本面。

2. 中间层：数据共享和合作

多方数据的融合创造价值，因而不同主体之间共享数据成为数据价值实现的重要方式。数据共享意味着在稳定主体之间相互交换或许可使用数据。数据共享，既可以不改数据生产和存储的原始系统，而是通过相互之间授权访问的机制实现数据共享，也可以是多方将数据传输到共同控制的介质，形成共同数据池，授予彼此访问权限或授予对数据源的访问权限。[①] 目前，数据共享已经成为科学研究领域数据价值实现的基本方式，而在工业领域也有多种数据共享模式出现。

为了更好地分享利用数据，产业上下游企业、相邻或相同产业之间开始通过各种合作关系，建立数据生态，也成为数据价值实现的一种方式。在数据生态，多个组织之间的合作伙伴关系，以共享和管理数据创造在以前的孤立系统中不可能实现的新价值。跨组织或多主体组成的数据生态系统促进了数据分享已经成为一项重要的高价值商业活动。[②] 数据生态亦可以看

---

① ALI-ELI PRINCIPLES FOR A DATA ECONOMY- DATA TRANSACTIONS AND DATA RIGHTS（ELI Final Council Draft，2021）.

② 参见 Per Runeson，Thomas Olsson，Johan Linåker，*Open Data Ecosystems — An empirical investigation into an emerging industry collaboration concept*，Journal of Systems and Software，Volume 182，2021，https://doi.org/10.1016/j.jss.2021.111088。

作一种相对封闭的数据价值交换“市场”，将与数据共享一起成为数据交易最为基本的方式。

3.高级层：数据交易市场

在满足以下两个条件时，市场化的数据交易就会出现：一是存在跨域（跨组织）可重用的数据产品；二是存在有效解决数据提供者和接受者之间信任，提供交易撮合和安全保障服务的主体。从目前国内外数据市场建设实践来看，数据市场大致分为两种：以数据集成商为主体的数据服务市场和以数据市场（数据交易平台）运营者为主体的数据交易市场。数据服务市场实际上有两类数据交易组成，一是数据初始来源者与数据集成商之间数据流通交易，二是数据集成商与最终数据消费者之间的数据服务交易。数据交易平台亦称为数据市场（data marketplace），是为产品化的数据供需方提供撮合交易，使数据提供者实现数据价值，使数据使用者获得可重用的数据。

数据只有创造价值，才能够成为经济资源。我们需要寻求数据价值创造和实现方式，以此来构建数据经济。数据经济是生产、分发（销售）和消费数字数据的经济。[①]数据经济活动主要由原始数据生产、可用数据集的生产和数据分析活动组成，而贯穿这一活动的是价值创造和价值实现。数据价值实现方式既有基础的非市场（非交易）方式（如无偿开放），也有市场（交易）方式。数据交易涵盖所有以数据（使用）交换金钱和其他等价物（包括数据、商业机会等）各种商业安排。

---

① Data Economy：Radical transformation or dystopia? https://www.un.org/development/desa/dpad/wp-content/uploads/sites/45/publication/FTQ_1_Jan_2019.pdf.

第二单元

数据要素价值：数据生产力

数据是客观世界的映射，是主体活动的记录，数据的基本价值在于认知客观世界规律，在于通过关联分析，发现数据背后的洞见或新知，预测客观世界的趋势。如今，这一过程是通过计算实现的，因而数据的认知价值也被称为计算价值。但是，数据本身没有价值或价值较低，只有汇集起来，才能具有产生洞见或预测的价值。数据的计算价值是通过不断关联分析实现的，这既需要一定质量的数据，又需要数据本身具有可流通性，因而应当按照经济资源属性对待数据生产、治理和流通。本单元主要论述数据本身的特征和价值，揭示数据要素化或数据转化为生产力的机理，并提出数据要素化——数据生产力形成和实现的制度需求。

第5讲　数据生产要素全面含义

作为生产要素，数据必须为企业或组织带来经济交易价值。但是数据价值在于计算分析，数据只有转化为知识、智慧行动或智能后才能转化为生产力，也只有转化为生产力，数据才能最终带来经济效益，成为生产要素。因此，数据并不能直接成为生产要素，它需要经历不断实现其价值、转化为生产力的过程。为了清晰地描述这一过程，这里将其概括为两个阶段：数据要素转化成为智能成果的生产要素，而数据智能成为社会经济的生产要素。也就是说，数据要素化仅在于生产出智能成果，而智能成果为组织或整个社会经济带来经济效益。

§5.1　数据作为生产要素的两重含义

在数字时代，数据有两重含义：一种是数字化的信息和知识，另一种是数字化事实。人们时常混用这两种含义，引发许多误解，甚至对数据如何成为生产要素发生理解分歧。实际上，两种“数据”都可以作为生产要素，只是内涵、实现方式和制度诉求不同。本书区分数据与数字化信息和知识，将数字化事实称为数据，将数字化信息和知识合称为知识[①]，揭示其二者如

① 信息与知识存在差别。信息被理解为对客观存在的具体表述，对于接受者具有意义，能够消除不确定性，例如，太阳昨天从东边升起，就是一条信息。知识是描述一类事物的情况、共同特征或一般规律，因而知识复用概括性描述或抽象归纳总结，知识可以指导人类行为、作出预测或判断。比如，太阳每天从东边升起，就是人类总结出的知识。之所以将信息和知识合称为知识，是因为有用的信息也有助于人类作出判断、决策甚至行动，人类是在试错或验证信息中获取知识的，从对人类智慧行动的角度，二者具有同质性。

何成为生产要素。

1. 生产要素的含义

生产要素（Factors of Production）是指维系国民经济运行及市场主体生产经营过程中所必须具备的基本社会资源，其最主要的特征在于为经济发展系统提供基础与动力来源。[①]作为一种经济术语，生产要素用来描述为获得经济利益而在商品或服务生产中使用的投入。在这个意义上，生产要素包括生产商品或服务所需的任何资源。广义上生产要素促进了生产经营，但并不像原材料那样成为最终产品的一部分。

在传统经济理论上，一般认为土地、劳动力和资本是三大生产要素。[②]随着理论发展，生产要素的内涵不断扩展，逐渐出现了对生产要素不同的概括或表述。很多经济学家认可企业家或创业精神（Entrepreneurship）作为第四大生产要素[③]。也存在将技术与传统三大生产要素并列，提出新的四大生产要素。在20世纪90年代亦有学者指出信息技术作为生产要素及其在不同企业的效果。[④]有学者研究指出，IT资本是普通资本和劳动力的净替代品，

---

① 谢康、夏正豪、肖静华:《大数据成为现实生产要素的企业实现机制：产品创新视角》，载《中国工业经济》2020年第5期。

② 早期的政治经济学家如萨伊、西尼尔和约翰·穆勒等均持这样的观点。参见萨伊:《政治经济学概论》，商务印书馆1963年版；西尼尔:《政治经济学大纲》，商务印书馆1977年版；威廉·罗雪尔:《历史方法的国民经济学讲义大纲》，商务印书馆1981年版。

③ 创业精神或企业家精神（Entrepreneurship）指建立新企业、探索新想法和新产品来组织生产并承担风险。创业者亦被称为企业家，它是将所有其他生产要素结合起来进行组织和运营的组织者，缺失这样的组织者一切生产活动无法开展，因此，创业或企业家也被认为是重要的生产要素。企业家是生产要素有效的协调者（coordinating role），是创新者和风险承担者，因而企业家区别于劳动者，企业家也就被普遍接受为第四生产要素。此时，生产要素的含义也相应地被扩张性理解为能够创造价值并获得回报的投入。

④ Erik Brynjolfsson & Lorin Hitt（1995），Information Technology As A Factor Of Production: The Role Of Differences Among Firms，Economics of Innovation and New Technology，3：3-4，183-200.

随着时间的推移，IT在生产中的要素份额将增长到更显著的水平。[①]我国在世界上首创，将数据增加为第五大生产要素，这仍然是信息技术作为生产要素的创新性演绎。中共中央、国务院《关于构建更加完善的要素市场化配置体制机制的意见》完整地提出并勾勒了土地、劳动力、资本、技术和数据五大生产要素，成为我国生产要素的权威提法。

2.数字化知识作为社会经济的生产要素

生产力是人类征服和改造自然的客观物质力量，是一个时代人类社会进步和发展能力的集中反映。生产力的三要素包括劳动力、生产工具、劳动对象，其中劳动力是决定性生产要素。因为人是经济活动主体，人类智慧创造了人类文明，而人的创造力、智慧行动力来自经验和知识。知识既可以赋能个体，也可以赋能组织甚至整体社会产生生产力。知识就是力量，实际上是对知识在社会经济发展中作用的精确表达。

知识代表着人类对世界的认知水平，或者说是人类认知和改造世界的成果。人类不断地通过知识学习和经验总结，增加判断决策能力、实施行动能力，在面对各种未知世界能够找到正确方案（智慧）。一个人的能力取决于知识和经验的积累，一个企业的资源配置和经营管理也需要磨合出一套有效的运营和决策机制解决发展面临的问题。于是，人类社会一定阶段的知识会通过个体和组织转化为具体的创造力、行动力、决策力，并转化为具体的生产力。同时，每个个体和组织所生产出来的知识，又汇入人类社会知识海洋，成为可代际和跨域传播的知识内容。

数字技术的应用不仅改变了人类处理信息的能力，还加速了知识的生产。之前，人们依赖文字、数字、语音、图像等来表达客观世界，认知客观对象；在数字技术出现之后，人类依赖二进制数字（其值为1或0）存储

① Mueller，M. and Grindal，K.（2019），"Data flows and the digital economy：information as a mobile factor of production"，Digital Policy，Regulation and Governance，Vol. 21 No. 1，pp. 71–87. https://doi.org/10.1108/DPRG–08–2018–0044.

和呈现客观世界及变化。在以0和1形式呈现和处理信息，表达人类对社会认知情形下，人们不仅可以利用计算机获取和处理信息，而且可以加速知识的生产和创新，同时，所有的数字化知识又可以通过网络传输、传送和分享，再次加速知识的生产。因此，数字技术本身可以通过加速知识生产来提升社会生产力与生产效率。例如，在医疗领域，数字技术的应用可以帮助医生和研究人员更快地获取和处理大量医疗数据，从而更好地诊断和治疗疾病。例如，通过使用人工智能和机器学习技术，可以分析和识别医学图像中的微小变化，从而更准确地诊断疾病。此外，这些技术还可以帮助医生和研究人员更快地找到新的治疗方法，通过分析大量的药物化合物和患者数据，确定最佳的治疗方案。这些进步不仅可以提高医疗效率，还可以提高患者治愈率，减少医疗成本。

正因为如此，数字化信息和知识被理解为生产要素。[①]这样的观点反映了人类社会自古至今利用信息，创造知识，不断改造客观世界和社会运行效率的一般规律。依照此规律，人类通过知识形成智能，再通过人类智能加工处理信息来形成智慧行动和决策，从而形成社会个体组织和社会整体生产力。在这样的认知下，信息价值本质体现为消除不对称性与不确定性，使资源配置和利用更加有效，从而提高经济效率或创造经济价值，这一点是信息经济发展至现阶段已经达成的基本共识。

---

① 最权威的表述源自2016年G20杭州峰会通过的《G20数字经济发展与合作倡议》："数字经济是指以使用数字化的知识和信息作为关键生产要素、以现代信息网络作为重要载体、以信息通信技术的有效使用作为效率提升和经济结构优化的重要推动力的一系列经济活动。"中国信通院于2017年的《中国数字经济发展白皮书》，将数字经济表述为："数字经济是以数字化的知识和信息为关键生产要素，以数字技术创新为核心驱动力，以现代信息网络为重要载体，通过数字技术与实体经济深度融合，不断提高传统产业数字化、智能化水平，加速重构经济发展与政府治理模式的新型经济形态。"

知识管理

知识本身不会产生"力量"，而只有被人学习掌握产生创新和智慧行动才能产生生产力。知识成果是静态的信息内容[①]，如书、论文、数据库等内容，如果不能转化为企业的解决方案、流程或行动力，则不能产生生产力。这也就是说，知识需要通过应用才能转化为生产力，要么通过人，要么通过改进生产或经营效率工具或方法。

知识是劳动技能和素质的来源。知识被特定主体学习和掌握后可转化为人的智慧，形成决策力和行动力。知识之所以有力量，是因为人能够将其转化为智慧。知识是经由人得以体现，最终来源于人的创造力、决策力、应变力。也就是说，知识之力来源于人的智慧或行动力。一个企业的知识产生力本质上是以企业员工的知识和能力素质为基础，在特定分工协作和经营管理体系中产生出来的经营绩效或生产力。不过，知识可以赋能于个人并转化为生产力，自从有一段文字可记录智力成果之后便存在，并不是今天才有的新现象。

随着信息技术发明和应用，知识的生产、传播、扩散速度大大加快，成本大大降低，这使得人的知识更新以及创新和解决问题的速度加快，因而带来了更高的生产率。于是，在企业管理中兴起一个专门领域——企业知识管理。企业知识管理利用计算机系统有效地收集、处理、分享一个组织的全部知识。企业组织中有大量的有价值的方案、策划、成果、经验等知识，对其进行分类、存储和管理，促进企业知识的学习、共享、培训、再利用

① 知识来源于对客观世界的观察、研究、分析和总结，形成普遍的认知。在社会中有专门"生产"知识的群体（如科学研究人员），他们以发现客观事实、总结规律、做出预测或判断为目的，而大多数人则学习前人的知识并结合特定任务转化为行动。而运用知识的实践者也直接丰富和发展知识或者间接为知识发展提供材料，由此形成一种循环。正是在这样一种循环中，人类知识才不断发展和演进。

和创新，最终通过员工创新力和行动力转化为企业生产力、竞争力。知识管理指的是企业高效地运用知识和经验归档、分享和体系化管理，赋能企业业务创新与高效协作。

知识管理本质上是信息管理，数字化技术使企业有了有效管理信息和知识的工具，而这种管理提升了一个组织运用信息或知识的效率或能力，产生了溢出效应。数字技术给企业提供了更有效收集处理各种事实信息和知识的手段，不仅提升企业决策能力和资源配置管理能力（提升管理绩效和经营效率），而且进一步改善了全体员工的创新能力，促成企业生产力的提升。在某种意义上，正是因为有高效信息（含知识）处理技术，才使知识得以转化为生产力。

3.数据作为知识的生产要素：从数据输出智能成果的能力

数字化知识作为生产要素并没有反映出人类利用大数据的能力。如今，人类已经具备利用数字化过程形成的大数据的能力，通过机器学习，形成算法模型、AI等智能工具，智能工具处理分析真实场景中的数据，输出智能和知识，这些智能和知识再次转化为生产力。

关于人类知识的生产，DIKW模型[①]给出了经典表述："智慧源于知识，知识源于信息，信息源于数据。"[②]数据是对特定对象观察和记录的结

---

① DIKW是英文数据（Data）、信息（Information）、知识（Knowledge）和智慧（Wisdom）的英文首字母缩写，也被称为智慧结构、知识结构、信息结构和数据金字塔。参见Martin Frické，Knowledge pyramid The DIKW hierarchy，https://www.isko.org/cyclo/dikw#refK

② Jennifer Rowley，The wisdom hierarchy：representations of the DIKW hierarchy，https://www.researchgate.net/publication/41125158_The_wisdom_hierarchy_Representations_of_the_DIKW_hierarchy. 也有学者从信息科学的角度，认为DIKW结构并不合理，方法上有缺陷，不应当成为信息科学和管理的标准。数据是以适当语义和程序方式记录的任何东西，信息是一种弱知识（知识也是弱知识），智慧是那些适当行为人对宽泛的实践知识的掌握和使用。See the Knowledge Pyramid：A Critique of the DIKW Hierarchy，http：//inls151f14.web.unc.edu/files/2014/08/fricke2007.pdf，2020 年 10 月 25 日最后访问。

果，是特定实体的基本属性及其在特定时间、地点和场景的行动或运动变化。在表达为有用的形式之前，数据本身没有价值。数据一旦被赋予了意义便被称为信息，信息赋予数据以生命。信息的应用组成知识，人类学习知识之后形成智慧，于是人类文明呈现出“数据→信息→知识→智慧”的递进式结构。由此，人类的知识源自数据分析应用。作为事实表达的数据是知识产生的主要源泉。人类不断发现客观事实，揭示规律，预测未来。

但是，当大数据出现之后，人类对数据的获取和分析利用已经让位于机器（网络系统）。这个时候的数据不是传统人工记录或观测数据，而是在网络系统中生成的关于客观世界物体运行的数字化记录。这些原始数据是数字化运行过程形成的“副产品”，其本身并没有直接利用价值。由于数字技术的进步，人类可以挖掘数据背后的规律，预测数据反映的客观对象变化或行动趋势，因而这些原来不能利用、没有价值的数据可以再利用，生产出类似人类的机器智能，产出有意义的知识或信息，最终转化为生产力。原始数据因此能够成为生产智能或知识，并通过智能或知识的应用再次成为社会经济的生产要素。在即采即用环境下，基于良好的数据架构原始数据，“大数据+人工智能”直接可以输出洞察，给企业提供业务解决方案，支撑企业的智慧决策。

此时，作为生产要素的数据是供机器学习等智能分析工具使用的可机读原始数据。数据作为生产要素可以理解为两方面：其一，数据可以经计算转化为信息，加速人类知识的生产，数据成为知识的生产要素，进而促进社会生产力的提高；其二，数据的计算也可以直接产生智能（数据智能），辅助决策甚至替代人类决策。这两类数据均是机读的事实数据的利用，本质上支撑了迈向数据驱动的数据智能，由此产生新的生产力——数据生产力。显然，原始数据之所以转化为生产力是因为数字技术发展使人类的信息处理能力进一步延伸和提升，人类具有了利用数据认知客观世界、形成机器智能、生产出知识并直接支撑决策的能力。

§5.2　数据资源化利用：人类社会新命题

数据的价值在于可以分析和认知世界，形成洞见和预测，即知识。在过去，人类自己采集数据（当然也可以利用工具采集数据），“处理”数据，形成知识。今天，各种智能系统具有从数据中学习，发现规律和知识的能力，出现人工智能或机器智能。数据是机器智能的来源，而机器智能是知识的来源。通过机器学习数据所形成的智能是补充人类智能的新智能。为此，人类社会需要一定制度变革，以适应机器智能与人类智能互补的新智能时代。

数据本身不具有价值，不是生产要素，但是数据经过治理和重用后可以用于智能或知识的生产，进而转化为整个社会经济的生产要素。因此，数据一直处于社会制度规范之外，处于公共领域，各国至今仅对数据分析形成的创新成果给予保护（包括知识产权制度）。但是，在数据智能背景下，生产和治理数据，让机器学习数据，形成智能或知识成为一种产业化活动。我们需要面对机器学习中对大规模数据的需要，以创新的思维，设计符合数据智能或数据生产力实现的制度机制。

1. 数据资源化：如何构建数据重用秩序

在人类历史长河中，数据一向被认为处于公共领域，是任何人都可以收集、运用的公共资源，数据一向采取自由利用模式。即使在知识产权制度产生之后，仍然没有将事实、数据、思想等纳入知识产权保护的客体，任何人对事实、数据、碎片化的信息不享有任何权利，任何人都可以对其自由地获取和利用。在这种情形下，数据通过其本身的开放性、自由性、公共性来实现社会化利用。至于利用这些数据资源获取的知识、技术等创新成果，如果符合知识产权条件，那么可以取得一定期限的专有权，从而得到保护，而数据自身则永远停留在公共领域。可以说，现行法律制度对于数据的法律定性就是公共属性，其利用模式为自由模式，而利用数据形成的知识如果符合知识产权保护条件，才给予保护。这样的自由利用模式延续到数据经济时代，阻碍着数据经济的形成和运行。

在自由利用模式下，只要是公开的数据，就可以自由地获取和利用。在互联网兴起后，全球的信息资源得以网络化传输和交换，因而给信息资源的自由利用提供了无限空间。为了平衡网络运营者对信息资源的控制和互联网的信息自由开放，互联网一开始就发明了Robots协议。Robots协议是国际互联网界通行的有关搜索引擎抓取范围的道德规范或行规，一方面尊重信息提供者的意愿，保护信息上利益相关者的权利（包括用户个人隐私权）；另一方面维护互联网开放性，使网页上的信息得到更广泛的传播。如今爬虫技术（按照一定的规则自动地抓取万维网信息的程序或者脚本）已经从获取网页数据转移至底层数据，成为许多所谓的大数据公司获取数据、从事大数据挖掘的最主要的手段。如果网页信息可纳入著作权范围，那么可受著作权人控制，而对于具有分析价值的系统数据、元数据等底层数据，若允许自由抓取，就会使数据利用陷入公地悲剧，无法构筑数据经济大厦。爬虫技术（代表自由开放）和反爬虫技术（代表着控制）二者之间展开拉锯战。在法律上，虽然有越来越多的司法案例宣布超越Robots协议的数据爬取是非法的，构成侵害目标网站的侵权行为，但是，信息资源的公共资源定性，仍然是利用爬虫技术快速无成本地获取他人劳动成果的借口。

在目前的自由利用模式下，数据上的权利不明确，数据获取方式和手段合法性判断缺失明确规则，数据的利用充满着法律的不确定性，这非常不利于数据价值的实现。国内有越来越多的数据拥有者拿起法律武器，捍卫自己的权利，而法院也在努力运用反不正当竞争法为数据正当使用和不正当使用划分出边界。[①]数据在控制与自由利用之间存在着不确定性，相关权、责、利边界不清晰，要让数据拥有者合理地预期自己的行为，有效地配置和利用数据资源几乎不可能。数据权属界定不清晰阻碍了数据分享和流通，以至于数据的社会化利用无法实现。

显然，这样的无序状态无法开启数据经济。因为在数据不被视为资源、不承认私人控制的情形下，数据流通和社会化利用即受阻碍，难以形成“大”数据，从事“大分析”。数据经济必然是将数据视为资源，赋予数据控制者以权利，让数据可以流通，实现数据的市场化、社会化配置和利用。

如今，进入数据可不断重用以生产出知识并需要以经济方式或产业化方式开展知识生产活动的阶段，就需要构建思考如何改变资源利用模式，而形成有序利用数字化形成的数据资源。在这方面，我国率先提出数据作为生产要素，试图按照经济资源利用方式，构建数据重用的秩序。对于过去奉行的数据自由获取和使用，我们首先需要正确地理解作为生产要素的数据不再是人可识读的信息或知识，而是可机读的原始数据。与数字化知识或信息不同，这些原始数据本身并不是生产要素，经济价值极低，无法产生经济效益，而是要通过技术手段从数据中获得人类没有的智能，这样的数据智能又给人类带来无限的憧憬。在数据转化为知识或智能产品之前，都不具有直接经济价值，不能被视为生产要素，但是我们又必须激励原始数据的生产、流通和分析利用，以满足人工智能、机器学习对原始数据的不断需求。这要求我们需要将原始数据本身的生产和流通构造成为一种产

① 例如，在大众点评网诉百度案［（2015）浦民三（知）初字第528号，（2016）沪73民终242号］中，汉涛公司成功地制止了百度公司在百度地图、百度知道中大量抄袭、复制大众点评网点评信息，维护自己在用户点评数据的合法权利；在“微博”诉“脉脉”一案［（2016）京73民终588号］中，北京微梦创科网络技术有限公司利用反不正当竞争法成功阻止了淘友公司超越合同抓取、使用新浪微博的用户信息的行为；淘宝（中国）软件有限公司诉安徽美景信息科技有限公司案［（2017）浙8601民初4034号］，法院认定淘宝公司对涉案数据产品享有竞争性财产权益，美景公司涉案行为构成不正当竞争，判令其停止侵权行为并赔偿经济损失。

生价值的经济活动，以激励高质量数据要素的供给。这实际上需要我们将数据要素化理解为一个过程，而不是直接创造经济效益或形成生产力的生产要素。我们需要为这个过程创造秩序，以促进数据生产力的形成。

数据在何种意义上作为生产要素，又是如何在市场中得以商品化流通的，对这一基础命题的理解将对数据要素市场的培育起到极为重要的作用。本书将数据要素划分为两个连续的阶段：一是数据成为机器智能或智能产品的生产要素，二是智能产品成为社会经济的生产要素。也就是说，数据成为社会生产要素是通过智能产品（智能工具或知识）来实现的，而数据作为生产要素体现在促进数据智能产品生产或知识输出能力上。我们应当以此逻辑来规划和设计数据要素的基础制度，以最大化智能产品的生产为目的，而不是以数据直接变现交易为目标。

案例

建筑行业数字风控数据产品

佛山元亨利贞信息科技有限公司于2015年成立，致力于工程建设、房地产、建筑垃圾、城市大脑等建筑领域软硬件系统研发，公司主要生产建筑行业全生态的数据产品，深耕建筑产业及其关联行业，从各地区及相关产业互联网中政府部门、企业、第三方机构等获取有价值的数据，并整合、治理、加工挖掘数据价值，形成数据资产，提供数据服务。其数据产品主要基于建筑行业数据进行加工。

佛山元亨利贞公司的“建筑行业数字风控数据产品”主要对建筑行业数据进行加工，围绕建筑行业企业的金融活动，为金融机构提供一站式数字化风控服务，帮助金融机构提高金融在线服务效率，降低贷前贷中贷后管理成本和运营成本。同时，该产品为金融机构提供动态风控数据监测服务，实时提供预警信息并协助金融机构进行事中干预，降低坏账、赔付的不利影响。此外，该产品可为有融资需求的建筑行业企业提供一站式融资申请服务，有效匹配金融机构，提高企业融资成功率，降低企业资金压力，从而解决企业融资难、融资贵的问题。

该数据产品通过输出建筑行业企业工资发放信用评估画像、工程项目工资发放动态监测预警指数等数据分析报告，为农民工工资保证金保险承保风险评估及工资发放预警干预提供依据。同时通过输出建筑行业企业施工安全信用评估画像、工程项目安全生产动态监测预警指数等数据分析报告，为安全生产责任保险承保风控评估及事故预防服务风险预警干预等提供依据。通过输出企业贷款履约信用评估画像、人员贷款履约信用评估画像、项目现金流安全动态监测预警指数、人员可支配收入安全动态监测预警指数等数据分析报告，为企业建工贷及工人工薪贷贷款风控评估提供依据。

——根据广东数据交易所《"建筑行业数字风控数据产品"进场，助力建筑行业金融风控》整理

2.从信息经济到数据经济

如果说信息经济学是寻求知识作为生产要素的经济规律，最大化实现信息社会价值的话，那么我们需要数据经济学来探寻数据生产要素实现路径，创设最大化实现数据要素价值的经济秩序。

信息经济可从两方面理解：一是信息本身成为商品的持续过程；二是经济生活依赖于各种形式的不均衡且竞争性信息开展。在一定程度上，信息的生产、流通和商品化是工业经济对创新和知识的需求，而数字技术真正使它产业化，形成所谓的信息产业。进入20世纪90年代以来，信息产业不断发展，且越来越与传统产业深入结合或融合发展，形成推动社会经济发展的力量。

随着大数据概念的提出和应用，数字技术不再是人类处理信息的工具，人类开始利用计算机的计算能力来自动处理人类难以处理的来源多样的大数据，形成机器自动采集、处理、分析数据的自主学习能力，即人工智能或机器智能。机器智能的出现及其在网络通信和产业应用领域的广泛应用，导致社会需要为促进机器智能的研发和应用提供足够多的可机读原始数据。正是在这样的背景下，2014年，数据经济的概念被提出，人们以数据生产、流通和使用（消费）来构建数据再利用（流通利用）秩序。本质上，**数据经济的目的不是生产数据，而是生产智能产品**，形成区别于人类智能的机器智能，从而进一步提升人类认知和改造客观世界的能力。数据经济本质上是智能经济，在域外表述为数据驱动，在我国则表述为数据生产要素。

数据经济是数字技术发展和应用到一定阶段的产物，反映了机器智能对数据的需求，其并没有替代信息经济，甚至数据经济最终也是生产更多有用的信息或知识，以满足人类认知和决策的需要。信息经济与数据经济共同反映了人类社会发展加倍器——知识的力量。因此，信息与数据经济又与知识经济存在联系，甚至是知识经济的高级进阶。乔治·吉尔德在《后资本主义的生活》一书中提出经济学的信息理论，充分揭示了知识在经济中的作用。

信息经济是数字经济的前身，而数据经济是数字经济新成分。在我们将数字经济理解为继农业经济、工业经济之后的社会经济形态情形下，数字经济形态下可以有不同子领域或下位概念，用来概括一类经济活动，构建促进其发展的经济秩序。数据经济便是这样渗透于社会经济领域并成为引领经济发展的引擎。这里用数据经济旨在观察分析以数据为导向的经济活动，揭示数据的内在价值，即经济活动中发挥的核心作用及显著的转换能力。[①]

---

① Géczy，Peter，*Data Economy Dimensions*（2015）. Global Journal of Business Research，v. 9（4），pp. 77–89，Available at SSRN：https://ssrn.com/abstract=2669630.

延伸阅读

乔治·吉尔德的经济学信息理论

乔治·吉尔德在《后资本主义的生活》[①]一书用四句话概括了知识在经济中的重要性，即财富是知识，增长是学习，金钱是时间，信息是新发现（Wealth is knowledge，Growth is learning，Money is time and Information is surprise）。这也被他概括为经济学信息理论。在他看来，物质或能量既不稀缺也是可自由获取的，是知识将其转变为财富；财富的本质在于知识的积累，源自学习和创新。信息本质是新发现，新发现获得新知识，知识的积累和创造导致经济增长；在给定时间生产越多，可获取的价值就越多，因而时间则是衡量生产力、经济价值和丰裕程度的最终尺度。

乔治·吉尔德提出的经济学信息理论是建立在香农（Claude Shannon）的信息论基础上。在香农看来，信息不是秩序或决定或平稳甚或模式，而是它们的反面。信息是对模型的打破，信息是不期而遇的比特（unexpected bits）是熵（entropy）。信息不是常规或模式。你期待或预测的不是信息。你从确定模型计算出的不是信息。信息是奇遇或新发现（surprise），新发现是对信息的精确定义。由此形成的**信息理论是持续定义、衡量和管理在时间和空间中运动的数据的知识**。信息理论是计算机和通信科学的核心。没有信息理论，计算机科学不会智能，网络会难以理解，全球信息经济变为支离破碎的通天塔（Babel）。

信息理论是现代计算和通信的基础，也是信息经济不可或缺的科学。这是因为今天的经济是计算机和通信行业和基础设施主导经济，人工智能和机器学习已经渗透各行业，并能够迅速产生知识，转换成福利的经济。因

① 参见：George Gilder，Life After Capitalism，Regnery Gateway，2023。

特网是打包传递的数字网络，而不是过去的模拟电路转换系统。在这个无限连接的网络，不需要端到端的渠道，你只要按照标准打包发送就可以了。因特网已经是世界知识最主要的低熵运载者，因此是财富；它是免费的新发现渠道，传递着充满新发现的信息。计算机最终可以成为广泛地分发（传播）人类智慧的工具。但是，现行的经济理论仍然是资源稀缺性为假设，供需平衡为目标的。因此，我们要以信息理论作为经济学基础。

传统经济学聚焦于人类需求，以资源稀缺性为出发点；经济的信息理论聚焦于人类创造，以时间稀缺为出发点；传统经济学是需求主导的，经济活动的目的在于满足需求，而经济的信息理论则认为是供给驱动的。供给是由时间主宰的且充满专业性，它由无数的商业计划组成，依赖源自新发现的创造力。供给需要花费时间提供新商品或服务，因而是由时间衡量；需求是有缺陷的、静态的、不成熟的、不费时间的，是主观无意义的。当供给增加而价值下降时预示着学习进步，因为供给侧数量扩张产生的新知识与价格降低速度同步。

经济学的信息理论认为，金钱是符号化的时间（tokenized time），但时间不是金钱。金钱不是财富本身，而是对财富的度量。金钱预示知识和学习的动态结构化，是一束新发现。没有知识和学习，财富解体，金钱丧失意义和价值。将信息理论扩展到经济学，可以为我们认识新经济革命提供新原则。乔治·吉尔德最后指出：真正的经济学必须意识到信息理论……必须承认创造有创造者，“经济学是关于知识和学习的学问，并承担我们自己在世界中的创造性角色”[①]。

---

① 参见George Gilder，Life After Capitalism，Regnery Gateway，2023。

第6讲　基于数据智能的社会生产力形成

信息技术的飞速发展打破了空间限制，我们正在进入一个“人—机—物”三元融合的万物互联时代，“互联网+”“智能+”推动经济社会全方位数字化转型，数字化转型使数字化产生数据重用，最终形成数据智能或机器智能，推动人类社会走向人类智能与机器智能相互促进和强化的新时代。因此，数据革命最终是人类认知革命，是知识生产和应用方式的革命，最终形成基于数据智能的社会生产力。

§6.1　数据智能：数据转化为生产力

生产力是人们征服自然、改造自然的能力，反映人类认知和应用客观世界规律（知识）能力。人类的认知力、决策力、行动力是由科学研究和技术创新引领的，因而科学的发展对生产力有重大作用，生产力的发展需要科学的发展作为先导，而科学也成为越来越重要的生产力。数据智能的价值在于形成了区别于人类智能的人工智能（或机器智能），形成与人类智能互补的新智能。这是人类历史上的认知革命，也是知识生产方式和智能行动能力的革命，更是社会生产力的革命。

1.数据何以产生智能？

数据挖掘产生新知，而机器学习产生智慧。似乎有数据就会产生智能，产出知识。事实上，人工智能仍然是计算机技术不断进步和迭代的产物，其本质核心仍然是技术创新。我们提出数据是生产要素之后，千万不能将数据本身当作生产力。数据的价值在于使用，而且在于社会化利用。如何创制让全社会便捷、低成本地获取数据，不断汇集利用数据，为数据转化智能提供基础条件，而支撑数据智能形成或数据转化为生产力的还在于计算机技术，在于算力、算法的进步，而支撑技术进步的仍然是人的创造力的最大化发挥。

人工智能是计算机科学和强大数据集结合来解决人类面临的各种问题的系统，该系统的核心是人工智能算法（AI algorithms），将数据输入该系统即可以进行预测、分析、挖掘出新知。人工智能本质是计算机智能。“人工智能是赋予计算机感知、学习、推理及协助决策的能力，从而通过与人类相似的方式来解决问题的一组技术。”[①]在过去，计算机只能按照预告编写的固定程序开展工作，而具备学习能力的计算机具有理解人、事物、地点、事件等之间的关系来进行“推理”的能力。如果人的学习对象是知识，那么计算机学习的对象则是数据，计算机通过不断学习积累了经验，形成智能或智慧行动力。

人工智能之所以得到快速发展和应用，主要得益于三方面的发展：①数据可用性的增加；②云计算机能力不断增强；③人工智能研究人员开发出了更强大的算法。随着数字化程度加深，计算机可用于学习的数据已经达到了空前的规模。有了数据，计算机才能识别，从而去“看”、去“听”、去“理解”。[②]而机器的智能程度和水平则取决于机器的“学习”能力，这得益于知识图谱技术的不断发展。

机器无法像人类一样理解现实世界的知识，因此通过机器语言，将现实中相互联系的实体及其关系表示出来，从而构成了一条条知识，而众多的知识就组成了机器能够理解的知识网络，也就是知识图谱。因此，知识

① 沈向洋、[美]施博德：《计算未来：人工智能及其社会角色》，北京大学出版社2018年版，第4页。

② 沈向洋、[美]施博德：《计算未来：人工智能及其社会角色》，北京大学出版社2018年版，第7页。

图谱也被称为AI的大脑。知识图谱构建的关键是将现实世界中的各类知识表达成计算机可存储和计算的结构（被称为知识表示）。

数据标注即通过分类、画框、标注、注释等，对图片、语音、文本等数据进行处理，标记对象的特征，以作为机器学习的基础素材。可以说数据标注的基本功能是向人工智能传授知识，启迪智慧。要做到精细深度的语义理解，单纯依靠数据标注与算力投入无法解决本质问题，需要融入知识指导的自然语言处理，这也是通向精细而深度语言理解的必由之路。不过，数据标注由人工来完成，人工标注昂贵，所形成的属于结构化的知识，与现实世界快速增长的知识量相比，单靠人力标注添加几无可能完成，无法满足解决各种新问题的需要。于是，机器学习随之出现。

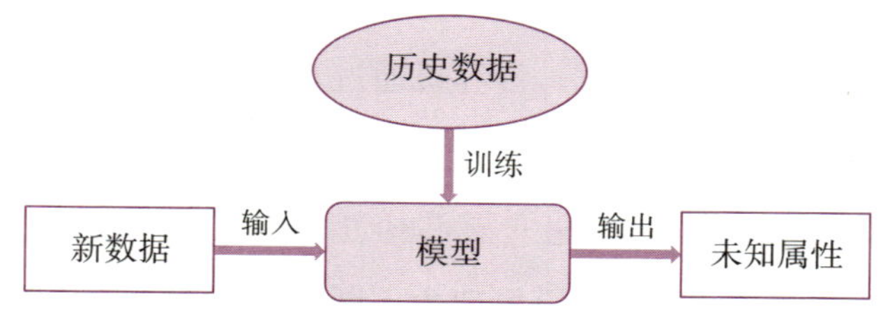

图6-1 数据智能简单图示

计算机里“经验”通常以“数据”形式存在，计算机能基于已有数据建立模型。当面临新情况（新数据）时，模型会给我们提供相应的判断。机器学习就是通过算法，使得机器能从大量历史数据（训练数据）中学习规律，从而对新的样本做智能识别或预测。因此，机器学习是通过数据模型，对新数据进行分析和预测的技术。所谓的“学习”即是从数据中学得模型或建立模型，最终依照输入数据状态给出合理预测。因此，机器学习是一种自动发现数据结构（Data Fabric）中隐藏的知识的过程，它使用的算法能够具有洞察力（insight），而无须专门为此编写程序，即可创建模型来解决特定（或多个）问题。

总之，数据按照人工智能中的作用可以分为两部分：一类是用于训练模型的样本数据，一类是机器分析处理所使用的数据。用于训练的数据量有限，而模型形成后所分析处理的数据是无限量的。在数据、算法和算力的作用下，人类形成了基于数据的智能——认识和改造世界的新方法，即"大数据+人工智能"带来的认知世界能力的变革。

2.人工智能转化为生产力的路径

人工智能是基于数据的，而数据源自客观世界又可以用于分析客观世界，因而人工智能是可以应用于社会各领域和各种目的的新能力。这种新能力通过两种路径传导，从而转化为社会生产力。

其一，提供知识，辅助决策。2010年*Science*上刊登的一篇文章指出，虽然人们出行的模式有很大不同，但大多数人同样是可以预测的。这意味着我们能够根据个体之前的行为轨迹预测他或者她未来行踪的可能性，即93%的人类行为可预测。网络、传感器和智能设备则可以全天候、全样本、真实地记录客观世界，看似杂乱无章的数据可以通过汇集处理，洞察出数据所蕴含的关于客观世界对象的内在规律，提炼或形成新的认知或知识。而从数据中挖掘形成洞见或预测，成为人类知识的另一个来源，可以供人类学习和参考，转化为人类智慧行动。在人工智能的知识生产方式下，人类不需要采集分析数据，产出知识，而只需要直接获取知识，转化为智慧行动。这种方式不仅加速了人类获取知识的生产，而且大大压缩了从数据到智慧行动的时间。

其二，机器智能。人工智能是由人类打造的，能够模拟、延伸和扩展人类的智力和能力的计算机器。当传感器装配于设备、机器、工具，使得机器以数据的形式全方位地感知到了这个世界万事万物的状态和变化，几乎和任何智能生物体一样，感知到了身边的任何信息，而机器学习使机器具备类似人的感知、认知、推理、学习和决策能力。人工智能技术使得机器能从简单地感知世界，逐渐建立起围绕现实世界因果链条的认知、推理、学习和决策能力，具有了机器智能。达·芬奇手术机器人、自动搬运机器人、自动驾驶汽车、深海作业机器人等机器智能正在替代人类，完成复杂的操作，甚至完成人类难以完成的工作。

除了机器智能承担人类的作业外，机器智能在资源配置优化方面发挥着重要的作用，产生社会生产力。互联网通过HTTP协议，将数字化的信息连接成为一张庞大的网络，很快在这张网络上出现了第一台社会化机器——搜索引擎。电商平台的本质是将供需对接的商业移至互联网，演进为一个巨大的商业信息分发、推荐和交互所形成的资源配置网络。这样的高速信息处理网络，形成了社会生产力的新型动力机，驱动生产力的变革。随着人工智能技术在互联网的深度应用，以机器智能为核心的协作网络逐渐成了一台庞大的社会资源配置和利用的智能机器。除了商业信息资源高效配置和利用外，现在智能网络、智能模型已经应用于电力资源、水力资源、风力资源等配置优化，应用于各种工程项目、设备工艺等改进。

机器智能并非取代人类的力量，而是人类创造的智能工具。机器智能与人类智能之间存在一种互补的关系。首先，人工智能与人类智慧之间的互补合作。机器能够从大量数据提取有价值的见解，供给人类知识，可以供人类学习和参考，激发人类创新；人工智能超强的计算分析和模拟能力，可以辅助科学研究、工程设计和药物开发。其次，在从事的业务领域和效果方面，人工智能与人类之间也是互补的关系。机器智能非常强大，可以完成许多人类无法完成的任务，比如，在危险的环境中工作，或是在制造业中完成高精度的工作。机器人还无须休息，可以24小时工作，这使得机器人在某些领域中可以取代人类。在医疗领域，机器人可以辅助医生进行手术，提高手术精度和成功率。在工业生产中，机器人可以完成一些重复性的工作，从而减轻人类的劳动强度。

3.成为数据驱动的企业，提升组织的生产力

数据本身并没有价值，数据并不是当然具有生产力，**关键还在于企业具**

有运用智能系统以及运用数据的能力。行业专家安筱鹏指出："数据生产力的本质是人类重新构建一套认识和改造世界的方法论"，"数据生产力的价值在于在数字世界描述企业运营状态、实时分析、科学决策和精准执行"。"数据要素创造价值不是数据本身，数据只有和基于商业实践的算法、模型聚合在一起的时候才能创造价值。"[1]数据本身没有价值，而在于分析和利用，算法和算力是数据转化为生产力的关键要素。企业搭建能够支撑智能分析的数据架构和智能分析平台，方能支撑企业研发、产品设计、营销和运营管理，将数据转化为企业生产力或营利能力。

商业的本质体现为两个要素，即价值和效率。而数据挖掘和分析可以获得对观察对象或外部世界的洞见、预测，对未知世界做出判断，而借助人工智能分析工具又可以快速地对外界事物做出反应或做出正确的决定。因此，数据能够支撑智能分析，挖掘新知，促进创新，支持经营者快速和精准决策，这是数据成为新的生产要素以及企业竞争力来源的根本原因。因此，大力发展数据驱动成为企业提高生产力的重要手段。

首先，市场竞争在某种意义上是速度和时间的赛跑，基于时间和速度优势可以产生市场竞争优势。从概念到实践的快速理解和转化，在很大程度上决定了企业的成功率。谁能够先将新的技术、思想、理念转化为产品，推向市场或占领市场，谁就可以获得先发优势，领跑市场竞争；谁在产品和服务上不断创新，吸引更多稳定的客户，谁就可以获得竞争优势。在许多行业，主要并不是依靠知识产权来保护竞争优势，而是依靠创新或时间优势。技术创新使企业在时间和速度的基础上进行竞争带来优势。在大数据、云计算、物联网推动下，微处理器性能空前提高，内存价格迅速下降（而容量却急剧上升），计算能力和能量（几乎每种计算资源的虚拟化）更为有

① 安筱鹏：《数据生产力的崛起》，见李纪珍、钟宏等编著《数据要素领导干部读本》，国家行政管理出版社2021年版，第27页。

效地被利用，为显著提升学习、创新和执行商业计划的效率提供了新的可能性。

其次，产品、市场的决策正确与否对于企业竞争也是致命要素。正确的决策往往取决于掌握信息——数据的全面性、真实性或完整性。大数据的大规模（数量）、多样性及其数据质量（真实可用）可以支持精准、全面和科学的决策，使企业决策立于不败之地，同时能够使人们更好地利用信息来获得竞争优势，快速获取大量、多样、真实的数据进行分析，可以先一步地挖掘出新知或商业动向，做出正确的预测和判断。由此，数据驱动的决策（data driven decision，DDD）成为数据经济的最主要体现，也是数据作为生产要素最主要的原因。

最后，数据智能能够驱动创新。数据的价值最终是在数据分析应用于各种活动和决策中产生的，可能体现为新的发现、新的结果、新的程序或更加精准的决策。数据分析可以带来新思想、新解决方案或者可以更精准地预测未来，这种价值也被描述为数据驱动创新（data-driven innovation）。数据是人类社会创新发展的新资源，成为企业创新，获得持久竞争力的手段，一切关于商品和服务的数据资源的收集和分析均可以优化产品制造流程和工艺，进而不断推出新产品或服务。智能制造或工业互联网本质上即收集和分析数据以优化产品制造流程和工艺，并不断推出新产品或服务的过程。2013年，软件和信息产业协会发布了《数据驱动创新》白皮书[①]，提出并定义了数据驱动创新："数据驱动创新表述企业和公共机构基于数据分析的信息利用能力，以改进个人和组织（包括中小企业）日常运营的服务和产品。"实际上，数据驱动创新已成为数据驱动社会经济发展和变革的核心力量。

数据之所以成为生产要素，是因为数据已经成为企业投入生产或经营

---

① Data-Driven Innovation – A Guide for Policymakers：Understanding and Enabling the Economic and Social Value of Data，SIIA White Paper，2013. http：//archive.siia.net/index.php?option=com_docman&task=doc_view&gid=4279&Itemid=318（2018年1月20日访问）。

活动中的资源，成为提升企业效益和竞争力的资产。大规模、多样性、可靠来源数据（真实可用）可以支持企业精准、及时和正确地决策，帮助企业创新，改进产品性能，提升服务品质、降低能耗，而且可以精准定位市场，提升市场竞争能力。数据的价值源于数据分析（含数据挖掘），数据分析可以“获得洞见（知识创造）”，实现“自动决策”或智能决策。易言之，数据通过改进企业市场竞争力、决策力来提升生产力。

数据要素赋能企业并不是网络公司或少数平台公司的专利，而是可以惠及所有企业，只是数据在企业中发挥的作用和企业应用数据的能力存在差异。一些以互联网为基础的企业，制定了完全依赖数据的创收战略，数据是其核心业务模式的关键资源和竞争力所在；而一些传统的企业已经开始踏上数字化转型之路，逐渐从信息资源利用扩展到网络数据资源，利用数据来更好地协调现有的业务模式和流程，促进决策，以增强其生产、分销或营销能力。智能物联网、数字孪生技术可以提供强大运营监控和流程改进能力，推动物联网对商业的全面影响，会进一步扩展数据应用场景和潜力。因此，在当今大数据时代，包括制造业在内的所有企业均具有将数据作为生产要素的机会，关键在于要实现数据化转型，提升企业数据采集、处理、分析和应用能力。

§6.2 数据基础制度：数据转化为社会生产力的制度条件

生产力既可以从个体角度考察，也可以从社会角度考察。由于数据是社会存在，又需要社会化利用才能产生价值，因而研究数据的社会生产力的形成就显得非常重要。在这方面，数字技术的应用，适应新生产力的生产关系起着基础的作用，而创制适合生产关系的数据基础制度、增加数据可获得性和高质量数据的流通利用性，成为数据转化为社会策略力的关键基础设施。

1. 生产关系变革：适应新生产力的生产关系

数字技术引发数据智能，形成新型生产力的同时对生产关系的影响。数字化生产关系改变生产的组织方式，创造新的交换模式，创新社会成员参与分配的方式、方法，释放适应数字生产力的大量新消费形式和新型组织。数字化转型将激发生产方式的重构，引发新型生产关系的调整，形成新型社会生产力。数字技术赋能个体，个体社会化具有更多可能性选择和更大的外部性影响，会改变社会分工、改变资源配置方式、改变个体与组织之间的关系，最终改变社会经济运营的组织形式、结构和体系架构。

除了对已有生产方式进行重构，数字化还能够解锁新兴行业的生产方式。工业互联网、智能化管理、算法预测、数字孪生等数字技术，可以打通制造业的研发、设计、工程、生产、运营整个环节，形成从原料到客户的完整产业链，使产业组织和业务运营能力得到全面提升。数字化还使经营、生产、管理、营销治理结构发生改变，催生出全新的运营业务形态，推动制造业与服务业的融合，助力制造业转型升级。

数字技术带来的生产关系的变革主要是网络通信技术在社会经济中应用的结果，体现为网络链接、聚合、融合等效应。数据开始逐渐成为经济发展的关键性生产要素，数据资源对生产、流通、分配、消费活动都产生重要的影响，大数据的利用可以推动社会生产要素的网络化共享、集约化整合、协作化开发和高效化利用，改变了传统的生产方式，激活和提高其他生产要素的生产率。数据是数据经济的“原材料”，“互联网+”则实现了数据的链接与共享，而数据经济则是数据全面链接之后的产出和效益。因此，它带来的是整个经济形态和发展模式的转型。数字化推动生产关系变革，同时不断产生出大数据，孕育出数据智能的生产力。二者的相互作用构成数字经济的社会生产力总画面。

网络作为社会资源配置和组织利用的方式

数字经济的第一个特征是网络通信手段的应用。以互联网为代表的计算机网络具有区别于传统电子通信的明显特征，除了数字性（取代模拟信号电子通信）和全程电子性（通信、记录及再现方式均为数字化）之外，还有全球性、互动性、虚拟性和智能性。网络是数字技术集成应用，涵盖了计算、通信和媒体等多项技术，从最初以人与人交互的互联网发展到物联网，形成人与人、人与机器、机器与机器交互的万物互联时代。这种数字技术综合体持续不断地改变着社会经济分工和社会资源配置利用方式。

互联互通是经济系统中的一项基本要求，也正是网络的核心功能。互联网不仅是通信手段（通信和记录方式），而且是数字媒体、社会活动平台，具有组织和联结资源的超级能力。网络已经成为经济联结和分工协作的基础设施，传统的经济价值正在被解构，而新的经济秩序正在形成。

网络给社会经济组织和运营方式方面带来的变革，主要表现在以下三方面。

其一，直营经济。以前，农产品生产者和工业品制造者均需要通过不同层级的批发商到达零售商再到达消费者。今天，网络技术的应用，使每个生产者建立自己的网络销售体系或者在网络交易平台开设门店，直接销售自己的产品。“网络交易系统+物流”可以使产品生产者将商品直接送达消费者手中。这样的交易模式被称为“直销模式”。直销模式的最大特点是供需直接见面，环节少、速度快、交易费用低。比如，生产者按需生产，根据订单量购买材料和生产出货，减少原材料和产品的积压和库存，节约资金和仓储成本。不仅如此，供销直接缔约和互动还有利于了解消费者对产品喜好，实现个性化定制生产，甚至将消费者的理念转化为产品的设计。

网络几乎给所有的经营者直接触达消费者机会，不仅减少了商业流转环节，而且形成了个性化生产、个性化服务的基本商业模式。

其二，平台经济。网络最大优势在于可以无限联结和集成用户和业务，形成一定规模在线交易平台和商业聚合生态。在网络应用于商务之初，各种B2B 、B2C、C2C在线交易平台，都是为交易双方或者多方提供网络经营场所、交易撮合、信息发布等服务，供交易双方或者多方独立开展交易活动的经营者。电子商务平台的经营者首先是网络增值服务提供者（须持有ICP牌照），专门为注册用户提供网络通信、交互、存储、展示等网络信息服务，同时又是商务的组织者和管理者，它会吸引和集成大量用户（具有营业执照的企业和个体工商户，在平台注册的自然人——统称为平台内经营者）按照平台制定的规则从事经营活动，同时平台还会集成商品展示、仓储配送、支付结算、数据分析等第三方服务，为这些平台上的经营者提供商务服务，形成集成各类服务、实现各种交易目的的综合交易平台。

平台上的交易分为两类：一类是平台经营者与平台内经营者（用户）之间的网络和商务服务关系，另一类是平台内经营者与平台注册用户（包括经营者和消费者）之间买卖或服务交易关系。交易平台对平台上交易具有支撑、管理和服务的功能并且收取一定交易费用。本质上，网络交易平台是一种商业生态，每个用户的行为或多或少地对整个平台的商誉都有影响。

物联网的出现也将平台模式推向工业生产领域。传感器的低成本和远程无线技术的可靠性使物联网成为工业生产的基础设施，从基于产品的经济向平台经济的过渡。数字孪生纳入他们的产品和流程，平台为互联厂商提供数据收集、分享和分析服务，优化工作方式，提升效率。在数字经济中，数据、产品和服务通过各种数字平台提供，平台无处不在，泛化为数字经济基本模式。虽然平台与法律意义上的公司结构没有任何相似之处，但网络端到端的架构中网络外部性造成的向心动力，使平台运营者可捕获数字生态中的大部分价值，同时利用网络聚合效应可以外包和外部化几乎所有的业务，产生巨大价值。这本质上是数字技术的“魅力”，甚至有学者将数字平台看作一种新经济制度。①

其三，融合经济。数字技术或ICT在经济领域的持续深度应用，打破了传统产业的技术边界、业务边界、市场边界、运作边界，形成相互融合的社会经济生态。产业融合（Industry Convergence）体现在不同产业或同一产业不同行业相互渗透、延伸、交叉甚至重组，逐步形成新业态的过程，这一过程发生在以下几个层面。

（1）通信与媒体的融合：电子通信、广播电视、报刊出版等产业因数字技术的应用而出现了同质化或融合现象，形成了数字通信、内容生产和信息传播（传输）一体化的数字基础设施。这样的基础设施提供更多功能和服务，成为整个社会的信息和知识生产和集散地，成为支撑整个社会经济数字化转型的基础设施。网络的本质在于生产数据，而数据将不断穿透现实社会和虚拟（数字）社会，最终打破社会活动的界限，使社会活动与经济活动融合，出现经济社会化，社会经济化的现象。②

（2）基础产业与服务业融合：随着数字化深刻地改变着农业、制造业和能源等传统产业，使其均进入网络化、数字化运营，形成横向跨产业链重组和纵向与终端的消费者联结，融产品设计、生产、销售和服务为一体的产业形态。这些都得益于物联网的广泛采用。③物联网使机器能够彼此通信以及与人类通信，不仅带来生产工艺和流程的优化、制造过程的自动化、工厂管理的智能化，而且促进了制造业、销售和售后服务融合，使制造业与服务业

① Islam Zelimkhanovich GELISKHANOV and Tamara Nikolaevna YUDINA，DIGITAL PLATFORM：A NEW ECONOMIC INSTITUTION，Quality-Access to Success，Vol. 19，S2，July 2018，https://publications.hse.ru/pubs/share/direct/541867280.pdf.

② 在这个意义上，数字社会与数字经济几乎不可分，本文对数字经济的论述也可以说是对数字社会的论述。因此，本文时常用社会经济来描述如今的数字化转型变革。

③ 物联网是设备互连的网络，以实现设备之间、设备与系统之间的收集和交换数据，可简单地理解为“传感器+驱动器（Actuators）+互联网”。

融合。这也被称为服务化商业模式（Servitization Business Model）。[①]2019年，国家发展改革委等十五部门联合印发《关于推动先进制造业和现代服务业深度融合发展的实施意见》，推动两业融合，形成制造业高质量发展的业态和机制。物联网的不断发展和深度应用，正在赋能农业、能源等基础产业，促进其数字化转型，创新商业模式和新的产业生态。

（3）金融与产业的深度整合：金融科技在不断促进金融行业数字化转型的同时，促进产业与金融的融合发展。在数字经济中，金融服务将全产业全面渗透，形成供应链金融、消费金融等现代金融形态。

（4）数字经济将不断加速区域融合：数字技术本身就是打破地域界限的工具，再加上市场主体的资源配置力量，会不断追求资源社会配置和利用效率最大化目标，在打破行业边界的同时，突破资源区域边界，加速区域经济一体化。

总之，网络通信技术成为数字经济的资源配置工具，从纵向和横向两个维度，不断重组社会和产业分工协作体系，使网络平台成为经济运行基础设施。这样的资源配置、社会分工协作的结构化变革，不断地打破行业和区域边界，并进一步使经济和社会之间以及公共和私人领域之间的边界变得模糊。这些都是网络力量给社会经济带来的变革。

——高富平：《数字经济：社会经济变革的力量》，载《西北工业大学学报》2023年第2期

① 服务化指公司以通过性能和帮助创造价值为驱动，以满足用户不断变化的需求。作为服务提供的服务可能有多种形式：在给定的时间段内使用产品、工厂内的管理流程、质量控制、预测性维护、保证设备零停机时间等。因此，服务化远比“产品即服务”这一概念更为广泛。服务化程度可能会从完全以产品为中心（0%服务化）到完全以服务为中心（100%服务化）不等。因此，服务化可能意味着所使用的物理设备的所有权仍属于其制造商。See Langley，D.J. Digital Product-Service Systems：The Role of Data in the Transition to Servitization Business Models. *Sustainability* 2022，*14*，1303. https://doi.org/10.3390/ su14031303.

2.数据开放制度与数据生产力

数据的社会化利用是释放数据要素增长潜能的基础，而在这方面，一般认为公共数据应当实施开放制度，而在私人领域应当以自愿数据共享、流通和交易为主要路径。

数据开放是着眼于数据可开发利用，满足大数据分析的需要。“开放数据”本源于“开源”（Open Source）的开放理念，它被移植到大数据时代解决数据的社会化利用问题，号召“解锁”政府、企业、非营利机构的数据，甚至个人数据。目前，域外在“开放数据”理念下，实施政府数据开放，我国在公共数据理念下，推进包括政府在内的公共机构的数据开放，政府数据的开放成为数据开放主战场。这是因为政府本身就是生产公共产品和提供公共服务的机构，顺应时代的需求，将政府运营过程中形成的数据及公共财政投资建设和运营形成数据产品（或服务）按照开放数据的理念和规则提供给社会就是理所应当的。政府掌握的数据因公共财政或执行公共事务而形成，为支持数据经济的发展（或大数据应用），政府应当将所掌握的数据拿出来供社会自由使用，以使政府掌握的数据资源得到最大限度地开发利用，释放数据红利。

政府数据开放制度既有治理价值，又有经济价值。就治理价值而言，主要表现为：公共数据开放通过促进公众参与价值再创造，能够提高政府透明度，增强政府公信力。公共数据开放通过提高社会凝聚力和社会福利产生价值，能够强化社会管理、优化公共服务、提高行政效能。政府数据开放可以推动政府与公民合作以改善社会治理的方法，促进公民积极参与社会治理。

就政府数据开放的经济价值而言，公共数据开放通过经济行为产生价值，能够创造新的服务和商业契机，释放数据商业价值。八国集团（G8）2013年6月签署的《G8开放数据宪章》提出的政府数据开放五项原则，除了强调政府数据以开放为原则（称为“自动开放数据”）和“改进治理”外，还强调“确保高质量和足够数量的数据”“使数据可为所有人使用”和“促进创新”。政府数据开放的对象深入原始数据或基础数据层面，强调数据的原始性、完整性、可开发利用性，目的是充分发挥数据所蕴含的社会价值与经济价值。因此，从开放数据制度设计上来看，开放数据目的均在于释放数据的社会和商业价值，实现政府数据的社会化利用。

只是要使政府成为社会数据分析“原材料”的供应者，需要投入资源进行数据治理并管理和控制社会数据利用的安全和法律风险。显然，公共数据开放并不是提供给社会无偿使用那么简单，还需要相应投入和治理体系。

3.数据基础制度生产力

制度生产力是人类创造力发挥的原因，科技生产力、物质生产力是人类创造力发挥的结果。而良好的制度是产生更先进的技术的前提和保障，也是促进人的创造力发挥、发展的保障体系。人类的生产活动本质上就是人类的创造活动。人类创造力总是在一定的制度规则的社会环境中发挥出来，换言之，一定的社会制度环境就是制约人类创造力发挥的舞台，它提供的激励的大小、条件及其发展，决定着一定时期人类创造力发挥的广度和高度。①

对于数据要素而言，制度还具有特殊的价值。数据作为新型生产要素，具有无形性、非消耗性等特点，可以接近零成本无限复制，对传统产权、流通、分配、治理等制度提出新挑战，亟须构建与数字生产力发展相适应的生产关系，不断解放和发展数字生产力。②这就需要建立适应数据特征、符合数字经济规律的数据基础制度，以使数字化形成的数据可以有序地实

① 李明:《论社会制度与制度生产力的辩证关系》，载《社科纵横（新理论版）》2012年第3期。

② 《构建数据基础制度 更好发挥数据要素作用——国家发展改革委负责同志答记者问》，https://www.ndrc.gov.cn/xxgk/jd/jd/202212/t20221219_1343696_ext.html.

现社会化利用。"数据二十条"所提出的数据基础制度就是构建与数字生产力发展相适应的生产关系。

数据治理体系则是数据再利用不可或缺的制度保障。数据治理体系的核心是数据产权政策、数据隐私保护政策、数据竞争政策和数据监管政策。[①]社会层面的数据治理参见"§7.3社会数据治理实践"。

数据生产力三要素

（1）新生产者：知识创造者

数据生产力本质是为了人的解放和全面发展。未来，生产力的大发展和物质的极大丰富将把我们带到一个新的社会，无人矿山、无人工厂、无人零售、无人驾驶、无人餐厅将无所不在，人类将不再为基本的衣食住行所困扰，越来越多的产业工人、脑力劳动者将成为知识创造者，人们将有更多的时间和精力用于满足自己的好奇心。

（2）新生产工具：智能工具

数字经济时代，人类社会改造自然的工具也开始发生革命性的变化，其中最重要的标志是数字技术使劳动工具智能化。工业社会以能量转换为特征的工具逐渐被智能化的工具所驱动，形成了信息社会典型的生产工具——智能工具。

数字技术的发明替代及延伸了人类的感觉、神经、思维、效应器官，创造出了新的生产工具，即智能工具。智能工具包括有形的智能装备和无形的

① 唐要家、唐春晖：《数据要素经济增长倍增机制及治理体系》，载《人文杂志》2020年第11期。

软件工具。有形的智能装备：工业社会在能量转换工具的发动机、传动机、工作机的基础上，增加了传感、计算、通信和控制系统，传统的能量转换工具被智能化的工具所驱动，使得传统的工业社会的生产工具发生了质的变化，使人类的智能活动得到充分的解放和提升。无形的软件工具，如工业设计的计算辅助设计（CAD）、计算机辅助仿真（CAE），集成电路设计的电子设计自动化工具（EDA）等。新的智能化工具不只是人的体力的延伸，也是人的脑力的延伸。智能工具的使用成为人类迈向数字经济的重要标志。

（3）新生产要素：数据

数据生产力创造价值的基本逻辑，是面向赛博空间以算法、算力推进隐性数据和知识的显性化，将数据转变为信息，信息转变为知识，知识转变为决策，数据在自动流转中化解复杂系统的不确定性。数据要素的价值不在于数据本身，而在于数据要素与其他要素融合创造的价值，这种赋能的激发效应是指数级的。

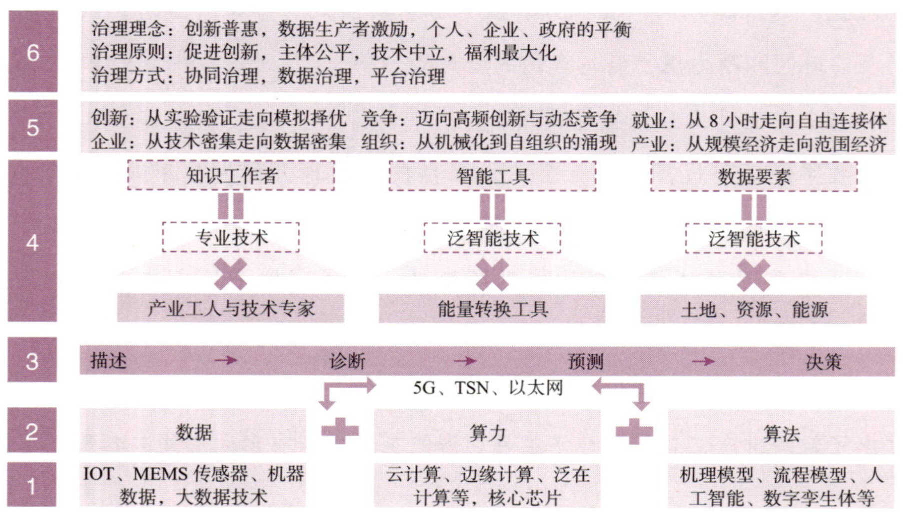

图6-2　数据生产力的产生

数据生产力的核心价值可以归结为“数据+算力+算法=服务”。数据生产力时代最本质的变化是实现了生产全流程、全产业链、全生命周期管理数据的可获取、可分析、可执行。数据的及时性、准确性和完整性不断提升，数据开发利用的深度和广度不断拓展。数据流、物流、资金流的协同水平和集成能力，数据流动的自动化水平，成为企业未来核心竞争力的来源。

——安筱鹏：《数据要素如何创造价值》，来源于阿里研究院，http：//www.aliresearch.com/

第7讲　数据治理：数据可用和安全使用框架

数据的价值在于计算，在于从数据中挖掘知识，预测和判断或决策。但源自网络的数字记录本身并不具有可计算性（即可用性）。实现这一转换的过程被概括为数据治理。作为一种技术概念，数据治理是改进数据可用性的处理行为；在制度层面则是协同数据利益相关者的行为，也是实现特定数据利用目标的行为；在企业或组织中，数据治理演变为以数据资产化（数据价值化）为目的的一种组织管理活动。数据治理是数据经济中最基础的概念和制度。正确地理解和使用数据治理对于构建数据生产、流通和使用秩序，实现数据要素的社会化利用具有重要意义。

§7.1　数据治理的基础框架

数据治理应用于不同场景，具有多重含义，我们需要把握和理解数据治理的核心内涵，以及在不同场景下使用数据治理所代表的不同含义。

1. 数据治理概念问题

在数据经济中最重要、使用最广泛的概念莫过于数据治理（Data Governance），但是数据治理也是最模糊的概念。治理是促进至少两个相互冲突的目标之间的决策路径的协作、组织和指标，即在两方利益之间找到可接受的平衡点。当不同利益相关者的目标不同时需要治理，而当每个主体都有相同的目标，那么这就是管理。治理并不是寻求各方之间基于共识的决策，而是指导多个决策共同指向一个合理的方向或者获得一致的效果。

在这个意义上，数据治理是协调利益相关者的需求，并在创建/收集数据（或信息）的人、使用/分析数据的人以及所有其他利益相关者之间提供制衡，实现共同目标的过程。因此，最适当的数据治理定义是：为所有利益相关者的利益而持续改进数据可（重）用性的事业。

在严格意义上，治理与管理存在差异，数据管理（DM）与数据治理（DG）也存在区别。数据治理被视为数据管理的核心组成部分，而数据管理的范围更大，内容更丰富。[①]只是由于数据质量和主数据管理嵌入了治理功能，因此往往笼而统之地称为企业数据治理。

随着利益相关者理论引入企业管理，公司管理正在被公司治理所替代，治理被理解为围绕一个组织或事业共同目标所协同努力的行为，治理被定位于更高位阶，即制定、监督和实现组织战略的方式。在这样的趋势下，数据治理与数据管理的区分也逐渐淡化，甚至没有刻意区别的必要。因此，在我国实践中，更多地在宽泛意义上使用数据治理，将数据管理包含在数据治理之中。

因此，我们需要理解治理与管理的含义和机理的区别，但在组织范畴内，区分数据治理与数据管理的意义不大。因为治理原则和机制最终将会渗透到整个数据管理，也就是数据管理一定是在治理理念和原则下开展的，因而最终称为数据管理还是数据治理就显得不那么重要。但是，当突破组织范围时，在一个数据生态、数据空间、数据联合体以及整个社会范围构

---

① 域外用得更多的是数据管理（data management）而不是数据治理（data governance），数据治理只是数据管理的一部分，仅指组织为顺利进行数据管理而设立的机构和各种规章制度。只是国内更习惯用更时髦的数据治理替代数据管理，因而数据治理成为可以涵盖数据管理内容的大概念。汪广盛：《国内外数据治理的现状和未来》，见李纪珍、钟宏等编著《数据要素　领导干部读本》，国家行政管理出版社2021年版，第207—208页。

Gartner公司就是在区分数据治理和管理意义上使用两个术语的：数据治理是决策权的规范和问责框架，以确保数据和分析的评估、创建、消费（使用）和控制行为的适当性；数据管理（DM）由实践、架构技术和工具组成，用于在企业中跨数据主题领域和数据结构类型的范围内实现数据的一致访问和交付，以满足所有应用程序和业务流程的数据消费需求。https://www.gartner.com/en/information-technology/glossary.

建数据重用秩序，就只能使用数据治理，而不是数据管理。

如此，数据治理使用的场景不同，其含义就不完全一致。在单一组织（如企业），数据治理为实现数据资产化（数据价值化）为目的的一种组织管理活动。数据治理仍然遵循一般组织管理活动，首先围绕资产化战略制定数据治理规则和标准，定义组织角色，分配治理职责，监督实施确保各角色遵守公司战略（业务目标）和管理数据。在数据生态、在社会层面及其不存在组织关系的一切场合，我们使用数据治理来表示协同数据上利益相关者的利益，配置相应的权利、责任和义务，建立相应的数据使用规则和实施机制，以实现治理目标。在数据生态，就是参与者数据利益的最大化，而在整个社会就是数据社会价值或社会整体利益的最大化。

除了上述差异外，人们还在另外一种含义上使用数据治理，即将数据治理理解为将数据完善改进成为可用或好用数据的行为。这便是以特定的数据质量为目的的数据治理。这样的治理是为了让数据变成可用状态，产生使用价值或者交换价值，亦被比喻为一种数据生产活动。在这一含义上数据治理的英文为data curation。

Data curation是提炼、分拣、备注或完善记录的过程，或者改变数据形式或格式，使其具有可互操作、可链接、可汇集成为满足不同分析目的的可用数据或数据集的行为。data curation直译为“数据策展”或“数据审编”，可意译为数据整理。只是这里的“整理”并没有前述两类治理的内涵，而纯粹是技术处理行为。也许，这样的整理是数据要素化利用前提，是以数据变现和社会化利用为目的的数据管理（治理）必然包含的内容。

由以上可以看出，数据治理具有广泛的含义，只有在特定的场景或语境下才能被真正理解。数据治理至少具有以下含义。

其一，围绕数据可用性或质量开展的持续的改进行为（技术处理意义上的整理，data curation）；

其二，协同数据利益相关者的行为，构建特定目的的数据利用秩序（治理本义上的数据治理，data governance）；

其三，以数据资产化（数据价值化）为目的的一种组织管理活动（管理含义上的数据治理，data management），包括了数据利用治理、合规和安全管理、数据资产化或变现经营管理等。

尽管有以上区分，从一个组织（以企业为典型）角度来论述数据治理，可能融合了以上三种含义。

2. 为什么要开展数据治理

数据治理的必要性体现在以下三方面。

（1）数据可用和可重用

数据无处不在，无时不产生，但是当组织真正使用数据时，却发现没有可用或好用的数据。数据重用面临如下问题：

- 数据质量差（例如，缺少属性、过时的值）；
- 查找和访问数据需要很长时间；
- 不清楚谁负责关键数据对象（例如，客户、产品、员工及其质量）；
- 数据管理活动是临时执行的，没有记录；
- 在数据目录中记录数据需要很长时间。

未经治理的数据，几乎很难汇集聚合，开展融合分析。而且随着数据收集得越来越多，治理的难度就越大。Data Lakes面临的最大问题是缺乏有效的数据治理。由于缺乏一致的数据定义和元数据，人们访问这些数据湖中的数据时，可能不清楚其意义。算法工程师将大部分时间花在治理数据——让数据处于可用状态。

（2）数据安全性

数据是有风险的资源，防范和管理数据的使用合规风险，也成为以数据资产化为目标的数据治理的重要内容。数据要素化利用，需要跨主体、跨领域的流通利用，这给企业数据资产化利用带来挑战。于是，数据合规和安全管理成为数据治理的重要内容，以防范要素化利用和流通利用带来法律和安全风险，主要聚焦于如何采取技术、管理和法律的手段，确保数据访问、重用、流通安全秩序，保护数据上的合法权益不因数据流通利用而受侵害，防范数据滥用和安全风险。

（3）数据资产化

数据成为生产要素即是数据成为新经济资源的表达。这意味着我们需要将数据资源纳入组织的资产予以管理。与其他资源不同之处在于，其他成为资产的被纳入企业资产管理体系，而数据因为管理（或治理）才成为资产，因而数据是依赖管理存在和实现价值的资源，这凸显数据管理的重要性。数据治理的最终目标是保护组织最重要的资产，同时在人员、团队和业务职能之间实现一致且可靠的数据资源，实现基于数据分析的智能决策。经过治理或管理，所有数据治理的流程、策略、标准和角色配置都旨在确保数据可用、安全、高质量，并且易于理解、集成和保存。当数据具有这些属性时，它被称为“经治理的数据（governed data）”，经过治理数据具备资产属性，可以纳入企业数据资产范畴。

3.数据治理及其目标

企业数据治理的目标是建立标准化、集成、保护和存储数据的方法、职责和流程，使不可用、不好用的数据转变为好用数据，成为企业资产。

数据治理是形成覆盖数据全生命周期的一系列政策和程序，将数据转变为业务资产，改进或提升组织绩效。MDM Institue用了一个很形象的词汇描述数据治理：数据治理是一个组织将数据变为企业资产（enterprise asset）的人员、程序和技术的“协奏曲”。[①]

治理是促进两个以上相互冲突的目标之间的决策路径的协作、组织

① http：//0046c64.netsolhost.com/whatIsDataGovernance.html.

和指标。当利益相关者的目标不同之时需要治理，而当每个人都有相同的目标，那么这就是数据管理。治理就是在两方利益之间找到可接受的平衡点，但是又不可能为每一个决定寻求共识（这往往很难实现或费时费力），而是指导多个决策，共同指明一个合理的方向。这也就意味着数据治理既需要协同机制，也需要管理手段，决策权配置和行使，形成统一规则，再监督实施这些规则。于是，决策权和职权分配仍然是数据治理的核心。

数据治理与数据管理的最大区别在于，数据治理是将数据治理和转化成为可用的资产，而数据管理则在于管理数据资产，二者是一个连续的过程，因而又可以统一在一起。数据治理的核心是形成一套协同利益相关者利益和一致化数据行动的管理和技术规则，旨在形成满足一定质量控制标准的可用数据（资产化）。正因此，IBM直接将数据治理看作一种质量控制准则（quality control discipline），目的在于为组织信息的管理、使用、改善和保护添加更严谨的纪律约束。有效的数据治理可以通过促进跨组织协作和结构化决策来提高公司数据的质量、可用性和完整性。[①]

数据质量之所以是数据治理的关键目标，是因为数据只有能够用于智能分析才能够给企业带来利润或价值，因而治理是形成一定质量的可计算分析的数据资产的唯一路径。只有经过治理的数据才满足一定的质量要求，才能转化为企业的资产。数据在做出可靠决策时才有价值，这要求数据必须满足相关性、准确性、值得信赖、易于理解和使用等特性。

概括起来，数据治理通常旨在达成以下目标：

- 数据可获取性：这可确保重要数据可供有需要的业务功能使用。

① IBM Data Governance Council Maturity Model（October 2007），http：//databaser.net/moniwiki/pds/DataWarehouse/leverage_wp_data_gov_council_maturity_model.pdf.

- 数据质量：这可确保数据准确、完整、一致和最新。
- 数据完整性：这可确保数据在从一个平台存储和传输到另一个平台时保持其基本质量。
- 数据可用性：这确保数据的结构和标签正确，便于检索。
- 数据安全：这可确保敏感数据得到妥善保护，从而最大限度地减少数据丢失的可能性。

4.数据治理框架

以数据治理为核心的数据管理已经成为数据驱动企业的基本要素，它应当以数据可用（数据质量）为核心，作为支撑整个企业运营发展的管理体系。这样的管理体系至少由以下五方面构成。

（1）政策、标准和战略

开展数据治理的首要工作是制定数据政策、数据标准和数据战略，草拟、审核、批准和监督政策和标准。

（2）数据质量

改进数据质量和可用性是数据治理的主要目标。数据质量是“让数据适合其目的（fit for purpose）”，建立对数据的信任，确保数据分析结论的正确性。数据质量是数据资产化的基础工程。首先要建立统一业务、技术和运营数据术语词表、数据谱系图。其次要确立数据质量的测评标准，如符合数据正确性、数据唯一性或重复性、数据一致性、标准性和时效性。

（3）隐私、合规和安全

管制和合规要求也是数据治理的驱动因素。数据合规是贯穿数据治理全过程的，涉及从上到下各个领域和部门。要建构安全基础设施来保护流动的和静态的敏感数据，设计数据保护、安全、访问、审计和控制政策。

（4）数据架构和数据集成

数据治理就是要在商业流程中整体架构数据处理能力，满足数据应用的需要。这需要建立一致的数据模型和定义，形成统一的数据架构和能够交互操作的数据基础设施。

（5）搭建数据分析平台，支撑企业智慧决策（BI）

数据治理致力于数据分析需求，致力于建立组织和成熟的基于数据分析决策能力。也许在实施数据治理的初期就首先要确定企业使用哪些数据支撑哪些决策，以及要在哪些领域以何频率制作或提供哪些报告，这些报告存在何种联系，是否可服务于多重目的。

§7.2　企业数据治理实践

数据因治理而有用，有用的数据需要管理，才能成为企业资产。数据治理不是独立的系统，而是有效支撑业务发展的公司治理体系的有机组成部分。因此，每个企业都要探索建立适配于企业发展阶段和战略目标的数据治理体制。

1. 数据治理模型

在数字化转型企业，数据成为企业基础资源，因而数据战略成为企业发展基本战略，而数据治理是企业数据战略的核心部分。因此，数据治理既不是一个项目，也不是一个部门的事情，而是一个组织全员协同实现的持续性事业。这就需要将不同的主体整合到合适的组织体系中，实现跨部门协作。

数据治理模型是一个框架，明确定义收集、存储、使用和处置数据的系统和流程，并明确了决策者的角色。每个组织都因创建和使用数据的主体不同，而有不同类型的数据治理模型。没有适合每个组织的单一数据治理模型。寻求所有业务部门和利益相关者的意见，并花时间开发满足公司需求的定制数据治理模型，将提供一个强大的框架，使企业能够在维护数据安全的同时从数据中获得最大价值。

常见的数据治理模型大致分为四种。

第一种，具有单一业务部门的去中心化数据治理模型——具有单一业务部门的去中心化数据治理模型通常由创建、管理和使用数据的个体业务用户组成。

该模型非常适合管理和维护其所有数据的个人企业主。在这个模型中，创建和设置数据的同一个人通常是唯一使用数据的人。

图7–1　单一业务部门去中心化数据治理模型图

第二种，具有多个业务部门的去中心化数据治理模型——在具有多个业务部门的去中心化数据治理模型中，各个业务部门可能共享客户、供应商和其他利益，因此它们共享一组主数据。

该模型也是为管理和维护其主数据的企业主构建的。然而，在这个模型中，数据由不同团队的几个员工使用和共享。这样，如果企业有多个办公室或商店，就可以确保信息被分类并分发给团队中的每个人。

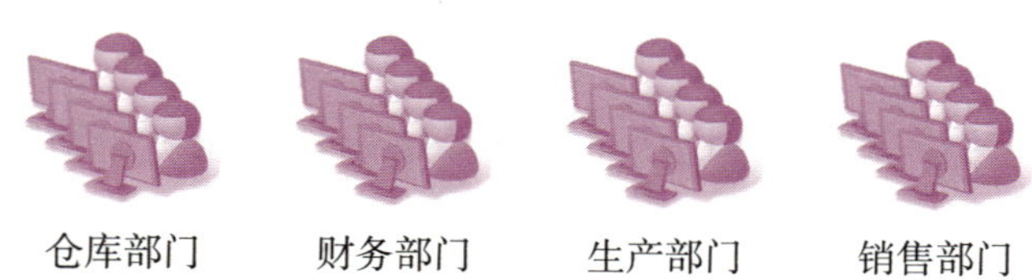

图7–2　多业务部门去中心化数据治理模型

第三种，集中式数据治理模型——在集中式数据治理模型中，可能有单个或多个业务单位集中维护主数据。由业务单位或数据消费者提出请求，中央组织负责管理主数据。

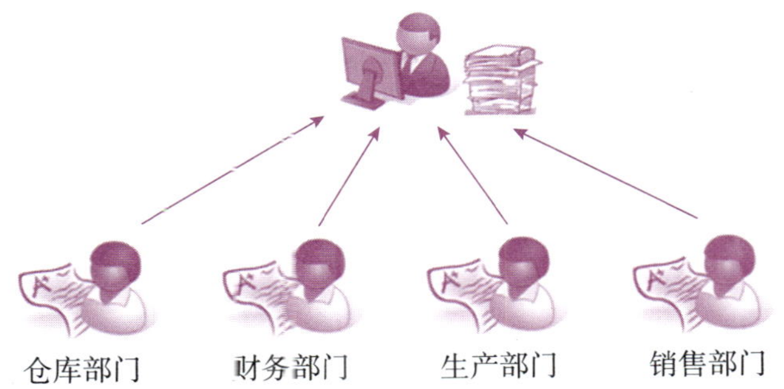

图7-3 集中式数据治理模型图

在这个模型中，一个企业主或多个企业领导人控制着主数据。个人或团队根据来自其他部门的请求控制数据的创建和设置。有了这个系统，数据集中到团队领导处，由其根据需要向员工分发信息。这对于拥有大量员工并需要规范内部信息共享方式的公司来说是有效的。

第四种，具有去中心化执行的集中式数据治理模型——在具有去中心化执行的集中式数据治理模型中，有一个集中式数据治理实体负责定义数据治理框架和政策，而各个业务部门负责创建和维护其部分主数据。

在这个模型中，有一个团队控制主数据，但每个团队都创建自己的数据集来贡献信息。这意味着管理层和团队成员都有责任收集和分享内部数据。

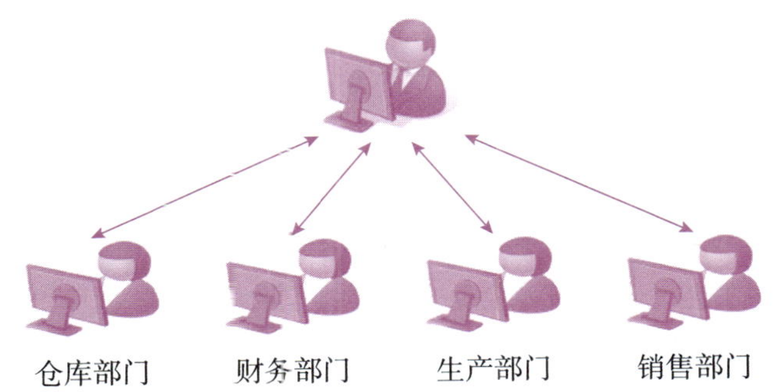

图7-4 去中心化执行的集中式数据治理模型图

数据治理模型定义了三数据管理责任的基本结构，而数据治理策略定义了管理数据的人员、流程和技术。

2. 数据治理的基础设施：数据架构

数据架构是落地业务战略的关键基础设施，数据治理是业务战略在业务中得以实施的桥梁。

DAMA将数据架构定义为："通过与组织战略保持一致来建立战略数据要求和设计以满足这些要求，从而定义了管理数据资产的蓝图。"这一定义有三个关键词：一是"蓝图"——需要具体的实施计划；二是"与组织战略保持一致"，数据架构必须与业务目标以及数据如何支持这些目标直接相关；三是建立战略数据要求，因为"任何有效的数据架构都必须具有前瞻性"。

数据架构都必须有一些具体的可交付成果，如规范、不同抽象级别的主设计文档，以及数据通过系统的所有容器和路径的描述。数据架构的具体内容如表7-1所示。

表7-1　数据架构内容表

	数据架构主要内容
1	有关数据使用的政策、指导原则、使用意图声明和问责机制
2	数据模型，包括企业概念模型、逻辑数据模型、特定应用程序的逻辑数据模型等
3	数据目录
4	数据源清单
5	主数据或参考数据，以及被广泛共享的数据
6	定义的关键数据，包括词汇表、词典、定义和应用标准
7	元数据及其管理方式
8	数据沿袭和流经系统
9	实施路线图

数据架构是数据治理的基础，数据治理是数据架构所起作用的实施框

架，它涵盖了组织、人员和流程，并创造了一种数据驱动的文化。

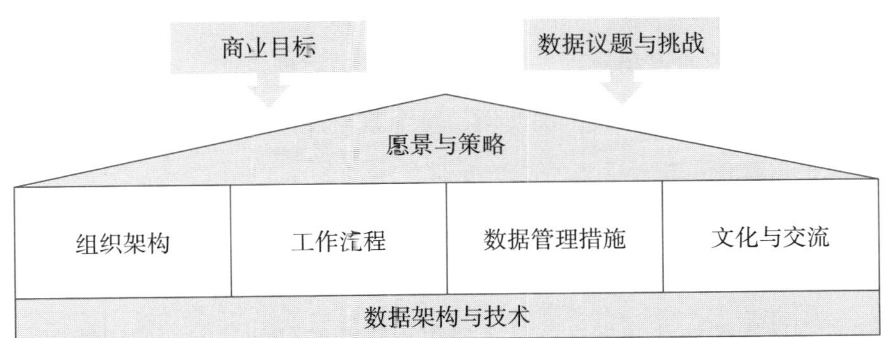

图7–5 数据架构是数据治理框架基础

数据治理和数据架构是相互支持和加强的关系，创建一个持久的数据驱动的业务应该认识到企业所需数据架构和数据治理，并共同努力将数据治理形成一个持续改进的循环，确保数据越来越好用，并根据业务需求不断发展。

构建和维护一个成功的企业数据架构不仅仅是数据架构师的工作，数据建模师、数据治理经理和数据库管理员等也应该在这个过程中发挥作用。本质上，数据治理就是协作，其需要一个团队来构建数据架构。

3. 数据治理的政策

在数据治理中，最核心的是制定数据治理政策，并将之贯彻到组织中生产、调用、处理、使用数据的每个主体，最终形成符合组织目标的一致数据行为和结果。数据治理所需要的政策大致分为四方面。

（1）数据治理结构政策。组织应采用正式的政策或制度规范来管理企业的数据和信息资源，并要求员工遵守这些指导方针。数据架构政策的内核是定义组织将如何实施数据治理，其中最核心的是建立数据治理组织结构，一般由数据治理领导主管和企业数据管理（EDM）团队（由高级经理/总监、负责维护数据集的数据管理员和最终用户组成）。

（2）数据访问政策。数据访问策略确保员工可以访问组织的数据和信息，适用于整个公司和所有业务部门。该政策一方面要为员工提供便捷访问或调用数据的通道和流程，另一方面是保护数据资产，确保数据仅由获得授权的个人访问，并被正确使用。每个数据点由数据管理员分类，数据用户应根据其角色获得适当的访问级别。

（3）数据使用政策。数据使用活动分为读取数据、创建数据、更新数据和分享数据。数据使用政策可确保使用者以合乎道德的方式使用数据，并遵守所有适用的法律和标准。员工应仅出于商业目的访问和使用数据，不得将其用于个人或其他不当目的。除了合理分配的安全访问级别外，还需设有对使用行为的监控和审计。

（4）数据完整性政策。数据完整性策略确保组织数据的一致性。它将关键数据元素集成到组织单位和计算系统中，使员工和承包商能够依靠数据获得信息和决策支持。数据完整性还涉及数据的有效性、可靠性和准确性，它基于对数据的业务流程的清晰理解以及对各个数据点的一致识别来确保其有效性。数据完整性是数据质量治理的核心。

除了政策之外，数据治理涉及复杂的流程，这也是数据治理委员会需要精心制定和贯彻实施的领域。通常，数据治理中涉及以下流程，需要在各种制度规则中明确：

4. 数据治理的政策实施和流程

数据治理实施仍然落入一般的管理框架体系，每个人都必须就如何决策和如何行动达成一致目标，否则就不可能获得所有利益相关者的支持，实现数据治理规划。

（1）目标：数据管理必须具有统一的战略规划及明确的目标，以保持数据活动一致性和整体性。数据管理的目标是管理数据资产，使数据资产得到安全和有效的利用，实现数据资产价值。

（2）组织：数据治理必须有制定和执行相关规则的人员和组织机构。

数据管理应由专门的部门进行，数据治理办公室可以提供跨职能支持（不限于业务或IT）。例如，CDO（首席数据官）肩负充分和有效地调动数据的责任，以确保业务连续性和增长符合组织的战略。向CDO报告的数据管理员应确保遵守数据管理规则和标准。

（3）规则：组织要有一套制度规则（政策、要求、标准、责任、控制）和参与规则（明确不同部门如何合作制定和执行这些规则）。

（4）控制：数据治理办公室将因此按照相同的原则运作。得益于数据质量管理流程，它可以监控其负责的资产质量。然后，该办公室可以根据数据的质量水平确定其对组织绩效的贡献，使用以前设计的数据质量指标来专门衡量数据质量对组织的影响。管理数据的流程，同时创造价值、管理成本和复杂性及其确保合规性。

数据治理的目标是真正将数据视为资产并对其进行管理，通过持续的可交付成果（如组织、规则以及控制和评估的手段），赋能企业经营，增强盈利能力或竞争力。成功的关键是企业要拥有独特的数据资产，能够通过推出新的价值创造用途（人工智能、数据科学等）来利用这种资产。数据治理不是一个项目，而是企业长期投资经营战略。

5. 融业务战略为一体的数据治理

从业务战略开始，确定哪些数据对于支持该战略至关重要。评估企业拥有的数据并决定它是否适合业务发展，如果不适合，则决定需要什么来改进它。改进主要来自业务方面，而不是完全来自IT。例如，如果每个部门使用不同的代码或术语来表示“客户”，那么相同的数据很难汇集成重用资产。

当今的数据范围、规模和复杂性以惊人速度发展着。若仍未开始部署统一数据架构，治理数据，那么组织将被数据化浪潮所淘汰。需要的是一个连贯且有效的数据架构，并专注于识别问题、创建解决方案以及构建预防性主动治理。换句话说，你要阻止火灾发生，而不是等到它们发生后再以被动的方式扑灭它们。这意味着，每个组织应当制定数据战略。

数据战略不应该由IT部门开发和实施，而应当成为企业整体战略的一部分，将组织及其业务目标、战略目标贯彻到数据战略。现在，流行专门机构比如首席数据官（参见第209页“大数据时代的首席数据官”）来规划和实施数据战略。数据战略制定应当倾听所有利益相关者的意见，使用所有人能够理解的业务语言，而不是数据管理术语，以确保所有人都能轻松理解，并跟随着业务目标和战略的变化而不断调整和更新。

在数据驱动业务（data-driven business）兴起之前，业务和数据策略之间的关系是线性的。公司先行制定其战略目标，再构建数据战略以支撑业务战略和计划所需的数据能力。这意味着IT部门是数据战略的主要驱动方。

但是，在数据驱动下，数据只是从属于业务运营和流程的推动者的想法已经过时了。数据本身正在成为业务，业务战略和数据战略的发展必须并行和相互促进。任何数据驱动的组织都必须制定和实施数据战略。

例如，以生产一系列消费品的制造企业为例。传统上，它专注于向超市等批发商和其他第三方渠道销售产品。因此，它对最终买家的了解充其量只是粗略的，而且在很大程度上是存在较大误差的。但该公司决定创建新的数字渠道，将产品直接销售给最终客户，减少批发商将提高其利润率，使其能够更好地了解最终客户并与之建立关系。而这种情况除非在制定新的业务战略的同时制定所需的数据战略，否则不可能实现。

§7.3　社会数据治理实践

在社会层面，最能体现数据治理的本义，即协同数据利益相关者的行为，构建特定目的的数据利用秩序。在整个社会层面，数据治理的目标是数据社会价值或利益最大化，构建实现数据社会价值最大化的数据利用秩序成为数据治理的基本目标。在社会层面，政府是数据治理的责任主体，属于政府履行社会公共管理事务职能范畴，通过政府立法或规则制定权，构建数据社会化利用秩序，实现数据的社会价值。

1. 社会层面的数据治理：数据社会化利用秩序的实现

数据是客观事实的数字化记录，天然具有社会性，它源自社会，又被社会主体所使用，用于认识客观世界规律。在社会层面，数据治理的目标是协同处理数据上利益相关者权益，构建有效数据利用秩序，以最大化地实现数据的认知价值。

大数据分析是数据相关性分析，通过计算技术提取并分析数据中的信息，从而揭示数据中的规律和趋势，为决策和创新提供支持和参考。大数据无处不在，无时不产生，但每个主体产生和掌握的数据是有限的或微小的，要完整地认知某个对象的行动或运动规律，则需要获得足够多的数据。只有有足够多的数据，才能通过数据与数据之间的关联，挖掘分析出数据代表的客观对象的运动规律。有小数据模型才能形成大模型，有大模型才能产出智能或GPT。这也就意味着每个主体持有的数据的价值是有限的，不完整的数据甚至不能形成认知力或知识力，因此要形成和实现数据的价值，需要不断汇集、聚合、结合分散于不同主体的数据。源自各社会主体的数据虽然具有潜在分析价值，但是单一数据价值是有限性的或非独立的，每个主体的数据只有经过社会化配置和利用才能形成资源价值。

如同治理也应用于社会或国家，数据治理（Data Governance）也广泛应用于社会整体，作为实现数据社会化利用的制度措施。在机器学习等智能工具普遍应用的情形下，通过数据挖掘分析发现新知，预测未来，寻找规律已经成为社会基本需求。每一个国家均面临如何配置数据权利、构建数据利用秩序的任务。欧盟委员会认为，数据治理是指一套使用数据的规则和方式，如通过共享机制、协议和技术标准。也正是基于这样的认识，欧盟委员会于2020年11月25日通过的《数据治理法》，作为支撑欧盟新数据战略的重要制度。所谓的数据治理仅在于增加对数据分享的信任，加强提高数据可用性的机制，并克服数据重用（Data Re-use）方面的技术障碍。在这个意义上，数据治理也成为一个国家规范数据社会化利用，构建数据资源利用秩序的概念。数据治理正逐渐替代数据保护成为数据利用秩序实现的主要机制。

数据的社会化配置和利用的理想状态是，每个主体产生的数据应当允许其他主体获取和使用，每个主体可以获取和汇集其需要的数据，开展挖掘分析。一旦数据可以为每个社会主体利用，那么其社会价值就得到最大化实现。但是，数据的社会价值最大化实现面临制度选择困境。如果采取数据自由利用模式（只要是公开的就是自由的，只要是可获取就可自由使用），会带来数据资源的无序化，不仅挫伤数据生产者的积极性，也会带来滥用、侵害隐私和社会安全等问题。如果承认基于先行收集或劳动就可以享排他性支配权（承认数据产权），在后的社会使用者仅通过交易才能获取和使用数据，那么又会强化导致数据"私有化"，既不符合数据本身的社会性、公共性特征，同时是否能够有效地实现数据社会化利用也将会存疑，因为有效市场需要建立在清晰数据产权基础上。

显然，数据社会价值的实现需要数据流动，但需要克服上述两个极端。产权被认为构建资源有效利用的工具，可以结束自由利用的公地悲剧，但是它是以资源和权益归属可清晰界定为条件，以产权人利益最大化为目的的一种制度安排。这样，建立在传统产权范式基础的市场经济是否可以成为数据资源社会化配置和利用的有效手段成为疑问。毕竟，任何产权安排或赋权机制均应当有利于数据社会价值实现。也许，我们应当为价值有限、价值微小、价值不独立且需要通过无限组合实现价值的数据资源寻找新范式——治理范式。

2.社会层面的数据治理的制度架构：个体权益、社会利益和国家安全

在数据资源的社会化利用需要突破传统产权范式背景下，协同不同利益相关者，实现数据社会化有序利用的治理范式逐渐受到认可，甚至成为构建数据社会化重用秩序的基本共识。

数据治理与数据利用的社会秩序是非常契合的。数据的社会化利用本身并不能够消灭数据上的利益，数据控制者难以百分之百地享有数据上的权益。相反，数据上存在多重利益相关者，而所谓的数据保护问题，本质上是协同保护数据上各方主体利益的问题，而不是确认数据归属某个主体并通过赋权维护其数据利益这么简单。因此，传统的“赋权+限权”保护模式或者控制者排他支配权的产权范式，很难适用于数据资源的保护和流通利用。数据保护的本质在于协同冲突权益，因而治理理念和机制可以作为数据保护的新范式。

为实现数据社会化利用，首先需要保护数据生产者（采集、加工处理等）的利益，需要赋予其控制数据、实现价值的权利。数据持有权即是数据生产者权益的保护。保护数据持有者的权利，促进数据不断流通、不断汇集融合分析可最大化实现数据社会价值，符合社会整体利益。但是，我们又不能赋予持有者对数据的排他支配权，持有者享有的权利仅仅是所创造数据价值或对数据上合法利益保护，而不是对数据支配权。如此非排他的使用权安排，仍然是使数据获取和使用呈现一定的开放性，以保护每个社会主体获取和使用数据的权利。

数据社会化利用并不能消灭数据反映或关联主体的权益。比如，一旦数据指向个人或分析联系到个人，那么会涉及隐私利益、个人信息权益等人格利益；即使是机器设备的数据，也可能涉及物主的合法权益。社会主体获得和使用数据必须尊重数据上各种合法权益，以保护数据上权益为前提。我们只有确认各类数据上的多重利益，并协同保护各方利益，才能构建数据社会化利用的秩序。

同时，数据利用还涉及国家安全利益。这是因为数据具有渗透性，数据利用与国家安全有着千丝万缕的联系。乘客出行记录、高铁运行数据、航运基础数据、船只货运信息、气象数据等的获取和利用均可能危害国家安全。

大数据分析模糊了涉密数据和非涉密数据的绝对界限，传统意义上不涉密的碎片化数据汇聚分析仍然可以形成重要情报洞察。随着网络空间被视为国家主权新领域，数据主权（Data Sovereignty）概念逐渐确认并进入国家法律。数据主权是国家基于国家主权对其领土范围上产生的数据的独立控制权，目的在于保障本国数据不受他国侵害的安全性和稳定性。数据主权实际上成为赋予国家对进出境数据进行管制的权利。这样，数据流通利用就必须遵守国家对数据出境管制，维护国家安全利益。因此，在数据社会化流通利用的同时如何防范国家安全风险，也是数据治理需要考虑的重要方面。

在“协同数据利益相关者的行为，构建数据社会化利用秩序”意义上理解数据治理，那么数据利用秩序的构建并不是单一主体的赋权，而是协同各主体利益，建立“使用数据的规则和条件”，构建数据利用秩序。应当以社会价值或社会利益作为个人数据治理的基本目标。数据持有者权的目标不是赋予数据持有者以产权，而是为了构建数据社会价值最大化流通利用的秩序。只要明确持有者有权对外提供数据或许可使用数据就可以开启数据流通利用。

为了最大化地实现数据的社会价值，我们需要尽可能地让数据持有者的数据为更多主体所使用。每个主体都是在社会数据大循环中某个节点的临时控制者，而不应当长久控制，否则社会数据流就会阻塞或断流。数据应当奉行“控制在，权利在”规则，而不是“数据在，权利在”规则。

延伸阅读

新治理理念的个人数据治理原则

在资源视野下，个人数据具有经济价值，汇集、匹配、聚合一定规模的数据可以全面和精准分析个体的个性特征，预测行为规律或倾向等，用于商业、社会治理等领域决定；对于机器操作习惯的研究可以改进机器的性能或降低能耗；对一定量病理样本进行挖掘分析可以找出病因，提早防治，如此，等等，与个人关联的各种数据正被收集、处理、分析和应用于决策，不仅促进技术创新，提升单个组织的经济效率，而且不断改进社会资源的配置和社会分工体系，促进整个社会经济运行效率。在此背景下，个人数据社会价值的实现应当成为数据治理需要考量的首要因素，成为数据治理的基本目标。

关注个人数据的社会价值，而不是个人价值，以实现社会价值作为出发点来设计数据的权利（力）结构，构建数据利用秩序是个人数据保护（数据治理）的重大变革。这意味着要个人数据治理从个人本位转向社会本位，个人数据处理（使用）的权利（力）配置要转向多元主体、协同各方权益，最优实现个人数据的社会价值（利益）。这样的数据治理是“影响或受数据访问、控制、分享和使用方式影响的所有参与者之间的权力关系以及各种社会—技术安排以从数据中产生价值和分配这些价值”。数据治理的核心是对数据的决策权，而在新的治理理念下，所有受到数据治理方式和由此产生的价值影响的个人、组织和团体，都是数据利益相关者，都应当参与到数据治理决策中，分享其价值，使自己的利益得到保护。这样的治理一定是在一定场景，通过不同数据利用模式来实现的，而在抽象法律规范上不可能实现。

……

为了在新数据治理理念下实现治理目标，笔者提出以下原则。

首先，应当以社会价值或社会利益作为个人数据治理的基本目标，在个人价值（利益）与社会价值（利益）相冲突的情形下，个人应当让位于社会。

其次，区分个人数据上的人格利益（包括人格尊严、自治等主体权利）与个人数据上的财产利益（或经济利益），个人数据上的财产利益（经济利益）按照经济价值创造与成本及风险责任分担的原理配置权利与义务、利益与责任。个人数据的使用以不侵害个人人格权益（主体权利）为前提，但是要区分数据上人格利益和数据处理中的人格利益，除非数据本身的人格利益需要给予个人以决定权（防御性权利），而对于其他个人数据则仅有处理或使用之后损害其人格利益的，才给予停止侵害和损害赔偿的救济权。

最后，只有相同性质的利益才能进行效力排序或确定优先顺位，而当个人数据涉及不同性质利益时，并不能当然地得出数据主体权利优先于其他利益相关者的利益。在GDPR中，将数据主体权利置于优越于数据控制者或第三人合法利益本身是一种错位利益排序。在人格利益情形下，只存在个人隐私与集体隐私孰先孰后的问题。当然，在对抗公权力滥用方面，我们可以置个人基本权利（人权）的保护于优先地位。因此，在“个保法”领域，我们并不能得出数据主体权利优先保护结果。

一旦我们在法律上能够平等地对待个人数据上各利益相关人的权益，并在相同性质利益下，遵循个人利益让位于集体或社会整体利益或公共利益的原则，那么我们就能够建立以社会价值（利益）为目标数据治理规则和机制；同时我们要区分人格利益和经济利益，而不笼统地赋予数据主体权利以优先地位，更不随意将基于主体权利的决定权当然地解决经济资源的决定权，那么我们在具体数据应用场景或模式中就可以构建协同各方利益的治理结构。

——高富平、尹腊梅：《数据上个人信息权益：从保护到治理的范式转变》，载《浙江社会科学》2022年第1期

3.“数据二十条”中的数据产权的治理范式

“数据二十条”将数据要素的价值概括为经济、治理和分配三重价值，通过构建适应数据特征、符合数字经济发展规律、保障国家数据安全、彰显创新引领的数据基础制度促进数据合规高效流通使用、赋能实体经济。

二十条提出和设计了数据产权、流通交易、收益分配、安全治理四方面的基础制度，旨在促进全体人民共享数字经济发展红利，深化创新驱动、推动高质量发展、推进国家治理体系和治理能力现代化。在数据产权设计方面，“数据二十条”的基本思路和框架是：根据数据来源和数据生成特征，分别界定数据生产、流通、使用过程中各参与方（数据来源者、数据处理者）享有的合法权利，建立数据资源持有权、数据加工使用权、数据产品经营权分置的产权运行机制。而这样的设计，本质上是治理体系，而不是传统的产权体制。

首先，“数据二十条”并没有探究数据所有权，而直接采取谁生产（创造价值）、谁持有、谁使用的思路，以数据使用权流通交易来构建数据再利用秩序。源于持有的数据使用权本身不具有排他性，因而并不存在单一主体支配权产权体系。

其次，区分了数据来源者权益和数据持有者权益。数据上可并存多重利益，尤其是数据关联或描述对象的利益可以延伸至数据的社会利用。“数据二十条”规定了数据来源者在其概括的数据上存在合法利益，但又不实际控制数据利益相关者的利益。于是，保护数据来源者合法权益，是数据持有者合法控制、流通和使用数据的前提，由此形成一种利用制衡关系。

再次，提出数据产权结构性分置的产权机制。为实现数据资源社会化利用，“数据二十条”建立数据资源持有权、数据加工使用权、数据产品经营权分置的产权运行机制。这样的分置是出于数据的可分享或非排他性，因而可以通过相同数据上并存多个相互独立的数据使用权实现分置，也就不存在从母权利（通常是所有权）分离出派生性数据使用权意义上的传统产权分置。基于价值创造赋予每个合法取得并加工使用数据的加工者独立持有者地位，享有独立数据使用权，可以最大化促进数据的社会化流通利用。

最后，提出适合数据要素特征的数据价值分配机制。由于数据价值创造和实现是多主体参与的连续过程，且参与者不能事先定价（因为不存在清晰的产权），因而只能按照“谁投入、谁贡献、谁受益”原则，通过分红、提成等多种收益共享方式，使各环节的主体有相应回报或利益分配。这样的价值分配方式，使数据要素市场呈现强烈的治理范式，而非传统产权范式，如何形成“由市场评价贡献、按贡献决定报酬”需要长期的探索。

综上，“数据二十条”虽然使用了数据产权，但没有沿用产权思维构建数据要素社会化利用秩序，相反采纳的治理范式，为治理范式构建数据流通利用秩序提供明确方向。

4. 政府在数据治理中的双重角色

在数据治理中，政府有两种角色，一是作为政府数据的治理者，二是作为整个社会数据的治理者。在前者，政府机构治理的数据是自身生产的数据，治理的目的是政府数据的要素化利用，包括支撑本部门决策、公共机构之间共享和向社会开放，实现政府数据的社会价值；在后者政府是作为社会公共管理机构制定和实施规则，构建全社会数据重用秩序，实现全社会数据的社会化利用。

（1）政府作为政府数据的治理者

政府在从事公共管理和公共服务过程中形成的数据（政府数据，亦被称为公共数据）需要治理成为可再利用价值的数据要素，实现政府数据的社会价值。对于在政府数据治理中，政府的角色类似于企业组织的数据治理中的角色，核心是发挥政府机构生产的数据重用价值。政府重用价值包括支撑政府机构智能决策，与其他公共机构共享的治理价值和向社会开放产生社会化利用的价值。作为自身数据的治理者，除了政府机构所享有数据持有权与企业存在不同外，治理所采用的手段、方法、内容和目标几乎差别不大。因此，前述以组织为基础的数据治理原则上亦适用于政府自身数据的治理。

（2）政府作为社会数据的治理者

政府作为数据的治理者是政府履行公共事务管理者职责的结果。在数据资源化或要素化利用背景下，政府担负着数据资源社会化利用秩序塑造的职责，通过制定和实施法律规范，保护数据合法权益，促进数据高效合规的流通利用。创制公平高效的数据再利用秩序，是政府在数据经济中能够提供最基本的公共服务。这要求政府站在社会整体利益的角度，以数据社会价值最大化为目的，构建制度规则，监督和实施规则，创造安全有序和高效的数据利用环境。在整个社会数据的利用方面，政府的角色是创制规则，营造公平有序的利用环境，而不是替代社会主体直接参与数据治理和数据利用中。在数据上升为资源的背景下，尊重数据生产者或持有者的权利，充分发挥数据持有者的积极性，是实现数据高效合规利用的关键。因此，区分两重角色，治理政府数据，发挥政府数据要素价值的同时，为社会主体社会化利用创制规则，是政府推进数据经济健康发展的关键。

第三单元

数据要素基础理论

数据作为生产要素意味着数据利用模式发生了巨大转变，由过去的自由利用转变为有序的社会化利用。这是人类社会发展到需要大规模利用数据，通过机器智能生产认知或知识的新阶段的新命题，我们需要人类社会发展基本价值观并从数据社会化利用秩序需求的角度，构建新的数据资源化利用的理论。本单元提出和阐释了涵盖数据的本质、价值、管理和利用等环节的三层数据要素基础理论。数据本体论旨在揭示数据内在和外在特征，以作为数据基础制度的基本出发点；数据价值实现论揭示数据价值在于使用，而不在控制，因而应当以价值创造和最大化实现为目标的基础制度；数据利用规范论旨在为数据利用秩序构建提供基础分类体系，以区分不同数据性质和类型，建立相应的数据社会利用规则。这样的数据要素理论为我们提供了重要的指导和支持，帮助我们更好地管理和利用数据要素，最大化实现其经济和社会价值。同时，数据要素理论也强调数据的规范性和标准性，为数据的准确性和安全性提供了重要的保障。

第8讲　数据本体论：数据

数据是对客观存在的记录或描述，用来代表和分析某件事物的特征或规律。数据具有特定含义时，亦被称为信息。与数据相对应的知识是客观世界规范的抽象表达或总结。在数字化背景下，一切记录和表达均以数字方式呈现，模糊了数据与知识的边界。但是，仍有必要区分具有认知或计算价值的数据（事实），和具有内容或思想价值的知识。数字化的数据本身具有显著的社会性特征，其资源化利用很难通过传统单一控制范式来实现。

§8.1　数据的内涵

数据是对客观世界中各种事物或实体（entity）的性质、状态、关系、现状、运动或变化的符号表达或反映。

人类认识客观世界需要借助一定的媒介，即通过文字、数字、声音、图形等符号来表示、再现客观事物的存在和规律。客观世界作为一种事实存在，需要通过测量或记录才能被认知、分析和呈现。数据就是对事实对象的测量或观察记录，没有测量或观察，也就没有表达事实的数据。

数据是人类表达某种含义、意义，描述客观世界的工具或介质。[①]这种介质意义上数据只有与特定场景、目的相结合，反映、表达某种有意义的

① 人类认识客观世界需要借助一定的媒介——符号、文字、数字、语音、图像、视频等，利用这些来表示、再现客观事物或表达某种事物或意思的工具、载体或材料。

事物，方才具有特定的意义（有意义的数据，亦被称为信息）。通过数据能够认知客观对象，总结其性质、特征和运动（变化）规律，形成各种知识，进而开启认知客观世界的过程。知识是人类在一定阶段对客观世界的认知成果，反映人类对客观世界的规律总结和思想表达。如果认为知识是基于事实的判断分析，那么知识便由事实（数据）和结论（基于数据做出的判断）组成。

在数字技术之前，人们依赖文字、数字、语音、图像等来表达客观世界，认知客观对象；在数字技术出现之后，人类依赖二进制数字（其值为1或0）存储和呈现客观世界及变化。在计算机语言中，数据、信息和知识在呈现形式上并没有什么区别，都可以以0和1的形式呈现和处理。数字技术同质化了信息的载体，即文字、数字、语音、图像等符号。于是，数据也被称为数字化事实记录。

数字技术的应用不仅改变了人类处理信息的能力，而且诞生了机器生产知识的方式。一切事实记录和分析结果均可以通过CPU逻辑化地处理，演变为源数据（输入）生成新数据（输出）的过程。随着算法和算力的提升，信息系统具备了处理大数据的能力——表现为机器学习、AI算法等。由此，人类进入了机器生产和分析数据而产出知识或信息的时代。人往往不可直接识读和利用机器生成的数据，只有经过算法计算（处理、挖掘、分析等运算）才能转化为人可识读信息或知识，进而转化为直接的智慧行动（如自动驾驶），或者经由人的领悟学习，转化为智慧决策或行动。这便是“大数据+人工智能”带给人类的智能或新知识生产方式。大数据是“生产见解或知识的原始数据处理系统”，[①]大数据分析的知识生产方式与人类认知世界、创造知识的过程是一致的，均是先对客观世界进行观察记录（采集数据），然

---

① Justin Ellingwood，An Introduction to Big Data Concepts and Terminology，Published on September 28，2016，https://www.digitalocean.com/community/tutorials/an-introduction-to-big-data-concepts-and-terminology.

后进行分析处理（分析数据），最后再生产出知识。

数字技术改变了数据、信息、知识之间的边界，使一切知识形态均可以以数字形式呈现。于是，**广义的数据可以区分为数字化知识和数字化的事实，数字化知识属于信息范畴，而数字化的事实才是数据的本来含义**。作为事实的数据的价值在于分析并生产出知识；而作为知识形态的数据则仅仅是思想或内容的载体，其价值在于承载思想内容。比如，网络个人用户数据分为个人行为数据与内容数据，虽然都称为数据，但是网页页面数据、互动数据、对话数据等个人行为数据的价值在于分析行为人特征或行为趋势；而文档、视频语音数据、社交网络数据等内容数据的价值涉及用户思想表达，具有内容价值，可能受到著作权法保护。

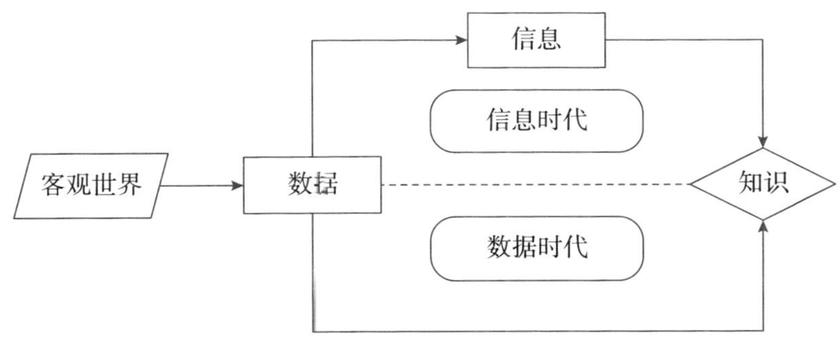

图8-1 不同时代下的认知方式

在数字经济时代，数字资源利用秩序必须建立在数字化事实和数字化知识区分的基础之上。这是因为，知识并不因为数字化（记录、表达、传播方式采用数字技术）而改变其价值和保护状态，知识是否受保护及如何受保护并非数字时代的新问题。数字经济时代需要解决的问题是创制数字化事实（数据）的利用秩序，激励数据流通利用或社会化配置和利用，以促进更多和更快速的创造创新和知识生产，并转化为智慧行动，最终转化为生产力。这意味着我们需要将数字化事实（数据）作为经济资源（生产要素），建立有效实现数据社会化配置和利用的机制，以加速有价值的信息或知识的产生，进而促进整个社会生产力的进步。

§8.2 数据的自然属性

自计算机发明之后，数字技术成为人类处理信息的基本手段，数字化存储、分析、呈现、传输、分享等提升了人类的信息处理能力，加速了知识的生产。随着数字技术的深入应用，机读数据成为机器学习和创造知识、预测事物变化规律的原材料。无论是机读数据还是人读信息均可以表现为数字形式，就二者区别而言，可机读数据仅是一种事实记录，而信息则可区分为事实和知识（或智力成果）。数字形式的事实数据或事实信息具有以下特点。

（1）非直观性。数字化的信息或数据均是以0和1代码的形式客观存在的数字记录，它存储于一定物理介质之上，但该介质只是它的载体。不借助相应的软硬件工具，人们就无法感知、处理和利用这些数据。这种非直观性亦被称为无形性。无形并不等同于不可控，人类依赖数字技术手段来控制数据，防止非经授权的访问或获取，实现对数据或信息的利用。在这个意义上，数据/信息是可控制的。

（2）易复制和易传输性。相较于传统纸质方式，数字化数据或信息容易复制，且副本与原件高度一致，且复制成本极低甚至可以忽略不计。易复制性导致信息或数据可以以光速传输、传播和分享，其不会造成信息本身价值的减损，也不易受到地理因素的影响。该特性促进了信息或数据的传播，但同时增加了数据被非法访问、获取及盗用的风险。

图8–2　数据的复制与传输

（3）非排他性。非排他性意味着一旦创造出某物，就很难排除他人对该物的使用。数据或信息一旦公开或被他人获取后就很难排除他人的使用及传播。对于信息或知识而言，一旦被他人浏览或收受即被他人使用；对于机器数据而言，一旦被访问或爬取，也可以被计算使用。

（4）非竞争性。非竞争性是指某一主体对物的消费并不减少该物品可供他人消费的价值。就数据和信息而言，任何一方使用并不会妨碍或干扰他人的使用。信息一经创造，使用它的社会成本即为零。公开的数据或信息具有强烈的公共产品属性。但是，数据或信息并非天然存在的，其并非公共物品，因而产生了数据及信息的保护困境。为了保护知识创新或创造，法律认为事实数据或事实信息均不应当赋予专有权。因此，生产者的生产利用能否受到保护，完全取决于其对信息或数据的控制能力。

（5）使用产生价值。数据不会仅仅通过存在而产生价值，数据或信息的价值均在于使用。有两类使用方式：一种是对数据或信息本身进行研究或分析，在数据的探索和研究中找到启示或发现；另一种是将数据或信息**与其他数据或信息进行比较和组合，从而创制更有价值的信息或发现新的知识。**

（6）非消耗性。与货物不同，使用并不会减损数据或信息的价值，人们使用数据或信息时不必担心其价值会耗尽。相反，人们在使用数据或信息的过程中会形成衍生数据或信息，其具有积累性，**即数据或信息的价值实际上随着使用次数的增加而增加**，不会因使用而被消耗。

（7）适合分享性。数据或信息的价值在于使用，使用主体越多，其实现的价值越多。数据或信息的价值实现需要更多人使用，同时数据的非排他性也适合为更多人使用，我们称之为数据或信息的可分享性。**"物（good）"是用于交换的，而数据或信息是用于分享的**。数据或信息均具有"赠人玫瑰，手留余香"的效果，持有者在自己使用的同时，也可以提供给他人使用。

（8）原始数据非稀缺性。在源头上，数据是可以为任何人合法采集的，每个社会主体也应当有获取客观世界事实，认知客观世界规律的数据获取权。在某种意义上，数据并不稀缺，是可以无限供给的资源。但是，将采集到的数据加工处理或治理成为可用、可重用的数据需要投入和劳动，因而其产生的可用数据又具有一定的稀缺性。保持数据开放性，防范加工使用者事实上形成稀缺资源，是数据基础制度设计需要考量的因素。

数据具有经济价值，可以成为生产要素，其也具备与其他任何生产要素不同的特征。当下的任务就是要根据这些特征，来设计使数据价值得到最大化利用的制度。

§ 8.3　数据的资源属性与社会属性

数据并非一种纯粹的经济资源，而是一种社会资源，它源自社会各主体，又为社会各主体所使用。每个社会主体都有获取和使用数据，进而认知客观世界规律、了解交往（交易）对象和社会运行的权利或自由。任何社会应当保护各社会主体获取和使用数据的权利，以保障社会的正常运行。我们需要构建数据流通利用的秩序，以保障数据的有序利用，而不是随意爬取使用。在构建数据经济制度时，我们首先得承认数据资源的社会性。

1.数据的认知价值

数据是认知客观世界的媒介或工具，通过数据认知交往对象和客观世界是人类自古至今不变的规律，因而认知价值是数据最基本的价值。

人类认识客观世界需要借助一定的媒介，即通过符号、文字、数字、声音、图形等介质来表示、再现客观事物的存在和规律。客观世界作为一种事实存在，需要测量或记录才能转为人类可知的传播媒介，而数据就是对事实对象的测量或观察记录。没有测量或观察，也就没有表达事实的数据。因此，数据成为人类表达某种含义、意义、描述客观世界的工具或介质。人类利用数据认知客观对象，总结其性质、特征和运动（变化）规律，形成各种知识。知识是人类在一定阶段对客观世界的认知成果，反映人类对客观世界规律总结和思想表达。知识由事实（数据）和结论（规律抽象或判断）组成，构建起人类的认知体系。

数字技术是人类以数字形式记录和表达事实的工具，比如，利用计算机处理记录客观事实，而且具有自动采集、处理和分析数据的功能，这大大增强了人类获取和分析处理数据的能力。尤其是万物互联的泛在网络环境下，一切数据均可以与描述对象（实体）关联。数据可以被提取、组织、汇集成数据集进行分析使用，通过分析数据与数据之间的关系来得出数据背后的客观规律。因此，大数据分析也称为关联分析。正是因为数据与客观世界不同程度的勾连，使得数据具有了无限的计算价值。算法和算力的革命性改进导致信息系统具有处理大数据的能力，人类由此进入机器生产和分析数据而产出知识或信息的新时代。正因此，数据是人工智能的原料，也是生产知识的原料，数据的认知价值演变为人工智能的原材料价值。

2.数据来源和使用的社会性

数据是客观世界（自然和社会）的映射或记录，因而它可以关联到社会中所有主体。在数据科学中，数据描述或指向的对象称为数据主题（subject），主题是客观世界中需要观察的实体（Entity），实体可以是人、实物、组织、事件、抽象概念等任何对象。数据即按照一定规则描述客观世界（各种实体）的客观存在和变化的数字化记录（事实）。各社会主体的利益可能会折射到或延展到数据上，这也就意味着，从来源的角度或数据主题的角度，数据天然存在需要保护的利益，该利益也被称为数据来源者利益。

当数据主题是自然人时，又被称为数据主体，涉及数据主体权益保护（我国称为个人信息权益保护）。个人数据是关于个人的，个人是主体，因而个人数据的处理应当以尊重和保护个人主体权益不受侵害。个人信息保护法也就是允许人们以合法的方式处理个人数据，保护个人不因个人数据处理而受侵害的法律制度。除此而外，当数据主题是有主物时，物之所有者和使用者享有什么权益？当数据主题为法人等组织时，是否要保护该组织利益？当前尚不存在明确的法律制度规范。但可以肯定的是，数据上的一切合法利益都应当得到尊重和保护，只是这种保护必须与数据使用权进行平衡，以决定在何种程度上、采取何种方法来保护既有数据权益。

数据来源于社会，也应为社会主体所使用。每个社会主体都有权使用数据，来认知客观世界，改造客观世界。我们探索自然和社会的客观规律、认识交往每个对象（个人或组织）时，均要获得关于这些对象的各种数据，甚至人类社会的发展和运行均是建立在自由获取数据的基础上。于是，我们需要确认每个社会主体有获取和利用数据从事社会活动的权利，以保护社会主体的认知、探索自由，使各项社会活动得以开展，最终创造社会进步和福祉。这就决定了数据资源应当保持开放性和可获取性，使需要数据的主体可以获得数据。在设计数据基础制度时，要将“促进数据的流通利用，保护数据使用者利益”作为基本出发点。

3. 数据的公共领域定位

在人类历史长河中，数据一向被认为是处于公共领域，是任何人可以收集、运用的公共资源，因而数据一直没有也不允许进入私人控制的私权体系。即使在知识产权制度产生之后，仍然没有将事实、数据、思想等纳入知识产权保护的客体范畴。任何人对事实、数据、碎片化的信息不享有任何权利，任何人都可以对其自由地获取和利用。在这种情形下，数据是通过其本身的开放性、自由性、公共性来实现社会化利用的。至于利用这些数据资源获取的知识、技术等创新成果，如果符合知识产权条件的，那么可以通过配置一定期限的专有权给予保护，而数据自身仍停留在公共领域。“事实不受保护，知识应当公开”是知识产权制度假设，是赋予创新者对创新成果专有权的条件。因此，事实数据具备天然的公共属性，应当采取自由利用模式，谁能够获取，谁就可以利用，任何主体都没有控制和排除他人使用事实数据的权利。

4.数据资源化利用的秩序需求

数据具有资源属性，无论是科学研究、商业决策，还是其他任何社会活动，谁先发现事实和规律，谁就能对客观世界作出正确的判断，就会在社会中居于优势地位。过去之所以将数据置于公共领域，最主要的原因是通过知识产权保护创新成果，但将创新原材料裸露于私权控制之外，保护人们的认知自由和精神独立，以使人类思想交流、社会交往、活动开展得以顺利进行，也使得科学研究、文学艺术可以在前人基础上继续创新。

进入大数据时代，机器需要学习大量数据，才能发现数据背后客观世界的规律。每个主体直接采集的数据是有限的，因而每个主体都需要间接地从他人处获得数据。数据具有计算价值（具有潜在经济价值），每个主体都会想方设法获取和囤积数据，而不愿意对外提供数据，除非能够获对价或价值交换。因此，我们要承认持有者对数据的控制地位，以激励持有者对外分享或流通数据，构建数据流通利用（重用）秩序。此外，在数字化环境下产生的多样数据并不当然地具有可机读、可关联、可分析的使用价值，因而需要激励数据持有者改进数据质量，以提供高质量的可用好用的数据。也就是说，在生产智能产品过程中，原材料的生产和供应已经演进为一种产业、一种经济活动，我们需要按照经济规律来确认数据价值创造者（生产者）的贡献，赋予其流通权利，开启数据的社会化配置和利用。

因此，进入数据经济时代，数据由社会个体可自由使用的资源演变为一种经济资源，需要法律介入确立其流通利用秩序，以使其在保护好数据上并存利益的前提下，实现数据资源的有效利用。如果数据资源继续沿用过去的自由利用模式，凡是公开的就是可获取的，凡是能够获取的就是可用的，那么就不会形成数据的有效利用秩序。“爬”与“反爬”是数据无序利用状态，是低效利用状态，而且也不利于数据的权益保护和社会公共利益的维护。

5. 寻找协同数据社会性与资源性的基础制度

数据重用不能继续沿用自由利用模式。为解决数据可获取和供给问题，我们需要承认数据生产者的贡献，激励其向社会分享或提供数据，以让数据在流动中不断增值，发挥其应有的效用。但是，我们又不能赋予数据生产者以排他支配权（产权），这是因为数据具有社会性，我们需要保护数据使用者利益。如果像物权法规则那样，基于先占（先采集）或加工使用（劳动）而赋予排他性数据产权，在先使用者就会妨碍其他使用者获取和使用数据的权利。数据是在不断流通利用中实现其价值的社会资源，数据使用具有非竞争性和可分享性。赋予任何单一主体长期稳定的产权，保护其对数据的支配（使用）利益既不必要，也不利于数据价值的实现，还会妨碍其他人获取数据以认知和改造客观世界。

显然，数据基础制度设计既需要通过赋权激励数据持有者对外提供数据，又需要维护使用者的获取权，以保持数据的社会性和公共性。实现这样的制度设计的目标就是承认和维护数据持有者的使用权，包括自己使用和提供他人使用（流通）的权利。数据持有者的使用权不具有排他性，流通后便丧失控制，每个合法获取数据并进行加工使用的主体均享有独立的数据使用权。这样的制度安排可以实现数据的社会化利用，让数据在不断流通和汇集利用中最大化地实现其社会价值。

第9讲　数据价值实现论：数据要素产品化过程

数据经济活动就是在承认数据资源本身具有潜在价值的前提下，不断寻求数据价值实现的过程。数据转化为生产力或数据的最终价值实现能够给使用者带来经济价值或社会效益，但是在能够生产出这样的智能产品之前，数据仅仅是机器学习的原材料，其价值不确定甚或不能被准确评估。但是，为了将数据最终转化为生产力，我们需要构建数据流通利用秩序，以促进数据产品的生产。

§9.1　数据要素化过程：数据要素和数据产品二分

数据资源具有价值，能够用于数据分析或机器学习，进而输出知识或驱动智慧行动，产生各种社会经济效益。如果我们将整个过程视为数据要素价值的实现，那么我们可以将这一过程分为两个阶段：一是数据要素的生产和流通阶段，二是数据产品生产和流通阶段。

1.数据要素化：可流通数据

原始数据是指与客观世界某实体或者对象有关联的事实数据，在数据科学中亦被称为**经过来源验证的数据**。“原始”并不是说该数据未经过任何加工处理，而是强调与客观世界的某个实体仍然具有关联或联系，可以通过不断关联数据进行计算分析。也就是说，只有原始数据才具有计算价值。

可机读数据是指计算机等智能设备可以自动读取和处理的数据。机器可读格式则是指结构化的文档格式（包括个别事实陈述及其内部结构），以便软件应用程序可以轻松识别和提取特定数据。数据只有具备可机读性，才可以进行数据点（Data-points）的识别和提取，可以组合并存储在单个位置以供进一步处理。

可机读原始数据，还需要契合分析需求，满足一定的质量标准。从满足数据挖掘和机器学习的角度，数据质量大致体现为以下六方面。

（1）完整性：包含必要的字段和信息，没有遗漏或重复。完整性意味着该数据产品的所有组件的值都是有效的，没有数据丢失、缺失，也没有无法使用的组件。

（2）时效性：数据生成、采集到分析利用的时间差应尽可能小。数据应该及时更新，保持最新状态，具有真实时间戳。时效性取决于分析目的，对于即采即用的数据，时间间隔越短越好。

（3）准确性：数据要反映真实世界的状态和情况，没有歧义或错误。准确性是衡量数据产品在给定时间反映客观世界状态的程度，与观察对象关联程度、详细（颗粒度）程度、真实程度决定数据的质量。

（4）互操作性：数据结构、语言具备一致性、可机读和可移植性，在不同主体控制的系统、网络之间可方便访问、调用、分享和分析使用。

（5）一致性：在不同的数据源和场景中产生的数据应该具有相同的格式和语义，与其他场景中使用的数据无矛盾。

（6）有效性：数据应该是有效的，满足特定业务目的和用途，并且符合预期的数据标准、形式和模型。

当然，数据质量标准服务于特定的分析处理目的。在实践中，数据质量标准和维度不尽相同。

2. 数据要素可流通性：数据作为产品

计算分析或机器学习所使用的数据必须是满足特定需要的可机读原始数据，且需具备一定质量，即使不能“即插即用”，也是非常容易汇集整理的标准化数据。一旦满足这样的标准，数据即具有可流通性，但是否能够流通还取决于数据在法律上是否可流通，即满足数据合规条件。

由于数据获取和持有并不能完全消灭数据上存在的合法利益，因此，数据流通必须进行可流通性法律审查——合规评估。一般来说，数据是否可以流通取决于以下因素。

（1）数据来源具备合法性。数据持有者需要证明其数据采集、取得方式合法，不会侵犯数据上合法利益。如果是自行生产，应当记录其系统运行和形成情况；如果是间接获取，应当有采购或许可协议，等等。

（2）对于合法取得的数据进行加工处理，如清洗、标注、加入新数据、统一标准、采用的算法模型等。加工处理形成新的价值，是数据持有者流通其数据的正当性基础。

（3）不存在禁止流通利用的情形。数据中不包含法律禁止或不宜交易部分，如身份信息、私密信息、敏感信息等，不存在危害国家安全的情形。

如果数据本身具有使用价值同时满足可流通的法律条件，那么数据就具有可流通性，就具有“商品”属性。

数据是一个不断生成、不断变化的过程，其形态及价值均不固定。或者说，数据的价值在于能够与其他数据关联，在不断计算分析中产生价值，一次关联汇集产生一次的使用价值（生命短暂）。对于数据生产者而言，其数据每时每刻都在变化、增长，不存在固定不变的数据。数据资源持有者权是对数据资源事实控制现状的承认和保护，至于其具体流通的数据是否为数据接受者使用的数据，只有在使用当时才能确定。数据生产者就像自来水厂，将来源不同的水治理成为可满足不同用途的水，需求者根据各自需求选用相应水质的水，或者定制特殊需求的水。可流通的数据是在流通交易时才确定的，而且往往是持续供给的，按照用量付费的一种商品。

数据资源经过加工处理后才能成为满足特定需求的可流通数据，这样的可流通数据具有商品属性，因而称为“数据作为产品”（data as a product）。但是，“数据作为产品”并非“数据产品”（data product）。数据作为产品是因为数据经过了加工，又可用于流通，因而可以将之比作“产品”，但它仅是要素化了的数据，还不是最终的数据产品。这主要是要与数据最终产出物——数据产品——相区别。具体论述参见§15.2和§15.3。

3.数据要素流通：接收者获得加工使用权

数据流通指数据持有者提供经过治理的可流通数据供接受者使用，既包括移转原始数据的使用权，也包括许可使用（访问、调用、分布式计算等）。

在数据流通关系中，数据持有者是数据提供者，而数据使用者是数据接受者，数据持有者向数据接受者提供所需数据，数据接受者为此支付对价获得数据的使用权。数据交易的标的是数据使用（权），其形式可以是数据转让（移转原始数据）、数据访问、数据共享等。按照“数据二十条”，数据流通方式包括在场内和场外的**“开放、共享、交换、交易”等方式**。

如前所述，作为生产智能产品的原材料（要素）的可流通数据，其使用价值具有短暂性，当数据为接受者使用后，原数据已经改变形态或形成新数据，因而可流通的数据并不需要稳定的产权，使接受者取得前手的产权。相反，数据接受者使用数据时会形成新数据，成为新数据持有者。因此，数据流通本质上是给予数据的合法使用权，并因加工使用而取得新的数据持有权。

数据流通利用的权利义务配置

数据流通利用中的权利和义务可做如下配置：持有者可自主选择移转数据（让与数据使用权）分享方式，允许接收者取得原始数据；亦可以选择许可使用（访问方式），仅允许接受者读取或计算使用数据。数据持有者亦可以设定数据使用条件、目的、期限，但是，数据接受者在协议范围内享有独立使用数据，并取得数据使用结果（产生的数据）的权利。在获得原始数据情形下，数据使用者可以汇集形成新数据集产品，并再次流通交易，开启新一轮数据流通利用。数据流通的具体权利配置如下：

第一，无论是否移转原始数据，数据持有者提供数据给接受者使用后，原持有者并不丧失对数据的控制，但对于特定使用人“权利用尽”。数据持有者分享数据（使用）后不得取回数据或数据使用成果，数据接受者因使用而成为新持有者，以切断前手对后手的持续控制，促进数据不断流通利用。

第二，数据持有者在移转数据后，只要不放弃持有，仍然对原数据享有持续流通利用的权利，也可以不断添加新数据生产出新的数据产品。由于原始数据具有持续生产属性，数据产品往往是持续更新的产品，数据流通后并不意味着数据生命周期结束，相反，它可以持续地提供给同一接受者使用；同时也可以提供给不同的数据接受者使用。因此，除非数据持有者放弃数据生产和持有，持有者可以持续地持有数据权益。

第三，数据接受者基于数据的使用成为新的数据持有者，可以再次进行数据流通或分享。接受者成为新数据持有者的依据是其对数据加工处理，以此鼓励不断对数据改进加工和流通，通过不断流通利用实现数据价值。

综上，在存在明确数据流通交易标的界定方法前提下，通过一次用尽原则的权利设计，可以促进数据流通利用，最大化地实现数据价值。这是契合数据价值特征且兼顾数据流通利用秩序和效率的一种制度安排。

——高富平：《数据持有者权：构建数据流通利用秩序的新范式》，载《中外法学》2023年第2期

§9.2　数据加工使用：可流通数据和数据产品的生产

数据是在不断处理或使用过程中实现要素化、产品化，最终实现其价值的。“数据二十条”提出加工使用权概念，实质上是对不断改进数据价值，最终形成数据产品的生产行为的概括。如前所述，因为这样的加工使用，数据成为可计算分析的原材料（数据要素），数据要素的不断流通满足智能产品生产的需要，最终生产出供社会消费使用的产品——数据产品。在这一过程中可能存在不同的加工使用行为，或者加工使用应当根据其形成数据状况或产品化程度加以细分，至少可以区分为生产数据要素的加工处理和生产数据产品的分析使用。

1.数据加工处理：数据要素生产

从初始数据采集到形成可计算使用的数据要素的过程需要对数据进行处理，甚至每一次汇集也需要相应的处理，也就是数据加工处理是伴随数据汇集利用或数据要素化过程的。对于这一过程，笔者概括为原始数据和数据集的生产。生产只是个比喻，实际上就是指不断改进数据含义、结构、维度、质量，调整格式或技术标准，增进数据可用性的加工处理行为。这样的加工处理能够生产出可流通的数据或数据要素（以数据集形式呈现），与整理（data curation）具有相同的含义。

在宽泛意义上，只要加工处理改变或添附新价值，都可以形成可交易数据（称为“商品”），只是避免同数据形成智能产品意义上的数据产品混淆，不称其为数据产品。数据要素流通的结果就是形成各种可分析使用的数据集、数据湖或为特定分析目的数据集合体，以供后续分析利用。

2.数据分析使用：数据产品的生产

当合法取得可用的数据集或数据湖之后，这些数据集合体持有者即开始使用数据，这种使用行为的目的是挖掘出知识、训练算法，产出智能产品。这类的使用包括剖析分析（data profiling）、挖掘分析（data mining）、机器学习等，其共同特征是计算分析，发现数据背后的意义、规律或趋势。这类使用可能并没有那么多的处理行为，但需要行业知识、模型工具等数据科学、计算科学的专业知识。这样的使用，可能不需要对数据本身进行处理加工，而侧重于价值发现，属于“数据二十条”中的“加工使用”最为重要的一类，是产出有价值数据产品的关键步骤。

数据资源因加工使用而不断朝着数据产品形态演化，通过流通满足各种市场主体对数据要素的需求，支撑社会各主体智能决策，甚或形成对外输出智能产品或提供服务的能力。在数据流通的市场中，还会形成各种行业数据集成商。数据集成商可以自行计算分析输出各种知识，产出各种智能产品，或者授权他人计算分析，产出各种数据产品。数据集成商将成为数据产品主要生产者和供给者。

3. 对数据加工使用者保护

数据流通本质上是允许他人使用数据，形成分属不同主体控制和使用的数据。因此，我们应当在特定场景中为加工使用者“赋权”，确认不同应用场景下的数据加工使用者享有数据要素持有权。从持有者的角度，如果提供数据给他人使用能够获得对价，那么流通也是实现其数据价值的方式；从社会的角度，数据流通给了接收者在特定场景中加工使用的权利，又创造了经济价值。当数据资源持有者将数据提供给他人使用时，不管数据资源持有者是通过让与数据（移转原始数据）还是许可使用（仅计算分析，获取结果），接受者均可以对数据进行加工使用。在笔者看来，“数据二十条”提出的数据加工使用权旨在承认和保护因合法流通形成的加工使用权，它应当是数据流通的目的和内容，对数据加工使用权的最有效保护方式是确立数据加工使用者取得加工形成的数据产品的持有权。这意味着，数据接受者因加工使用再次成为数据（产品）持有者，享有使用、流通和收益的权利。

数据产品化是一个过程，涵盖数据从不可用到可用、好用数据集再到形成转化为生产力的知识或智能工具的过程中的任何数据的形态改进和产出物。从交易的角度，凡是可以分享、交换和重用的数据，就需要视为“商品”。为了说明其交易的正当性，我们可以将一切改进或添附价值的数据加工使用行为都视为生产性活动，将其结果视为产品。只是因为数据的最终产出具有稳定的形态和价值，符合产品特征且可以被赋予稳定的数据产权，因而称其为数据产品。而在之前的改进数据价值的汇集治理所形成的数据仅视为产品（data as a product）。这样，两种不同的生产性劳动结果都可以进行不同的产权配置，通过不同的流通体制实现其价值。

§9.3　数据产品的交易：数据要素价值的最终实现

数据不断汇集利用的目的在于形成数据产品，但数据产品并不是数据，而是数据智能或数据智能输出，这里也称其为智能产品。智能产品本质上是数据计算分析能力，主要通过智能服务方式赋能用户和社会。

1.数据产品：依赖数据智能的输出

数据价值实现的第一阶段是对数据资源进行加工使用或深度治理，形成可界定、可流通、可重用的原始数据集。可交易数据集虽然具有产品属性，甚至也有结构或模型，但其使用价值体现为数据本身的可关联性、可聚合性和可编辑性，不存在固定的形态和价值，因此不称其为数据产品。不过正是数据的不断汇集，才使得最终可以形成生产各种智能产品的能力，一切智能产品都是在一定量数据的计算分析后形成的，或直接输入知识或形成智能产品模型或工具。因此，所谓的智能产品均是建立在一定量的数据资源池的基础上，并依赖数据资源的持续支撑甚或优化。在某种意义上，智能产品更多体现基于汇集数据资源的计算分析或机器学习能力。

以ChatGPT为例，ChatGPT可以被视为一种数据产品，因为它依赖于大量数据，特别是文本数据，来生成对用户查询的响应内容。该模型是在大量文本数据的基础上训练的，用于理解场景并生成相关响应。然而，ChatGPT也不仅仅是一种数据产品，因为它是一个结合了机器学习算法、自然语言处理技术和软件工程的复杂系统，来创造无缝的用户体验。ChatGPT以许可使用的方式为用户提供服务，使所有用户容易访问或使用，以提升用户体验。ChatGPT可以分析用户所提出问题的意图，然后形成一系列答案（当然，它会出错或不可信），显然这是以持续智能服务方式向用户提供服务的一种"产品"。

2.数据产品的形式

数据在不断汇集、不断加工处理和分析过程中最终形成赋能社会的消费品，如算法模型、智能工具、知识结论、分析预测等智能产品。在这个过程中，存在数据作为要素的流通。有价值且可流通的数据亦可以宽泛地称为产品，只是为了分析方便，就前一阶段所生产的可重用的数据或数据集而言，我们不称其为数据产品，而只看作生产数据产品的"半成品"。但是，从数据资源不断加工、流通到数据产品的形成是一个连续的过程，数据产品则是终点。在该过程中，什么程度的数据加工结果可以构成数据产品是一个商业交易解决的问题。从法律的角度，越是范围、形态和价值固定的数据产出物，越需要赋予稳定数据产权。也就是说，数据产品持有者应当享有确保稳定实现该产品价值的权利。

我们可以从抽象的角度，数据产品进行分类。大致分为模型类数据产品和知识类数据产品。

数据是在不断变换场景的流通利用中被匹配、关联、结合而体现其计算价值，并因计算分析而产生形态相对固定的数据输出形态——模型工具、知识内容。数据产品化不是一个点，而是一个过程，在这一过程中均需要确权，激励原始数据的治理和流通，以生产出更多的智能成果。在这一过程中，赋予数据要素生产者权益的目的在于促进作为原材料的数据要素的流通，不断汇集形成大数据，产生大模型，生产出智能成果。对最终产出的智能成果的赋权能够确保数据价值的最终实现，一旦数据转变为价值和形态固定的数据产品（智能成果），就需要稳定的产权，以确保数据产品生产者可以通过转让、授权运营、许可使用等方式实现数据产品价值。显然，智能成果的持有者享有的权利在一定程度上具备专有权性质。

案例

“健康指数”变成“数据产品”，推动现代农业发展

广东翼启计算机软件开发有限公司打造了养殖户经营健康指数数据产品，基于公共管理业务平台，汇集收集的农业生产者基础数据、自建房数据、海域水质数据、收成数据、农业生产产品市场单价等数据，经加工处理后形成反映出农业生产者经营情况的数据产品，辅助金融决策，解决养殖户增资扩产的难题。

该数据产品是广东翼启计算机软件开发有限公司利用南澳“小镇大脑”产业智慧平台对养殖户数据加工处理所形成的，由深澳镇政府与汕头市工商银行联合发布。其数据产品主要是公司通过采集养殖户的基础数据、养殖户拥有自建房数据、养殖户海域水质数据、养殖户收成数据、养殖产品市场单价等原始数据，在保证数据隐私安全及合法合规的基础上，基于“数据不出域、数据可用不可见”的原则形成的数据分析成果。

所谓的经营健康指数即养殖户的信用评价分值，根据得分分成非常健康、比较健康、健康、不健康、非常不健康等5个级别。该数据产品是借助计算分析模型对原始数据进行计算，进而得出的养殖户的经营健康情况报告，属于智能成果。这样的数据产品主要用于养殖户获取金融机构的信贷场景下，为金融机构面向养殖户开展信贷服务提供客观的数据支撑。该数据产品同时与汕头市银行互联互通，通过“工银i普惠”微信小程序取得借款主体授权，获取数据主体的相关信息，分析评估个人可贷款金额。同时，“小镇大脑”将信息以图表方式返传至“工银i普惠”系统。通过建设线上综合服务渠道，实现以科技赋能拓宽农村金融的服务内涵，积极推动新技术在农村金融领域的应用推广，运用大数据、区块链等技术，提高涉农信贷风险的识别、监控、预警和处置水平，加强涉农信贷数据的积累和共享。

——根据汕头金融《绘制海洋牧场“蓝图”——工商银行汕头分行金融助力乡村产业走好“振兴路”》整理

3.数据产品变现

数据价值创造和实现过程，加工使用者可以通过数据流通变现，也可以通过数据产品变现。数据最终产出的智能产品，多以服务方式交易或者智能产品往往伴随服务交易。

可以独立交易和使用的数据产品的运行并不依赖原始数据，多体现为基于数据库而产出统计或预测分析报告、可独立使用的模型、已预装入智能产品（如机器人、自动驾驶汽车等）中的智能软件或算法。这种交易，可以认为是买卖，但依然存在“智能设备的买卖+智能软件许可或服务”构成。这样的交易方式，将成为智能制造时代的工业产品交易常态。

不能独立存在智能产品一般以数据服务的方式交易，如基于数据分析提供个性化解决方案。这里的数据服务实际上是数据集成所形成的智能输出或者输出的智能解决方案，而不是数据本身。

第10讲　数据利用规范论：数据分类体系

数据是一项复杂存在，为建立数据利用秩序，必须对数据进行分类。分类规范是法律调整纷繁复杂的社会利益的主要路径。数据可以从不同的角度进行分类，以服务于特定分类目的，比如，从国家安全的角度，《数据安全法》将数据划分为核心数据、重要数据和一般数据，这一分类服务于数据安全管理，尤其是出境管制。就数据基本分类而言，从控制主体的角度，数据可以分为政府数据和社会数据；从数据利用是否受控角度，数据分为公共数据和非公共数据；从数据是否涉及个人权益角度，数据分为个人数据和非个人数据。

§10.1　政府数据与社会数据

《促进大数据发展行动纲要》（国发〔2015〕50号）采用了“政府数据和社会数据”二分法，明确要统筹利用政府数据（偶尔也用政务数据）和社会数据资源，“推动政府数据开放共享，促进社会事业数据融合和资源整合，将极大提升政府整体数据分析能力”。在主要目标中，有这样的表述：“高效采集、有效整合、充分运用政府数据和社会数据，健全政府运用大数据的工作机制，将运用大数据作为提高政府治理能力的重要手段，不断提高政府服务和监管的针对性、有效性。”这是基于数据隶属关系或控制事实对数据的一种分类。

1.政府数据

政府数据是由政府生成、控制、管理的数据。政府数据是按照数据的实际控制关系或按照隶属主体作出的分类，而不是按照性质作出的分类。政府数据是从主体的角度对数据的描述，大致指政府拥有或控制的数据。在狭义层面，政府仅是指国家机构中执掌行政权力、履行行政职能的行政机构。在广义层面，政府泛指各类国家权力机构，包括立法机构、司法机构和行政机构。

在之后的立法实践中，还曾提出政务信息资源这一概念。根据《政务信息资源共享管理暂行办法》（国发〔2016〕51号）的规定，政务数据是指："政务部门在履行职责过程中制作或获取的，以一定形式记录、保存的文件、资料、图表和数据等各类信息资源，包括政务部门直接或通过第三方依法采集的、依法授权管理的和因履行职责需要依托政务信息系统形成的信息资源等。"该办法所说的政务部门，是指政府部门及法律法规授权的具有行政职能的事业单位和社会组织。

显然，政务数据（信息）与政府数据存在交叉，但是并不完全一致，政府数据强调数据的隶属或控制关系，而政务数据强调"履行职责"过程中的制作和获取。

从性质上，政府数据并不等于公共数据，公共数据是从法律性质上对数据的定位，属于可公开且可自由利用的数据。显然，政府控制的数据有些属于公共数据或自由数据，应当向公众开放使用；有些属于政府内部数据，甚至属于国家秘密；有些还涉及企业商业秘密或个人隐私，不宜向公众开放使用。政府数据不等于公共数据，只有属于公共数据范畴的政府数据才能无条件开放使用。只是现行的地方立法习惯直接将政府数据称为公共数据。

2. 社会数据

社会数据并不是关于社会的数据，而是政府以外的社会主体所控制的数据。从数据隶属上来分，社会中的数据可分为政府控制的数据（简称政府数据），以及社会主体控制的数据（简称社会数据）。

政府以外的社会主体在法律上称为民事主体（私法上主体，简称私主体）。根据《民法典》规定，我国民事主体大致分为自然人、法人和非法人组织，而法人组织又分营利性法人、非营利性法人和特别法人。这些民事主体在运营过程中所形成的数据被称为社会数据。

在法律上，政府是为社会公共利益而存在的主体，而社会主体则是为个体利益而存在的主体。也就是说，社会主体（民事主体）具有独立的利益属性，因而其行为以服务该主体的利益为目的。只是社会主体中存在为公益目的的主体（如公共事业企业、公益事业单位、非营利组织），但是公益事业并不改变主体利益的独立性甚或私益性。因此，政府之外的主体在民法上具有相同法律性质和地位。

3.政府数据与社会数据划分来源

在《促进大数据发展行动纲要》出台后，《天津市促进大数据发展应用条例》设专章规定了社会数据，并将社会数据定义为："政务部门以外的其他组织、单位或者个人开展活动产生、获取或者积累的各类信息资源。"该章重点列举了行业协会、学会、商会等社会组织，从事供水、供电、供气、供热、公共交通等公共服务的企业，从事医疗、教育、养老等社会服务机构和电子商务平台经营者的数据开放或开发利用。从其定义来看，该地方性法规采取排除法，将政府以外的主体拥有的数据定义为社会数据。这样的分类是可取的，因为政府是社会公共管理机关，所行使的是公权力，从事的是公共事务，遵循的是公法规范。政府以外的其他组织、单位或者个人所拥有的数据无论在性质上还是适用法律上均区别于政府，可以笼统地称为社会数据。

4.政府数据与社会数据区分的规范意义

在我国存在国有企事业单位，公用事业、公益目的是这些组织的基本特征，但是事业性质并不能决定主体的性质。因此，公用企业、公益事业单位仍然属于社会主体。当前我国地方政府在数据开放政策过程中，形成了一种通行做法：按照业务性质定义公共数据，将所有公用事业企业、公益事业单位纳入公共数据开放的范围。该做法实际上混淆了政府数据（公务数据）和社会数据的关系，政府是唯一向社会提供公共产品和公共服务的主体，而其他社会主体，即使是国家投资的企业和事业单位，也有各自独立的利益。公益类国有企业以保障民生、服务社会、提供公共产品和服务为主要目标，这并不意味着其产生的数据当然是公共数据。公共数据本身只是无条件开放的结果，任何主体都可以因此向社会提供公共数据，但并不能因此认为公用事业、公益事业企事业单位的数据都属于公共数据。

在“数据二十条”确立数据资源持有权的背景下，包括政府机构在内的组织都可以成为数据资源持有者，只是这些资源持有者应当依据其所持有数据的性质进行加工和流通利用。公用公益企事业单位在有义务向政府提供数据，满足基本公共服务所需要数据的同时，仍然有权自主加工并流通利用其所形成的数据。关于此，详细论述见后。

§10.2　公共数据和非公共数据

公共数据是数据领域的基础概念，时常被作为数据开放的前置概念。但是，数据开放并不应当以存在公共数据为前提，而应当以负有向社会无条件提供数据义务为前提。这里涉及在法律上如何界定公共数据的问题。作者认为，公共数据是数据持有者对外提供数据的一种使用状态——自由使用的数据。

1. 现行地方立法对公共数据的定义

2016年，我国首次提出政府数据开放政策，但至今国家尚未出台关于政府数据开放的制度规范。各地方立法对政府数据开放进行了探索，其中普遍出现以公共数据开放替代政务（政府）数据开放趋势，而且对公共数据作出了比较宽泛的定义。其基本逻辑是：凡是从事公共管理和公共服务的组织为公共机构；凡是公共机构在履行公共管理和公共服务过程中所形成的数据均为公共数据；凡是公共数据，就应当汇集于公共数据开放平台向社会开放。

例如，2021年的《上海市数据条例》将公共数据定义为“国家机关、事业单位，经依法授权具有管理公共事务职能的组织，以及供水、供电、供气、公共交通等提供公共服务的组织（以下统称公共管理和服务机构），在履行公共管理和服务职责过程中收集和产生的数据”。2022年1月颁布的《浙江省公共数据条例》则将公共机构直接扩展到一切公用事业运行者。条例所称公共数据“是指本省国家机关、法律法规规章授权的具有管理公共事务职能的组织以及供水、供电、供气、公共交通等公共服务运营单位（以下统称公共管理和服务机构），在依法履行职责或者提供公共服务过程中收集、产生的数据”。而且明确规定，“根据本省应用需求，税务、海关、金融监督管理等国家有关部门派驻浙江管理机构提供的数据，属于本条例所称公共数据”。这样的立法也影响了之后的地方立法，如重庆市、四川省、厦门市等，使公共数据界定走向宽泛化。

这种分类方式是将主体的“公共性”扩展到了业务公共性，凡是从事公用事业和公益事业的组织所生产的数据皆为公共数据。于是，公共数据的生产主体包括了政府等公共管理机构和从事公共服务的其他公共机构（本书合称为公共机构）。

上述公共数据的定义旨在划定公共机构应当向社会开放的数据范围，一旦被贴上公共数据的标签，数据持有者即具有向社会开放的义务。现行地方立法从数据持有主体的角度而不是从数据性质的角度来定义公共数据。①

① 唯一的例外是2021年出台的《北京市公共数据管理办法》不是从数据产生主体角度，而是强调公共使用价值。该办法第二条规定“本办法所称公共数据，是指具有公共使用价值的，不涉及国家秘密、商业秘密和个人隐私的，依托计算机信息系统记录和保存的各类数据。”

这实质上是按照数据生成或生产关系做出的界定，是以业务（行为）性质来界定其产生的数据的性质，而不是按照数据本身的性质或数据重用的目的来界定数据的性质。[①]这一定义造成的问题是，由具有公共性质的业务活动所产生的数据是否都属于公共数据是值得商榷的。

本书认为，履行公共管理职责或公益事业服务所生成的数据覆盖到业务运行的全流程和各领域，几乎构成这些公共机构的“主营业务”。这些机构业务运营生成的数据，并非都适合开放或定位于公共数据。因此，从持有主体或业务属性的角度定义公共数据均非可行方案，公共数据的界定应结合数据本身性质及数据重用目的做出定义。

2.公共数据的法律定义

地方立法通常以初始业务的性质定义数据的性质，因公共机构的业务性质属于公共性质的，因而其产生的数据也当然属于公共性质。公共数据是为了界定哪些数据可以向社会开放，或者便于政府推动数据开放，因而其目的是界定数据再利用或重用的数据的性质。显然，公共管理业务和公共服务业务运行过程中形成的数据并不一定适合开放或者作为公共数据开放。

数据天然具有公共性，一经公开他人便可获取或使用，因而数据公开也可以使数据事实上成为“公共”数据。显然，法律上对公共数据的定义排除了公开即为公共的情形。在存在数据资源持有权的前提下，公共数据是数据对外提供的无条件使用状态。也就是说，**公共数据是持有者依据法律规定，向社会提供的，供任何主体自由使用的数据**。公共数据是数据持有者将数据置于公共领域的结果，而不是数据持有者自身持有数据的结果。公共数据是在承认数据存在控制者的前提下，对数据再利用状态的界定，

① 相关研究者也针对公共数据的定义问题提出了质疑。参见郑春燕、唐俊麒：《论公共数据的规范含义》，载《法治研究》2021年第6期。

而不是对数据生产者所生产数据的性质界定。

按照这样的定义，个人、企业、政府都可以是公共数据的提供者。这里存在两种情形：其一，各类主体有意识地对所生产的数据不采取保密措施，允许外部主体以非侵入方式获取数据。其二，各类主体因为法律规定向社会无条件提供数据，供社会主体自由使用。例如，政府在履行信息公开职能时，应当向社会无条件提供数据，供社会主体自由使用。

公开的可自由使用的“数据”往往是信息，而不是原始数据。这是因为原始数据的使用存在较大的风险，而原始数据无条件提供及非受控使用会给数据提供者带来风险。因此，在地方政府推行的数据开放中，无条件开放的往往是政府部门的业务总结、统计信息或者报告。

3.公共数据与组织的性质无关

公共数据是持有者有意公开的、不设任何使用限制的数据。公共数据与数据拥有者是否是公共机构无关。政府数据并不一定都可以公开，企业控制的数据也可能需要公开自由使用。只要公开可自由使用的数据都属于公共数据或自由数据。例如，企业网站发布的他人可自由浏览的新闻、报道、统计数据等均可以视为公共数据。

需注意的是，当个人数据处于公开状态时，可以供他人为合法目的进行使用（不需要征得数据主体的同意）。但是，对公开个人数据的使用仍然不得侵害数据主体权益，滥用个人数据导致数据主体的人格权益受侵害时，信息主体仍然可以寻求法律救济。在这个意义上，公开的个人数据上的个人权利仍然受法律保护。

4.公共数据与非公共数据区分的意义

公共数据具有相当的模糊性，在法律上澄清其含义具有重要意义。在将数据视为一种资源且承认数据资源存在持有者的前提下，我们就必须考虑如何保护数据资源持有者利益，同时维护社会运行所需公共数据资源池，满足社会公共利益的需要。

在数据领域不存在严格意义上的私人数据（private data），数据一经公开就不再是私人的了。但是，公开的数据并不等于公共数据。如果我们将公共数据定义为公开的可为任何人自由使用的数据，将私人数据定义为某个人控制的未公开的秘密数据（confidential data）；那么在数据的生产及利用过程中，存在大量的公开的但又不属于为任何人自由使用的数据。数据持有者有权控制此类数据的使用，否则数据持有者权利将无法真正落地。也就是说，数据持有者有权制止其无意公开为“公共数据”的数据不当使用。

由于数据可以同时满足多重目的，在数据持有者提供给政府满足公共利益或公益目的需要的同时，数据持有者仍然可以自主控制，为合法的目的使用数据。最为关键的是，法律要明确社会主体应当为社会公益目的和公共利益提供哪些数据，而且这些数据仅限于该目的，不得再次为政府以有条件及有偿方式对外提供。比如，医疗机构为公共卫生、疾病防控等公共健康目的向政府提供数据，但该数据不得作为所谓的“公共数据”有条件有偿地对外开放。

总之，一旦清晰地界定了公共数据，就可以为各种主体自主地加工使用和流通其控制的数据提供指引。在这个意义上，各类主体均可以控制使用其生产的数据，除非法律特别规定或者其自愿将所生产的数据开放为自由使用的数据。一旦有这样的规则，那么就可以基于数据持有权建立有序的数据流通利用秩序。

延伸阅读

开放数据

开放数据源自域外，来描述数据可以公开为任何主体不受限制使用的数据。大致相当于法律上公共数据。

开放数据是一个名词，是数据法律性质的一种。国际社会普遍采纳“开放知识国际”给出的定义，即“开放数据是指可以被任何人为了任何目的而自由地使用、修改和分享的数据”；或曰，开放数据（Open data）是指向公众提供的数字数据，它在技术上和法律上可以为任何人在任何时间和地点进行自由使用、再使用和再分发。最多要求注明来源或可再分享。开放数据研究院也有同样的定义，“开放数据是指任何可以获取、使用和分享的数据”。因此，开放数据本质上是处在公共领域（public domain）的自由数据，它的使用不受任何限制。

开放数据逐渐被引入公共部门，形成社会可用的公共数据资源。八国集团（G8）于2013年6月签署的《G8开放数据宪章》，提出政府数据开放五项原则，除了强调政府数据以开放为原则（称为“自动开放数据”）以外，还强调“确保高质量和足够数量的数据”“使数据可为所有人使用”“改进治理”“促进创新”。因此，开放数据往往与政府数据联系在一起。但政府数据并不都应当开放或适合开放，能够开放的只是政府数据的一部分。因而，政府数据（或政务数据）并不等于开放数据，更多关于政府数据开放的内容详见第19讲。

§10.3 个人数据和非个人数据

个人数据与非个人数据也是数据法中常见的概念，虽然我国立法对个人数据（信息）作出明确定义，但个人数据与非个人数据之间并不存在明确的界限。因此，需要从规范目的出发，对这一分类进行体系性解读。

1. 什么是个人信息

个人信息在欧洲亦称为个人数据。我国《个人信息保护法》第四条第一款规定：个人信息是以电子或者其他方式记录的与已识别或者可识别的自然人有关的各种信息，不包括匿名化处理后的信息。这一定义的关键是“与自然人有关”的“各种信息”。

个人信息中的个人仅指自然人，自然人是有生命的个人。人不同于组织、物。自然人是主体，而不是客体，主体具有独立自主意志、有尊严，因而需要被尊重。但是自然人也是社会的一分子，是一种客观存在，是被认知的对象。在数据科学中，人也是一种事实（被称为实体/entity），是数据记录或描述的对象。因为人是主体，因此，在数据描述的对象为人时，人被称为信息主体或数据主体（data subject）。

与自然人有关的各种信息，大致分两类：一类是数据对具体个人存在标识和指向功能，称为标识性数据（实务中称为标识符）；而另一类数据则仅仅是对事实、事件、过程、位置等的反映或记录，并不具有指向特定人的功能，称之为**描述性数据或属性数据**。标识性数据是承担身份指认功能的数据，其本身能够指向个人或关联个人，因而可直接将之界定为个人信息。描述性数据是描述和反映个体特征的数据（仅为识别个性特征的数据），它只有与标识性数据结合时或者可结合识别个人时，才与特定个人发生关联，才能成为个人信息。

个人数据分类

从数据本身的作用角度个人数据大致可以区分为标识类数据和描述类数据。

标识类数据包括姓名、身份证、指纹、面部信息、数字ID等（称为识别符）。这些信息有三大特征：其一，信息本身具有指向特定个人的功能；其二，该信息是个人参与社会活动（交往、交易）所必需；其三，任何人可以直观地辨识出该信息具有个人属性或能够联系到某人的属性。标识性信息是个人信息中边界较清晰，个人也容易控制的个人信息。

描述类个人信息包括属性数据、行为数据和关系数据。

（1）属性数据

属性数据是在个人成长过程形成的具有自然属性和社会属性的数据。比如，性别、身高、民族、出生日期、学历、职业、职称、职位等。

（2）行为数据

行为数据是个人随着时间和空间变化的数据。在网络化、数据化和智能化生存的今天，一个人的活动、过程和行为会被无处不在的网络和传感器所捕获、记录，形成个人行为数据。互联网访问（在访问某个网站时通过放置在个人电脑中的cookies记录）、网络交易和服务、社交网站、电子邮箱服务、游戏软件、健康软件及生活方式等软件，无线网络、社交网站的插入程序、带有内置传感器的智能手表和手环等，实时记录和产生大量的有关个人的数据。

（3）关系数据

关系数据是个体与个体之间的关联性数据，如人与人之间的交际关系。关系数据是个人在从事各种行为过程形成的数据，有些关系数据是一种事实，而有些关系数据是基于行为数据分析出来的。例如，微信群无疑反映个人的社交关系，而个人与特定微信账户的通信行为（时间、持续性等）又可以分析出个人与该微信账号之间的关系密切程度。通过关系数据可以生成一张大网，其也被称为网络数据或者图数据。对关系数据的分析可以用于子群识别、信息传播、欺诈识别等。但关系数据也存在着泄露用户隐私的风险，即使用户对属性数据进行了隐私处理，关系数据也可能让攻击者定位到具体的用户。因此，需要特别关注关系数据的保护。

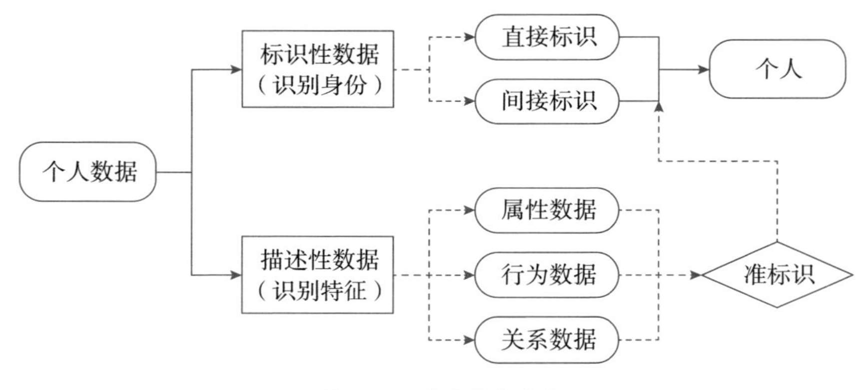

图10–1 个人数据分类

2.《个人信息保护法》的规范目的

个人信息上承载着人格权益和个人信息权益，保障这些权益不受侵害是一切数据利用行为的前提。知情权、决定权、查阅权等个人在信息处理过程中的权益保障（个人信息权益）是个人信息保护立法的直接目的，尊严、自由等人格权益保障是个人信息保护立法的终极目的。

个人数据是包含个人信息的数据集。个人数据保护制度的目的是实现数据处理过程中的个人信息权益保障，即使所处理的数据中不涉及个人信息，也存在个人信息权益保护问题。

3. 非个人数据定义

非个人数据是数据中不涉及个人信息或与自然人无关的数据。数据是关于世界万物的数字化描述，因描述对象的多样性，我们无法对数据种类进行枚举。由于数据保护率先由个人数据起步，因而我们从法律保护的角度很容易形成另一个相对概念，即非个人数据。也就是将非描述个人的数据归类为非个人数据，进而形成了个人数据与非个人数据二元划分的基本类型。

对于非个人数据，一般用排除法来定义其范围，就连试图对非个人数据作出规范的《欧盟议会和理事会关于欧盟非个人数据自由流动框架条例》（2019年5月生效）[①]也只能将非个人数据定义为“个人数据之外的数据”（参见第三条）。由于个人信息（数据）概念本身的模糊性，再加上个人信息保护本质是保护个人信息处理中个人权益不受侵犯，因而依赖排除法来定义非个人数据，将会导致非个人数据范围的模糊性及不确定性。

实际上当数据描述对象（实体）或主题属于“非个人”时，就落入非个人数据的范畴。因此，当数据描述物、机器、物质天体、组织机构甚或事件等实体时，就属于非个人数据。因此，非个人数据是指不具有识别具体个人的特性或能力的数据，其描述的是自然人以外的各种实体。

非个人数据大致有两种情形。

其一，无关个人的数据。这些数据从不与个人发生联系。最好的例子是纯粹的机器产生的关于自然、社会运行等的数据，比如，传感器收集的室外温度、交通时刻表、天气、海潮、公共预算和环境污染等。

---

① 欧盟委员会于2017年9月13日发布《欧盟议会和理事会关于欧盟非个人数据自由流动框架条例建议案》，该建议案于2018年获得通过，2019年5月实施，即REGULATION（EU）2018/1807 OF THE EUROPEAN PARLIAMENT AND OF THE COUNCIL of 14 November 2018 on a framework for the free flow of non-personal data in the European Union，https://eur-lex.europa.eu/legal-content/EN/TXT/PDF/?uri=CELEX：32018R1807。

其二，个人数据经处理不能识别特定个人且不能复原的数据。这些数据曾经是个人数据，但是被技术处理后已丧失识别个人的功能，又被称为匿名化的数据。

4.非个人数据划分模糊性

实践中，个人数据和非个人数据之间存在很多联结点，也并非所有的机器产生的数据都是非个人数据。这是因为这些数据有时可以间接产生于或链接到某人，典型的例子是注册用户的物联网设备收集到的数据并不必然属于非个人数据，有些仍然具有识别个人的性能，因而可能落入个人数据范畴。匿名化的数据也并非绝对地不可以识别或不可再识别，只要收集更多的数据进行再识别分析，便可能识别到特定个人。换言之，匿名化数据也可能具有个人识别性。在这个意义上，特定的数据或信息是否属于个人信息（个人数据）范畴的关键在于是否在特定场景下、特定的处理域中来识别特定个人。也就是说，我们很难孤立地看待这些信息是否属于个人信息，关键在于它是否被使用于关联某人、分析某人，这主要取决于个人信息的使用方式及使用目的。这使得个人数据与非个人数据划分具有相对性和模糊性。

物联网①出现和应用是大数据产生的重要因素，而源自客观世界和机器的数据大多数与人无关，但是也不尽然。这是因为物联网的设备也是有主人的，因而很多的物联网数据看似是货物、机器的记录，也仍然可以联系到主人。比如，货物运输中定位数据，是货物数据，可以用于智能化管理，但具有可识别到货主（人）的可能性。同样，电表、水表等的状态数据，也具有这样的特性。因此，并非所有物联网的数据都是非个人数据。许多机器或物有关的数据，只有在切断与人的联系（去身份）之后，才真正成为

① 目前较为公认的物联网的定义是：通过射频识别、红外传感器、全球定位系统、激光扫描仪等信息感测设备，按约定的协议，把任何物品与互联网连接起来，进行信息交换和通信，以进行智能化识别、定位、跟踪、监控和管理的一种网络。

非个人数据。

“数据二十条”在定义公共数据和企业数据时刻意将个人信息数据排除在外。这并不意味着政府生产或企业生产的数据不包括个人数据，而是说政府在对外开放，企业在流通利用数据时，首先必须保护好数据上的个人信息权益，只有不涉及个人信息权益时，才能进行社会化流通利用。这是依据合规管理才能实现的事情，而不是说政府数据或企业数据不包括个人数据。

§10.4　公共数据、企业数据和个人数据交叉问题

实践中，人们常对数据作公共数据、企业数据和个人数据的三类划分。“数据二十条”结合实践对数据类型划分的普遍认识，强调要“建立公共数据、企业数据、个人数据的分类分级确权授权制度”。根据数据来源和数据生成特征，分别界定数据生产、流通、使用过程中各参与方享有的合法权利，建立数据资源持有权、数据加工使用权、数据产品经营权等分置的产权运行机制。也就是说，“数据二十条”对数据做了“公共数据、企业数据、个人数据”的三种基本类型划分。但本书认为，这三种类型并不存在明确的区分标准。在具体适用场景下，结合具体的保护目的，才能体现数据分类的意义。

1.“数据二十条”对公共数据、企业数据和个人数据的界定

“数据二十条”对公共数据的定义是“对各级党政机关、企事业单位依法履职或提供公共服务过程中产生的数据”。这与数据处理行为所依赖之行为目的及行为依据所对应，行使法律所赋予之职权或履行法律所规定之职责过程中产生的数据即为公共数据。“数据二十条”将企业数据界定为“对各类市场主体在生产经营活动中采集加工的不涉及个人信息和公共利益的数据”。企业数据排除了个人数据及涉及公共利益的数据，也就是说企业所

控制之数据并不一定均属于企业数据。因《民法典》及《个人信息保护法》对个人信息的概念界定较为明确，“数据二十条”并未对个人数据概念作过多阐释，而是仅将个人数据界定为“承载个人信息的数据”。也就是说，个人数据是那些与已识别或可识别个人相关的数据。至于数据的形式，理论上可以是电子形式也可以是其他方式记录的，通常情形下则多指电子方式记录的数据。

在上述概念体系下需要思考的是“涉及公共利益的数据”是否就是“数据二十条”所规定之公共数据？“数据二十条”旨在厘清公共数据、企业数据、个人数据的边界，以在不同类型的数据之上配置不同的持有、使用、获取收益等权益。在此意义上，更倾向于将企业数据解释为企业所控制的不包含公共数据及个人数据的数据。如本讲第二节所述，公共数据是数据持有者将数据置于公共领域的结果，而不是数据持有者自身持有数据的结果。公共数据的界定除考虑行为目的及行为的法律依据外，还应考虑数据本身所蕴含之利益属性。显然“数据二十条”对公共数据的界定并不清晰，其一方面使用了政务数据的概念来描述公共数据，另一方面体现了“从数据是否应被公开以自由使用的应然属性的角度划分公共数据与非公共数据”的精神。

2.“数据二十条”数据类型划分的理解

因不同数据之上承载的利益有所不同，基于不同数据类型设计不同的流通利用规则属于学界共识，“数据二十条”对公共数据、企业数据和个人数据的划分也是基于此目的。“数据二十条”不仅要实现各种数据类型的区分，还旨在排除各种数据类型间的交叉重叠，以达成一种“有我无他”的理想状态。数据分析利用所依赖之数据集合具有多样性、混杂性等特点，其中必然会涉及多种数据类型。我们可以比较容易实现数据类型的划分及识别，但不同分类依据项下的各种数据之间并不存在明确的边界。比如，就公共数据与个人数据而言，公共数据中可能包含与个人相关的数据，个人数据中也可能存在与公共利益相关的数据。同样，企业所控制数据中可能包含与个人相关的数据，若将个人数据排除在企业数据之外，将无法解决企业对其所控制的个人数据享有何种权利的问题。同一数据按照不同的划分标准可能会被评价为多种数据类型，进而适用多种规则。我们要做好这些平行规则的设计，避免这些规则间的冲突，在不同视角、维度及不同评价体系项下，实现数据的全方面保护。

结合上述政府数据与社会数据、公共数据与非公共数据、个人数据与非个人数据的划分，“数据二十条”所界定之公共数据更类似于广义层面的政府数据。其可能会涉及一些特殊公共利益而需要被公开以自由使用，也可能无须公开；可能包含个人数据，也可能仅为政府机构组织、运行所产生的非个人数据。“数据二十条”所界定之企业数据则属于社会数据的组成部分，可以由企业自行决定如何对其进行利用。但与上述数据分类体系不同的是，其排除了个人数据及涉及公共利益的数据，在理解上具有一定的模糊性和不合理性。“数据二十条”对个人数据的界定则与上述数据分类体系相一致，均是指代与已识别或可识别个人相关的数据，需要受个人信息保护规则的约束。

第四单元

数据要素的基础制度：数据重用治理框架

“数据二十条”提出了以数据持有者权为基础的数据基础制度，旨在构建数据要素流通利用的秩序。这样的制度设计是在承认数据持有者享有数据使用权的前提下，赋予其保护来源者、社会和国家利益的义务，建立有利于各方利益实现的治理框架和流通利用规则。数据来源者的合法利用源自现行法律对个人和法人组织合法利益的保护，总体上属于消极防御数据使用者（持有者）不当利用，侵害其合法权益的权利；数据持有者在尽到合规安全管理义务基础上享有数据使用权，包括流通数据给他人使用获得对价的流通权。数据持有者享有使用权是基于其价值创造的合法利益保护，其本身并不是基于先占或劳动而对数据的排他使用权。这样的制度设计最主要的目的是保护各个社会主体获取/使用数据，认知客观世界和参与社会经济活动的自由（权利）。数据权利的配置旨在构建安全的和平衡各主体角色的数据重用秩序，该秩序依赖一套协同冲突利益的治理机制，因而数据重用秩序是基于治理范式，而不是排他权范式（产权范式）。

第11讲 数据来源者利益保护

数据持有者合法取得数据控制并不意味可以享有数据使用、流通的权利，数据持有者还必须保护数据上存在的个人利益，社会公共利益和国家利益，履行数据合法合规义务。对数据来源者的保护是数据持有者履行数据安全合规义务的内在要求。从数字数据初始产生的角度，数据大致有人、物（机器）和组织三类来源。

一是来源于个人活动，在数字化生存时，个人不仅创制数据，而且个人活动被记录下；二是来源于网络和智能设备的运营，在万物互联环境下，各种联网的设备和机器，可产生出大量的数据；三是来源于组织运营和对外交往（交易）活动，网络化或数字化运营的各种组织亦会产生大量的数据（这种数据亦被称为“副产品”）。

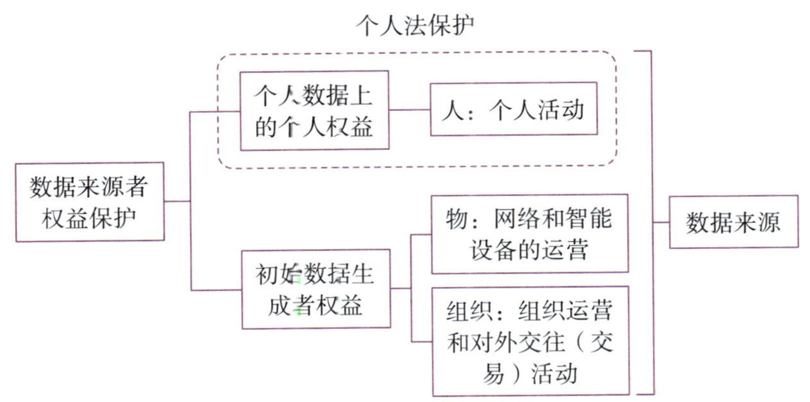

图11–1 数据来源者的权益保护

§11.1 数据源和来源者

数据是客观世界的映射，数据皆有源（source）。数据源是数据来源的位置，而当初始源的数据与主体有关时，就存在数据来源者。数据来源者就是数据描述的对象。

1. 数据源

数据源可以是数据诞生的初始位置，也可以是物理信息首次数字化的初始位置。但是数据也可以作为另一数据的来源，只要另一个进程访问并使用它（例如，库存表是一个数据源，由为客户提供网站服务的web应用程序访问）。数据源可能是数据库、平面文件、物理设备的实时测量、抓取的网络数据，或者互联网上充斥着的无数静态和流式数据服务中的任何一种。数据源大致可以分为两大类：机器数据源和文件数据源，二者的存储、访问和使用方式不同。

机器数据源：机器数据源的名称由用户定义，必须位于正在接收数据的机器上，并且不能轻松共享。要查询机器数据，需要合法身份验证，并通过软件驱动程序和驱动程序管理器输入数据源名称（DSN）来链接或查询使用。

文件数据源：文件数据源包含单个可共享计算机文件（通常扩展名为.dsn）中的所有链接信息。与机器源不同，文件数据源与任何其他计算机文件一样是可编辑和可复制的。这允许用户和系统共享公共链接，同时使用相同文件数据源。当然，也存在“不可共享”.dsn文件，它存在于一台机器上，无法移动或复制。

2. 数据来源者

数据源是对数据来源的技术描述。为了构建数据的使用关系，就需要考虑数据源的数据是否涉及合法利益需要保护。数据源涉及两类主体的，一类是生产者的利益，即创立、维护并管控数据的主体；一类是数据描述对象或数据主体。前者的合法利益可以作为数据持有者权来加以保护；对于后者，我们称之为数据来源者。也就是说，数据来源者是指数据映射、指向、描述的主体，但是该主体并没有生成或者也可能参与生成但不控制数据的主体。在《个人信息保护法》，来源者就是数据主体或信息主体。

要建构数据再利用秩序，我们需要保护数据上的合法利益，以持有者权来代表对数据创制者或生产者；而以数据来源者来代表数据描述或关于主体的，需要界定法律保护利益。数据上的合法利益源自法律规定，如名誉、隐私等人格利益等，包括后出现的个人信息权益。

§11.2 数据来源者权益保护问题

1.现行法律尚未触及事实数据保护

之所以要保护数据来源者的合法利益保护，是因为数据源自社会，可以成为社会可用的资源。但是，数据采集、使用和流通（重用）行为，如果存在侵犯数据对象的利益，会导致来源者抵触和不信任，妨碍数据的社会化利用。因此，任何数据利用行为均要遵循保护他人合法利益原则和具体的法律规定。在现行法律确立涉及数据的合法权益，主要是著作权、商业秘密等知识产权权益、国家秘密和安全利益、个人人格权益等。

数据一向是人类社会可获取的资源，只是在进入大数据时代，人们获取和利用的数据进入底层可机读的事实数据，这些数据仍然具有指向或反射出现实主体或其合法利益。人们在收集和使用数据时，需要考虑这些合法利益的保护问题。现有法律实际上并不保护事实数据，也不保护事实信息。专利法并不保护有价值的技术信息本身，而且著作权法也不保护事实信息。商业秘密是直接针对来源者采取保密措施的有价值信息资源，而大多数的原始数据并不涉及特定组织的商业秘密。

2. 个人数据上个人权益的保护

数据可获取使用，但是数据使用映射或关联到个人时，存在个人权益保护问题。在传统的人格权保护体系下，姓名和肖像因直接指向个人，法律上赋予个人姓名权和肖像权，并确立了未经授权不得使用的一般原则，除此之外的个人信息则允许使用，但保护个人名誉、隐私利益，当个人信息的使用侵犯名誉权和隐私权时，赋予个人请求损害赔偿救济的权利。

随着计算机的使用，利用计算收集、存储、处理分析个人信息会给个人带来新危害，于是域外率先建立个人数据或个人信息保护制度。我国自2012年全国人大常委会制定《加强网络信息保护的决定》开始引入个人信息保护制度，并于2021年制定了《个人信息保护法》。《个人信息保护法》逻辑上是当数据或信息描述对象（主题）是个人时，因为个人是主体，所以关于个人数据需要保护数据上主体权益（在我国被称为个人信息权益）。《个人信息保护法》并没有建立非经同意不得收集和使用个人信息赋权规则，而是建立个人信息处理的正当规则，防范个人信息处理行为侵犯个人主体利益。由于个人信息处理对个人的危害不尽相同，因而不同种类的数据或信息处理的规则也不尽相同。对于可直接识别个人信息（标识符）或包含此类信息的数据集的处理通常需要获得个人同意，而对于非直接识别个人信息的处理行为，最为重要的防范处理行为侵犯个人的合法利益，如隐私、平等等主体权益。

3. 数据采集或生成者的权益

数字网络已经成为人类社会的基础设施，各社会主体的活动可记录，客观世界可感知，基于此形成了大数据。有些数据是人生成或在人的参与下形成的，而大量的数据则是机器运行产生的。显然，在网络环境下所有的数据都有源，而有源的数据也有生成主体。那么数据生成主体是否有合法利益需要保护呢？

如前所述，现有的法律制度并没有触及这一领域，而是将所有事实数据置于公共领域。我国正在探索建立数据资源流通利用秩序，提出数据资源持有权来保护数据生成者的合法利益。数据资源持有者具有维护所生成数据资源安全、开发利用数据并获取数据价值的权利。一旦这种权利得到确立，数据生成者的权益保护就被数据资源持有权所吸收，不纳入来源者权益保护。

4.来源者利益保护

在数据资源化或要素化背景下，数据来源者的权益保护成为公共政策的核心问题。无论是数据关联或涉及自然人时的个人信息权益保护，还是对数据生成者或生产者权益保护，都应当是对数据上存在的合法利益或数据处理涉及的合法利益的保护，而不是对数据支配权或支配利益的保护。这是将数据定位于社会资源，确保数据可获取、可使用所必然的结论。只有数据来源者存在合法利益且法律明确赋予控制或决定数据积极权利的情形，来源者才有阻止他人获取数据的权利。只有在法律明确赋予来源者合法权利的情形下，才建立起非经授权不得获取数据禁止规则，否则数据就是可获取的，只是获取和利用需要保护数据上可能存在的合法利益。

在法律上，来源者合法利益的保护是通过行为规范来实现的。需要明确哪些获取和使用行为是正当的，使用者应当遵循怎样的规则，以保护来源者的合法利益。

“数据二十条”承认由来源者“促成所产生数据的权利”，但是并未提出赋予来源者对数据的专有权，仍然采取“基于知情同意或存在法定事由的数据流通使用模式”。在数据涉及个人时，数据的处理应当遵循《个人信息保护法》的规定，遵守《个人信息保护法》等法律，保护数据上合法利益，是数据作为资源流通利用的前提。

除了上述对数据来源者消极利益的保护外，《个人信息保护法》规定了个人信息的查阅复制权和可携带权，以此赋予了个人数据来源者一定控制性的财产权利。《个人信息保护法》第45条规定个人享有信息的查阅复制权，这相当于《通用数据保护条例》中的访问权和获取副本权。查阅复制权源于对数据主体人格权利的保护，使个人能够了解和核实数据处理的合法性和处理数据的准确性，是对其个人信息处理活动所享有的知情权的体现，有助于校正数据处理过程中的错误和偏见，从而可以帮助个人做出正确和合理的决定。《个人信息保护法》第四十五条不仅规定了个人有权向个人信息处理者查阅、复制其个人信息的权利，而且有请求将个人信息转移至其指定的个人信息处理者的权利。这被称为“中国版”的数据可携权（以下称为个人信息移转权，简称移转权）。个人信息移转权的意义在于降低个人转换服务提供者的成本，促进个人信息的自由流动，提高了个人对其个人信息使用的风险控制能力，改变个人与数据持有者间绝对弱势的地位，令数据获取与传输的权利重新回归于个人本身。可携带权的确立能够在宏观层面促进数据流通，打破数据的“锁定效应”，避免数据垄断对良好竞争秩序的破坏，由于个人信息可以在不同的数据服务提供商间流通，这将有利于市场主体间的竞争，促使市场技术和模式创新，提高隐私保护水平，从而使个人能够在数字经济中分享数据红利。但也有学者指出，可携带权可能会进一步加剧数据脱管甚至数据泄露的安全风险，对他人的隐私权或个人数据权益造成威胁。此外，数据之间互操作性的缺乏也是数据可携带权实现的技术障碍。

移转权的落实是《个人信息保护法》贯彻实施的试金石，企业必须重视信息移转权的研究并予以贯彻落实。《个人信息保护法》的主导思想是强化个人对个人信息使用的控制，除了将个人同意贯彻到个人信息处理/使用的每一个环节外，还体现于个人在个人信息处理中的诸多权利设计。个人信息移转权即是个人意志的体现。在《个人信息保护法》明确规定的情形下，我们只能合理地解释和维护个人的这种权利。在这方面，笔者对我国的个人信息移转权提出以下规则：

第一，可移转的个人信息范围应当限于个人提供或发布的内容，一般不应当包括设备记录的内容，更不应当包括处理者计算分析结果或推论。

第二，个人信息移转应当有益于市场竞争，不能侵犯当前个人信息处理者正当的商业利益，不能造成新的处理者搭便车的后果。

第三，个人信息处理者的配合义务（提供转移的途径），不应当给处理者造成过多负担和成本。过多负担可以成为处理者拒绝个人行使移转权的正当理由（第五十条）[①]。

第四，个人“指定的个人信息处理者”采取移转方式收集个人信息仍然要受必要性限制（以此限制信息主体的自由）。移转方式只是个人信息收集方式的补充。

第五，处理者可分享或对外提供“去标识个人信息”可以成为移转权的替代。

总体上，我们需要考虑对数据来源者利益给予一定的保护，既要承认数据开放性利用，同时又要承认数据初始生成者存在需要保护利益。如何界定初始数据生成者的合法利益，激励对外提供数据，尚待法律明确规定。

§11.3 个人数据权益保护规则

数据来源者是源自“数据二十条”的概念，至今还没有进入法律规范。基于现有法律框架比较确定的是，数据关联个人或识别个人时，个人权益保护可以纳入来源者利益保护范畴。个人权益保护可以看作是数据要素化和流通利用的前提。

1.个人信息保护目的

欧盟和美国的法律在个人信息保护领域发展比较早，我们可以从欧盟

① 《个人信息保护法》第五十条规定：“个人信息处理者应当建立便捷的个人行使权利的申请受理和处理机制。拒绝个人行使权利的请求的，应当说明理由。个人信息处理者拒绝个人行使权利的请求的，个人可以依法向人民法院提起诉讼。”

和美国法律中探究个人信息权益保护的初衷。

欧洲大陆将个人数据的保护视为一种基本人权的保护，个人数据与人的尊严相关联，数据处理不能忽视数据主体的意愿，否则就是对人的不尊重。出于“以人作为目的”的考虑，欧盟立法赋予了个人数据以自决权或控制权。美国法律则是从隐私权的角度出发，认为个人拥有“信息隐私权”，个人对其数据使用具有控制权。但是，无论是欧洲还是美国，其赋予个人的信息保护的权利都不是一种绝对的排他性权利，因为“信息自由”亦是一种人权（欧洲的人权理论），同时也是宪法层面上的自由（美国宪法第一修正案要求保障信息自由/言论自由）。在这样的平衡下，个人信息保护的主要目的是保护个人的基本权利不会因为信息的使用而受到侵犯，防止信息滥用减损个人的尊严、自由、平等等人格权利。

同样，我国《个人信息保护法》明确宣布“根据宪法制定本法”，将个人信息权益视为受宪法保护的个人权益。因此，在宪法层面理解个人信息保护，意味着要维护个人信息上的个人权益，实质上是维护公民人格尊严，而非仅仅关注个人信息本身。实际上个人信息是社会活动的产物，也是社会活动必要的组成部分，具有社会性和公共性。因此，个人信息权益并不意味着个人对个人信息的使用具有绝对的决定权。《个保法》旨在通过建立公正合理利用个人信息的规则，促进个人信息的合理利用，而不是禁止个人信息的使用。

将个人信息权益理解为源自宪法个人权益，有利于解决个人信息保护与数据要素化利用的冲突。数据的要素化利用是着眼于数据社会价值的实现，通过数据赋能社会，提升社会生产力，最终造福社会，让人民分享数据红利。显然，个人信息上个人权益保护与社会发展和社会福祉的改善应加以平衡。《个人信息保护法》肩负着保护个人信息和促进个人信息利用双重目的。

2.个人信息处理的合法判断规则

《个人信息保护法》并没有建立未经同意使用个人信息即为侵权或违法

的规则，而是建立复杂的个人信息违法性判断规则。对此，应该建立更加完善的个人信息处理，应当遵循以下规则。

第一，个人信息处理应当遵循合法、正当、必要原则，不得过度处理。个人信息的收集、存储、使用、加工、传输、提供、公开等行为应该在法律框架内进行，不能违反法律、行政法规的规定和双方的约定。

第二，个人信息处理应当征得该自然人或者其监护人同意，但是法律、行政法规另有规定的除外。在处理个人信息之前，需要征得个人或其监护人的同意。但是，如果法律、行政法规另有规定，可能存在例外情况，例如在紧急情况下处理个人信息。

第三，个人信息处理应当公开处理信息的规则，明示处理信息的目的、方式和范围。在处理个人信息时，需要公开透明，让个人或其监护人了解个人信息被如何处理、为何被处理以及处理的范围。

第四，个人信息处理不得违反法律、行政法规的规定和双方的约定。在处理个人信息时，需要遵守法律、行政法规的规定，不能违反相关规定或双方的约定。

总之，个人信息处理的合法性判断需要综合考虑上述规则，确保个人信息处理符合法律、行政法规的规定和双方的约定。

个人信息处理的合法性判断的三方面

《个人信息保护法》最终没有宣称个人信息主体对其个人信息享有排他支配性质的个人信息权。相应地，个人信息处理活动是否合法也注定不会以“原则上经过个人信息主体同意，例外的经过法律法规的授权”这样的框架来进行判断。因此，个人信息处理活动的合法性判断是一个更为复杂的过程。

总体而言，《个人信息保护法》从三方面综合考察个人信息处理活动是否合法：第一，个人信息处理活动的目的；第二，个人信息处理活动的合法性基础；第三，个人信息处理活动的过程。

第一，个人信息处理活动的目的。个人信息处理活动的目的实际上也是个人信息处理活动存在的原因。个人信息处理者总是为了达到某一目的而通过处理个人信息来实现这一目的。例如，个人信息处理者为了鉴别哪些人群是其潜在的目标客户群，会需要收集、分析个人信息，进而确定人的特征、偏好。关于个人信息处理目的的要求，主要有两点：第一，合理；第二，明确。目的合理的意思是目的不违反现行法律规范的禁止性规定，例如，以诈骗为目的就是不合理的，以刺探个人性取向等隐私为目的就是不合理的。目的明确则要求个人信息处理者对于处理目的的表述一方面不能含糊其词，另一方面目的不应过于宽泛。

第二，个人信息处理活动的合法性基础。个人信息处理活动的合法性基础，意味着个人信息处理者只有符合《个人信息保护法》第十三条第一款中列举的七项情形之一，方可处理个人信息。这七项情形如下：（一）取得个人的同意；（二）为订立、履行个人作为一方当事人的合同所必需，或者按照依法制定的劳动规章制度和依法签订的集体合同实施人力资源管理所必需；（三）为履行法定职责或者法定义务所必需；（四）为应对突发公共卫生事件，或者紧急情况下为保护自然人的生命健康和财产安全所必需；（五）为公共利益实施新闻报道、舆论监督等行为，在合理的范围内处理个人信息；（六）依照《个人信息保护法》规定在合理的范围内处理个人自行公开或者其他已经合法公开的个人信息；（七）法律、行政法规规定的其他情形。

第三，个人信息处理的过程。当个人信息处理目的符合合理、明确两项要求，同时具有个人信息处理合法性基础后，个人信息处理活动就可以开始了，但是个人信息处理活动的过程中，也需要符合一定的要求。这些要求集中规定在《个人信息保护法》“第五章个人信息处理者的义务”。例如，个人信息处理者应当根据个人信息的处理目的、处理方式、个人信息的种类以及对个人权益的影响、可能存在的安全风险等，采取下列措施确保个人信息处理活动符合法律、行政法规的规定，并防止未经授权的访问以及个人信息泄露、篡改、丢失：（一）制定内部管理制度和操作规程；（二）对个人信息实行分类管理；（三）采取相应的加密、去标识化等安全技术措施；（四）合理确定个人信息处理的操作权限，并定期对从业人员进行安全教育和培训；（五）制定并组织实施个人信息安全事件应急预案；（六）法律、行政法规规定的其他措施。除此之外，还包括其他义务，例如指定个人信息保护负责人，定期对其处理个人信息遵守法律、行政法规的情况进行合规审计，事前进行个人信息保护影响评估，对处理情况进行记录等。另外，发生或者可能发生个人信息泄露、篡改、丢失的，个人信息处理者应当立即采取补救措施，并通知履行个人信息保护职责的部门和个人。此外，提供重要互联网平台服务、用户数量巨大、业务类型复杂的个人信息处理者，应当履行下列义务：（一）按照国家规定建立健全个人信息保护合规制度体系，成立主要由外部成员组成的独立机构对个人信息保护情况进行监督；（二）遵循公开、公平、公正的原则，制定平台规则，明确平台内产品或者服务提供者处理个人信息的规范和保护个人信息的义务；（三）对严重违反法律、行政法规处理个人信息的平台内的产品或者服务提供者，停止提供服务；（四）定期发布个人信息保护社会责任报告，接受社会监督。

3.个人在个人信息处理中的权益及其性质

《个人信息保护法》也赋予个人控制和干预个人信息处理活动的权利，这便是个人在个人信息处理中的权利。《个人信息保护法》第四章对个人在个人信息处理活动中享有的权利作出了明确的规定。根据规定，在具体个人信息处理关系中，个人针对个人信息处理者享有以下权利：（1）知情权，包括处理前告知必要的事项和要求个人信息处理者对其个人信息处理规则进行解释说明；（2）决定权，有权限制或者拒绝他人对其个人信息进行处理（法律、行政法规另有规定的除外）；（3）查阅复制权，个人有权向个人信息处理者请求查阅、复制被处理的个人信息（涉及保密、妨碍国家机关履行法定职务除外）；（4）移转信息权，个人有权请求处理者将个人信息转移至其指定的另一个处理者；（5）更正、补充不准确或者不完整的信息的权利；（6）在特定情形下，删除被处理的个人信息的权利（这些情形包括处理目的已实现或不再必要；停止提供产品或者服务或者保存期限已届满；个人撤回同意；违反法律或约定处理个人信息的）。依据《个人信息保护法》，同意是个人信息处理的合法性基础之一，是个人在处理前对个人信息的控制，而不是个人信息处理中权利。个人在个人信息处理中的权利被认为是维护个人信息权益的程序性或手段性权利，而违反法律，影响这些权利行使是否能够获得民事损害赔偿，还要看具体违法行为是否给个人信息权益造成损害。

如果个人信息处理者违反了相关法律法规或双方约定，个人可以要求其停止侵犯合法权益并要求赔偿损失。因此，个人信息处理者在进行个人信息处理时应该谨慎行事，确保合法合规，并尊重个人的合法权益。

4. 建立授控去标识或相对匿名化，实现个人数据的流通利用

建立授控去标识或相对匿名化，是实现个人数据流通利用的重要手段之一。这种技术手段可以保护个人隐私，同时允许数据在特定情况下进行流通和利用。以下是实现个人数据授控去标识或相对匿名化的方法：

● 去标识化：通过对个人数据进行一定的处理，使其失去与特定个人相关的唯一标识符。例如，通过删除个人标识符如姓名、身份证号等，使得数据无法与特定个人直接关联。这种处理后的数据可以在特定范围内流通利用，但无法直接关联到特定个人。

● 相对匿名化：将个人数据进行一定的处理，使其在一定范围内无法与特定个人直接关联。例如，将个人数据按照一定规则进行混淆或加密处理，使得数据在特定范围内无法被直接解读为特定个人的信息。这种处理后的数据可以在更广泛的范围内流通利用，但无法直接关联到特定个人。

● 隐私保护协议：制定个人数据流通利用的隐私保护协议，明确数据使用目的、范围和期限，以及数据的归还和处理等事项。通过签署协议的方式，确保个人数据在流通利用过程中得到充分保护，同时保障数据使用者的合法权益。

以上方法可以实现个人数据的授控去标识或相对匿名化，从而保护个人隐私，同时允许数据在特定情况下进行流通和利用。在实际操作中需要根据具体情况选择合适的方法，并确保其合法合规。

5. 加强对个人信息分析处理行为的监督

对于个人信息的侵害无法事先完全防范，个人的同意并不能实际地保护到个人权益，而只有加强个人信息处理行为的监督，惩治有危害的个人信息处理行为，加大损害个人隐私和个人信息权益行为的损害赔偿，才能在允许社会合法正当地使用个人信息的前提下，真正地保护个人信息权益。

个人信息的流通利用

将个人信息定位为社会可用的资源，避免将个人信息仅仅理解为属于个人或完全由个人支配。这为探讨个人信息保护与数据要素市场建设之间协同的制度方案提供了基础。为了实现防止信息滥用、保护公民基本权利的目的，在建立相关的数据流通机制时，可以考虑以下几点内容。

（1）限缩“同意”的适用范围，强化对数据处理的治理。《个保法》对个人信息使用的控制进行了规定，信息处理者只有在公民同意或拥有其他合法性基础的情况下方可对个人信息进行处理。然而实践中，信息处理者为了满足“告知”的要求获得合法性基础，设计了细致但冗长的用户协议和隐私条款，用户鲜少阅读此类条款，充分同意沦为形式主义，更有甚者，用户若不勾选用户协议，即不可使用相应产品。在现实生活中，“同意”不能起到保护个人信息权益的作用，反而增加了合法企业的运营成本。

（2）个人数据要素化意味着个人数据可以作为一种分享流通的资源进入公开市场，被有需求的用户获取。但《个保法》并未对此类数据的流通做出规范和指导。在此情况下，有利于数据要素市场构架的方案是：限缩“单独同意”的适用范围，允许经过去标识化的个人信息进入市场流通，将重心转向强化对数据处理的治理，严厉打击给个人隐私、基本权利或数据安全带来危险的处理行为。

（3）建立可信个人数据流通制度。数据流通、对技术创新、服务个性化和效率化作出贡献的同时，也将带来不可忽视的风险。建立可信的个人数据流通制度，需要将流通风险防范在可控范围内，把握风险点，并且采取针对性的措施。流通的数据应当是可交易、可重用、可机读的原始数据，此类数据在经过认证和评估的可信平台上进行交易，做到“可控可计量”。在流通中，交易双方需要对数据的范围、使用目的和安全相关责任做出明晰、准确的约定，而平台则需要为交易双方提供一个安全可信、公平透明的交易流通环境，通过设计制度规则、合理分配安全责任义务，实现数据流通可控制、责任可定位、合规可监督。

（4）加强对非法利用个人数据、侵犯公民基本权利的打击力度。个人数据的流通利用并不当然给个人带来危害，真正给公民权益造成损害的是不当使用或滥用行为。对于非法的数据买卖、侵犯个人隐私的数据处理、利用数据侵害公民正当权利的行为进行严厉打击，才能保障个人数据流通的积极环境，保护个人的权利不受侵害。

（5）政府、组织和个人越来越多地生成、收集和处理个人数据。数据保护旨在平衡个人数据处理的收益和风险，以便个人确信他们的数据是安全收集和存储的，并且仅用于合法目的。数据保护法通常要求个人数据处理是合法的、有限的、透明的、准确和安全的。他们经常寻求保护个人隐私并授予对如何处理有关他们的个人数据的一些控制权。他们通常还建立有权进行调查和执行义务的机构。

强大的数据保护框架提供了确定性，可能会鼓励数字经济中的投资、竞争和创新以及数字政府和私营部门服务的采用。控制权是一种保护手段，并非赋予个人排他性的绝对权利。

第12讲　数据持有者权利配置

数据使用离不开控制，数据流通利用也需要秩序，而构建数据使用利用秩序的制度工具便是数据持有者权。数据持有者权源自“数据二十条”，是适应数据特征、符合数字经济发展规律的数据基础制度。

数据持有者是特定主体控制数据事实状态，而持有者享有的权利是基于数据加工使用而享有的权利，因所形成的数据形态和价值不同而不同。数据持有者享有的权利不是一成不变的，而是动态变化的。

§12.1　数据持有者

数据使用离不开控制，而控制者即是持有者。成为数据持有者的唯一条件是合法取得数据。按照这样的逻辑，任何社会主体，只要合法地取得数据就可以成为数据持有者。

1.取得数据的合法方式

数据是记录、反映或描述客观世界的数字化记录，客观世界（有时也被称为信息）是存在的，但记录并不存在。如果承认数据并不是天然存在的，那么数据取得也存在“原始取得”和“继受取得”，在数据法中分别称为直接取得和间接取得。

数据直接取得是社会主体直接采集、记录、存储的数据。这种生成数字化的可机读的数据过程称为生成数据行为，亦被比喻为生产数据。人类社会运行的基本假设是，除非法律禁止或限制，数据是可采集的。在实操中，只要设备或人力资源采集或生成数据且遵守法律的限制条件，一般可以认为合法生成了数据。在许多情形下，数据生成是业务运行的结果，同时也存在为特定目的获取数据的情形，合法原始取得排除了以非法侵入或盗取方式取得的数据。

数据的间接取得是从既有的持有者手中获取数据。主要包括两种方式：一种是通过数据持有者主动提供方式，包括无偿提供、交换、流通、交易等；另一种是通过合法获取已经公开的数据或者不受控制的数据。前一种方式体现了数据持有者的意志，后一种情形是社会运行默认的规则，数据持有者公开发布的或者在系统中允许爬取的数据，均推定可以为公共获取。

实际上，社会运行和经济活动开展均伴随数据的流动和信息交换，因而在许多情形下，数据获取是潜在的或不经意的，在许多情形下也无须法律的介入和干涉。在数据要素化背景下，我们需要继续为数据开放和自由流动留出足够空间，同时对于有价值数据资源则要建立在数据持有者控制下有序流通利用的秩序。

2. 任何社会主体都可以成为数据资源持有者

在进入数字经济时代，数据成为任何组织可以利用的基础资源，任何组织都可以或应当成为数据资源持有者，只是因组织的业务性质和目的不同，导致数据应用存在差异。因此，数据持有者是一个开放概念体系，只要通过上述方式合法取得数据，那么就应当确立其数据资源持有者地位。

当前法律一般将数据资源分为公共数据和社会数据，因而数据资源持有者分为政府数据资源持有者和社会主体的资源持有者。

3. 政府部门成为数据资源持有者

政府部门为了从事公共管理和公共服务需要采集、管理和应用大量的数据资源，亦成为重要的数据资源持有者。只是因为政府持有的数据资源是为公共利益和公共秩序服务的，为区别于社会组织的数据持有权称其为公共数据资源管理权。今后，在法律上需要明确从事公共管理和公共服务的机构在法律明确规定的职权或职责范围内行使所持有的数据资源管理权，以实现法律规定的目的。

政府机构包括授权执行公共事务机构，但不包括公用企业和公益事业单位，公用企事业单位有义务向政府提供数据，满足政府公共管理和公共服务并不妨碍其自身成为数据资源持有者。

政府持有的数据来源于两方面：一方面是政府部门和组织在运行过程中，生成和制作的数据；另一方面是来源于社会主体向政府提供的用于公共管理和公共服务目的的数据。

4.数据资源持有者的法律意义

对数据的持有是对数据控制的一种事实描述。与传统生产要素相比，数据要素具有价值多元性、利益并存性、技术依赖性等特征，数据的价值又在于流通利用，这一切都离不开控制。虽然控制数据不一定享有权利或不等于享有权利，但是控制是主张数据权利的基础和前提。持有是对特定主体与特定数据之间事实控制关系的描述，以“持有”来表述数据实际控制状态。明确数据资源持有者的法律意义有二：

首先，建立数据资源安全管理义务。数据是有风险的资源，法律上首先需要确立数据使用安全和合规性的责任主体。数据持有者是数据安全管理的义务人和责任主体，负有对合法取得的数据进行安全控制，防范他人非法获取和数据使用风险的义务。

其次，构建数据流通利用秩序。对数据安全和合规管理是数据要素化、资产化利用的前提条件和基础，数据持有者可以在法律允许的范围流通数据和经营数据，形成数据社会化利用秩序。这依赖法律对数据持有者权利的明确和限制，形成数据持有者享有权利内容。

综上，数据持有者的法律意义在于，首先明确持有者安全和合规管理义务，形成数据利用的第一道秩序，在此基础上法律明确数据持有者的权利，形成数据要素化、资产化利用的第二道秩序。由此，数据持有者成为集权利、义务和责任为一体的主体，以此构建数据流通利用秩序。

§12.2　数据持有者享有的权利

在数据产权方面，“数据二十条”指导思想是“根据数据来源和数据生成特征”构建“分置的产权运行机制”。数据产权运行机制服务于数据价值生成和实现过程，需要根据持有者在数据生产、流通和使用过程中贡献或地位配置相应的权利。

1.数据持有者享有数据使用权

数据持有者享有对合法持有数据的控制、使用和收益的权利，其核心是数据使用权，包括自己使用和提供他人使用（流通）的权利。

在初始权利配置方面，“数据二十条”的指导思想被概括为淡化所有权、强调使用权，聚焦数据使用权流通的“三权分置”的数据产权制度框架。[①]因此，数据持有者享有的数据财产权的目的在于确立持有者的数据使用权并以此为基础建立数据流通利用。数据使用权强调的是数据持有者具有积极使用数据的权利，包括持有者自己分析处理，支撑组织智能决策的使用，也包括对数据使用权的“处分”。对数据使用的处分即流通数据，表现为让与数据使用权或许可他人使用。实际上基于持有者的安全管理，持有者可以实现自己使用，而数据产权最为重要的是明确持有者具有“流通权”（处分权）。至于数据使用权是否完全排除他人的使用，取决于他人获取方式、获取目的等，需要根据具体的使用行为违法性和正当性进行判定。

在法律上明确界定持有者享有使用权的，一方面是限定其权利，限于对数据的使用，而不是对数据的所有；另一方面是赋权，允许其对外提供数据，开启数据流通利用之门，促进数据的社会利用。一旦法律认可数据

① 参见《构建数据基础制度　更好发挥数据要素作用——国家发展改革委负责同志答记者问》，https://www.ndrc.gov.cn/xxgk/jd/jd/202212/t20221219_1343696.html，2023年4月10日访问。

控制者具有允许他人使用数据的许可权，那么在每个数据控制者处沉睡的数据可以被释放出来，并与他人数据结合，发挥其价值。一旦承认数据持有者流通权，那么每个需要使用数据的主体才能获得足够多或足够大的数据。因此，数据控制者应当被赋予自己分析使用数据的权利和许可他人使用数据的权利。数据使用权的配置可以达到实现数据重用秩序及其数据社会价值最大化目标。

2. 数据持有者使用权的保护基础：基于价值（利益）保护的有限权利

数据持有者的数据使用权旨在保护持有者基于合法取得和加工形成的数据利益，数据持有者的数据使用权不能完全适用物权初始权利配置规则，即先占或加工使用而取得排他性数据产权。这是因为从本源上，原始数据价值微小也不稀缺，而主要依赖后续的加工处理产生价值，因而“先占取得所有权”和“劳动取得劳动成果的所有权”不能作为数据持有者权利配置的基础，否则数据在先使用者会妨碍在后使用者获取数据权利。这是因为数据具有社会性、公共性，数据资源的获取或取得要保持一定的开放性。一旦采取先获取者先持有，持有者即所有或享有排他使用权，那么既不符合数据本身认知媒介性，也不符合数据本身的性质。因此，数据持有权或其享有的数据使用权不是对数据排他使用权，而是对数据持有者创造的价值或利益的保护。

创造数据价值的数据使用行为（加工使用）包括两类。一是对数据进行汇集、组合、整理、丰满形成可用数据集，二是对数据进行计算、挖掘分析，产生新知或预测等使用行为，这两类使用形成的数据使用产出物（数据产品和知识产品）均可以为持有者自使用，亦可以流通利用，通过交易实现数据的价值。由于数据持有者对合法取得的数据的加工处理，创造或添附了价值，因而可以自主利用和对外提供（交易），以实现数据的价值，也就是数据持有者可以通过交易行为获得对价。

这就意味着数据持有者所享有的权利仅限于保护其对数据改进、完善等添附行为所创造的价值，而不是长久支配数据；允许其流通数据既可以实现其创造的价值，又可以满足在后使用者对数据获取和使用的需求。数据持有者的权利，不是传统的对数据支配权，而是持有者合法利益的保护权。因而持有者对于数据权利不是绝对，而是有限的。持有者在数据支配性方面既不具有排他性，也不具有持久性。数据权利配置应当基于数据生产性劳动（价值创造），且必须保持数据开放性，并可为社会主体获取。

3.数据持有者权利配置的动态性

数据需要经过一系列的加工处理和分析应用才能最终转化为生产力，才产生经济价值，这一过程被称为数据要素化或数据产品化。但是，我们不能仅确立最终的数据产品的持有者的权利，更要确立在这个过程中可重用数据或数据要素持有者的权利，以促进数据要素不断流通，生产出更多的数据产品，最大化实现数据要素的价值。在这一过程中，数据要素的形态和价值均是不一样的，这种根据不同形态和价值的数据确认其各自的持有权被称为动态确权机制。

在动态确权理念下，数据持有权就演绎为基于加工处理或治理劳动而对不同形态的数据享有的持有、使用和收益的权利。这是承认数据是经过加工处理而成为生产要素，是在不断地加工使用中实现价值的判断之下必然得出的一个结论。数据要素确权授权就是对于数据资源的不同阶段加工使用行为配置以相应的权利，以鼓励价值创造，实现数据的价值。

如果把数据资源转化为不同形态的可用数据或有价值数据的过程称为数据产品化，那么在流通利用过程中就会形成不断更迭的数据产品持有权。为了清晰区分这一过程，并根据不同的“数据产品”配置不同的权利，我们将数据最终的产出物称为数据产品，而产出数据产品的可流通数据称为数据要素（数据作为产品）。数据要素相当于生产数据产品的原材料，而数据产品是数据要素使用的结果。数据产品本质上已经不再是数据，而是智能或知识，统称为智能产品。

4. 要素数据持有者的权利配置

原始数据的价值在于计算分析、与更多数据关联以及组合或聚合，因而流通是原始数据价值增值的主要方式。原始数据是知识生产和机器智能的原料，但是原始数据需要不断“治理—汇集—治理—汇集”地开展数据融合计算，形成可计算数据资源池并挖掘分析其价值。

对于要素性质的数据，流通就是使用数据，使用就得流通。从持有者的角度，流通是使用数据的方式，因为流通可以实现数据交换价值；从接受者的角度，流通是获取并使用数据，借此可以实现数据计算价值。因此，流通成为数据要素实现的主要途径和方式。因此，流通权是数据要素持有者最为重要的权利。

作为数据要素价值实现的方式，数据流通具有区别于有形物品流通的重要特征。有形物品只能为一个主体排他使用，导致其流通意味着原权利人放弃有形物，且只有一个受让人取得使用权（或所有权）；而数据可为多人同时使用特性，使持有者可以在不放弃数据持有的情形下，同时提供给多人使用。持有者流通数据不仅可以不放弃，而且不应当放弃，因为作为数据源，只有持续地生产、更新和叠加新数据，数据才具有价值。数据要素适合持续供给，而不适合一次性转让或买卖。对于数据生产者而言，只有持续生产数据，持续向不同需求者提供数据才能最大化实现数据价值；对于数据使用者而言，只有持续的数据生产者，才能供给最新鲜的有价值的数据。因此，保持数据持有，不断流通数据是数据要素价值实现的方式。

数据要素流通后，数据接受者要么与已有数据混合形成新数据集进行使用，要么进行计算获得新数据，无论哪一种使用都使数据使用者获得新数据持有权，而原持有者对后续的数据流通丧失持有权。在数据流通中，数据持有者可以对数据后续的使用领域、目的或用途进行限制，但接受者（使用者）取得独立新数据的持有权，可以再次开启后续的数据流通。这是便利数据要素流通，实现数据社会价值最大化的制度安排。

5. 可流通数据的条件

从法律的角度，流通是数据持有者对数据使用权的处分，需要解决数据可流通性问题。在经济上，数据具有使用价值（计算价值），能够满足使用者的需求，即可以成为可流通的“商品”。同时，经济上可流通的数据还满足法律上可流通条件。

在法律上，数据或数据集可流通至少应满足两个要件：一是数据不存在侵犯他人合法利益的情形，二是数据流通不违反法律规定。若存在其中一项，都会影响数据合法性，给数据流通带来风险。由此，可流通的数据合规评估就在数据流通中占有非常重要的地位。

§12.3　数据持有者权的具体形态

在抽象概念上，数据持有权是数据持有者权利的简称，可以定义为依法获取数据的持有者对合法取得和控制的数据享有的使用、流通和收益的权利。其中，使用指持有者自己使用，如加工处理、分析利用；流通是指将加工使用形成的数据产品提供给他人使用；而收益则是指因使用和流通数据获取回报或对价。显然，使用是持有者权利的核心，这不仅是因为持有者获得和控制数据的目的是使用数据，也是因为数据因使用而产生价值。这里的使用是指对数据的生产性加工处理，是改进或创造价值的数据处理行为。

如上所述，数据持有权利的配置是伴随数据价值实现的整个过程，只要形成与之前不同的数据要素都应当被赋予独立的数据持有权。按照这样的动态赋予逻辑，数据资源持有权只是数据持有权的起点，数据产品持有权是数据持有权的终点，中间存在着无数相对独立数据形态和价值数据持有者。为了清晰描述这一过程中的数据持有者，这里对不同形态的数据持有者加以界定。

1.数据初始生产者作为数据持有者

从源头上，大量可用于知识生产的数据并不是人们有意生产出来的，而是人类社会活动的结果，智能网络、智能设备和各种传感设备可以记录和感知人、物（自然和人造物）、组织、事件的事实状态和过程，形成大数据。数据是人类认知活动和社会活动的产物，是人类从事社会活动和科学研究活动的“副产品”。数据的产生随处可见，当企业使用各种业务系统时，在从事网络交易时，我们在驾车上班时，在享用各种电器时都会生成各种数字记录，即使不在工作环境，进入公共交通工具、公共场所也仍然摆脱不了“天罗地网”的人脸识别、安全监控等。这些数据是在人与机器交互过程纯粹由机器记录形成。这些都成为大数据之源。为了构建数据流通利用秩序，我们需要确认初始数据资源采集或生产者的合法地位，在明确安全管理数据资源义务基础上明确其使用、流通数据并获取收益的权利。

数据采集是与被观察对象存在交互或直接运营各种网络设备、传感器、控制器和其他被测机器设备生成初始数据的过程，因此数据来源者又称为数据生成者。比如，从自己运营网络服务的客户端或者服务器端产生的数据，通过各种自动识别和数据捕获技术，获取数据对象的数据（射频识别、条形码磁条扫描、GPS传感器等）。数据采集者是利用设备直接获取或生成数据，不包括通过各种合作协议或交易从第三方获取数据，比如，通过API接口服务来调取第三方运营数据。

数据资源持有者几乎不存在限制，只要有合法网络系统记录或生成数据即可以成为数据资源持有者。

2.数据治理者作为数据持有者

数据并非天然具有价值，数据需要转化为一定质量数据集，才可用于机器学习或算法训练。数据生产者会对数据进行采集，同时还进行清洗整理、识别来源、格式转化、标注语义等处理活动，使数据转化为可以训练算法、智能分析的要素（原材料）。

数据治理是数据资源持有者不断改进、完善数据质量，提升数据可用性的加工处理行为。数据治理的核心是根据利益相关者的利益以及特定的数据使用目的，形成满足一定质量控制标准的可用数据（资产化），使得可用、不好用的数据转变为可用和好用数据，因此数据治理的过程也创造价值。数据治理者（也称为科学管理者或数据注释者）通过专业的获取、选择、分类、转换、验证和保存，确保数据可信、可发现、可访问、可重复使用，并使其符合特定使用目的。从创造价值的角度讲，数据治理相当于将原材料加工成为满足特定计算分析目的的数据产品的生产活动。因此，数据治理者亦应当合法地控制和使用其治理好的数据。为实现数据重用秩序，赋予价值创造或添附者以一定控制权利，可以开启数据流通利用秩序。

数据治理者强调的合法取得、汇集、治理数据者所创造的价值应当受保护，本质上确立“谁治理，谁流通”原则，以鼓励数据治理，同时切断前手与后手之间的关系，促进数据流通利用。数据治理者治理形成的成果仍然属于要素范畴，因而仍然可以称为数据资源或数据要素持有者。

3.数据集成者作为数据持有者

数据集成本身是指将分散的不断产生的数据汇集，形成集中统一的可用数据资源，既可以在一个企业内部不同业务部门或系统之间数据再汇集集中，消除重复歧义，形成统一管理调用的企业数据中心，也可以用于外部数据获取，形成专业的数据集成平台。

从技术的角度，数据集成（data integration）是一种表示将来自不同来源的数据组合成一个单一的、有凝聚力的数据集的过程。数据集成方法被概括为数据提取（析取）、转换和加载（Extract、Transform、Load，缩写为ETL）的过程，以形成标准化、完整性、一致性、可扩展性的数据资源。在数据获取、汇集和重组过程中，往往也使用数据管道（data pipeline），以高效和安全的方式将数据从一个系统移动到另一个系统。数据管道是指将数据从一个源传输到另一个源的一系列过程，而数据集成侧重于将不同的数据源组合和协调到一个统一视图中。统一视图通常存储在称为数据仓库的中央数据存储库中。

从法律的角度来说，数据集成过程就是数据流通过程。数据集成者要合法地从其他数据生产者或持有者处合法地获取数据，在合法获取数据基础上，再经过数据清洗、验证完善、标注含义、统一格式等处理，就会形成可重用的数据资源。

当各种数据源混合到一个数据库中，为该数据库的用户提供对所需信息的有效访问时，就会发生数据集成。进入数据驱动时代，每个组织都需要采取正确的方法开展数据集成。例如，客户数据集成涉及从不同的业务系统（如销售、账户和营销）中提取关于每个客户的信息，然后将这些信息组合到客户的单个视图中，用于客户服务、报告和分析。当然，在数据经济中，也诞生了专业从事大数据分析服务的公司，它最重要的业务是从不同来源获取数据，治理数据，挖掘分析数据，形成不同层次的数据产品。

数据集成形成的数据产品开发和提供能力，成为数据产品输出的基础。集成的数据资源可以看作要素类数据产品的重要形态，我们应当赋予集成数据资源持有者加工分析、流通数据或数据产品、获取收益的权利。

4.数据产品生产者作为数据持有者

“数据二十条”中的数据“加工使用”应当理解为创造价值的数据使用行为，也就是数据要素化、产品化的行为，或者表述为数据生产行为。但是，当数据加工使用达到直接应用于决策或经济活动中时，数据真正地转化为生产力，给组织和社会带来了效益。确认这一过程加工使用者独立持有权促进数据要素流通，以集成更多的数据，输出更多的智能或知识。这种从数据输出的产出物，我们称为数据产品。在这个意义上数据产品是可以支撑人类决策、智慧行动的知识，或者是支撑机器自动运行的模型。这个意义上的数据产品，已经不再是数据或要素，而是区别于原始数据的智能产品。当数据因“加工使用”转变为数据产品时，数据资源持有权就演进为数据产品持有权。数据产品持有权是数据资源因加工使用形态变化的自然结果，是对数据加工使用的最好保护。

第13讲　数据持有者的义务：数据合规管理

数据是有风险的资源，数据安全和合规是数据持有者享有持有权的前提，甚至数据持有权也是基于持有者管理才能享有的财产权利。正因此，数据持有权并不是特定数据归属特定主体支配传统产权范式，而是处理各种利益关系前提下，基于合法正当事由而对数据享有有限权利，依赖行为/责任规范运行的治理范式。

§13.1　数据持有权：权利与义务为一体的产权制度

数据持有权是以基于数据持有者合法取得和控制数据为前提，根据数据持有者价值而配置相应权利的一种制度安排。因此，持有者合规和安全地取得、控制和使用数据是数据持有者享有任何权利的前提。

1. 合法控制数据：持有者享有权利的前提

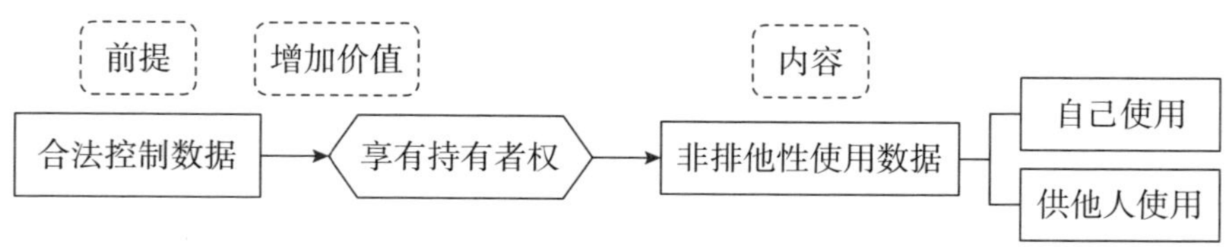

图13–1　数据持有者权的前提与内容

如上图所示，数据持有者权的前提是合法控制数据，而合法控制数据首先要合法获取数据，即通过合法采集、收集和以其他方式间接取得数据，获取数据的过程不存在违反法律的禁止性规定和禁止方式取得数据的情形。有许多法律对数据上的各种合法利益和数据流通利用规则作出规范，数据持有者享有权利的前提是必须遵守这些法律。

实际上，数据是一种有风险的资源，获取、持有和使用数据必须控制数据的风险。这在数据实践中表现为数据安全和合规管理，而且安全和合规管理是贯彻于数据使用的全生命周期。显然，数据持有者享有权利不仅仅是合法持有，还是合法使用。也就是说，合规和安全管理是贯彻于数据持有和使用的全过程。数据持有者享有的权利均是以合规和安全管理为前提。

2.事实控制与法律保护关系

安全控制是数据持有者享有权利的前提，但是安全控制并不等同于权利。数据持有者处分数据获取交易对价的正当性基础是持有者的价值创造。对合法取得的数据进行必须处理和加工形成新数据价值。数据并非天然具有使用价值，而是在不断的使用中创造价值的，合法取得数据只有经过治理、加工处理，形成可用或可重用的数据，才创造价值。数据持有者享有数据使用权，即数据持有者可以自己使用数据，也可以提供、分享或许可他人使用数据。

对数据持有者权利的保护是保护其创造的价值或利益，而不是控制事实。数据持有权并不能单纯地理解为基于事实控制产生的权利。单纯事实控制能够使控制者“独用”其数据，但若法律上不确认其权利，数据持有者就不愿意对外提供数据，使用者也没有合法途径获取数据，数据流通利用秩序无法建立起来。同时，持有者通过安全控制，可以产生排他控制和使用数据的效果，这有可能妨碍他人正当获取使用，甚或导致垄断效果，触发行政干预。因此，事实控制是前提，持有者享有的权利还应当由法律明确和限定，在维护持有者利益的同时，也维护社会公共利益，保持数据可获取性和开放性。

3.数据持有者的权利与限制

数据持有者权虽然可以简化为数据持有权，但是数据持有权并不应当理解为数据支配权，而是数据持有者对数据合法权益的确认和保护。在这里，对数据持有者“赋权”实际上是明确数据持有者在数据上的权利边界，在保护其合法利益的同时为其他社会主体利用数据留下空间。

数据持有者的数据使用权不具有排他性。这是因为数据获取具有开放性，每个使用者可以从相同的数据源获取相同或大致相同的数据；同样的或近似的数据可以为不同的主体持有。同时，数据使用上具有天然的非排他性，又使数据持有者让与数据使用权仍然可以保留数据。数据来源是很难查证或者证明的一件事情，因而数据持有和使用不可能实现排他，数据的非排他使用是数据使用的基本状态。即使数据持有者可以采取安全措施，实现排他持有和使用，法律亦应当给予限制，避免数据持有权因安全控制“事实上”上升为一种排他支配权。

因此，数据利用应当奉行“控制在，权利在”规则，而不是“数据在，权利在”规则。对于持有者来讲，流通是持有者实现其价值的主要方式，承认其流通权不仅可以实现持有者利益，而且可以最大化地实现数据的社会价值。对于有计算价值的事实数据而言，每个主体都是在社会数据大循环中某个节点的临时控制者，而不应当长久控制，否则社会数据流动就会阻塞。

这样的权利配置在法理上与商业秘密“赋权”原理相似，一方面承认其持有者有使用权，另一方面流通数据对外提供后即丧失使用权，以给更多的主体创造使用的机会。承认持有者对数据资源的控制是构建数据流通秩序的需要，而不是固定持有者与特定数据的排他使用（支配）关系。数据资源持有者具有合规和安全生产以及管理数据的义务，但这种因安全管理产生的事实控制，还需要借助法律干预和校正，明确其使用权的同时，通过数据开放和流通义务来限制其权利。在某种意义上，流通既是数据资源持有者的权利，也是其内在的义务——数据持有者负有向社会提供数据，让更多数据主体使用的义务。

数据持有者权需要法律的认可和保护，但并不是采取赋权规范模式，而是采取行为规范模式。数据行为规范是调整数据的取得、流通、使用等数据处理行为的规范，它既界定合法行为，也明确不法行为，这样的行为规范既是赋予人们合法获取他人控制的数据，同时也是对既有数据持有者权利的保护。

4.数据持有者的责任：权责一致的安全责任

数据是一种有风险的资源，这是数据要素区别于其他生产要素的重要特征。数据要素化和市场化利用，必须按照权责利一致原则，使数据的安全风险控制在可接受水平。

数据区别于物质商品的一大特征是，数据上可以并存多重利益，数据合法取得并不一定能够随意地使用数据，仍然必须遵循保护数据上合法利益的规则，维护社会公共利益。数据持有者依法使用数据时需要维护数据上承载的利益主体的利益，比如，保护数据上的个人权益，以及数据上的公共利益和国家安全。因此，在将数据视为资源，构建数据流通利用秩序的同时，必须建立适配的责任体系。

在安全责任配置上，我们应当建立数据持有者责任原则。也就是说，数据持有者要对自己持有数据的合法性和使用数据的合法性负责。这里的责任，既有数据安全保障义务，也有数据获取、处理、分析和应用合规的义务。数据持有者只有具有相应的合规和安全管理能力，能够对数据合规和安全负责，才具备有效利用数据的能力。

在数据责任方面，不仅需要考虑数据静态安全或自我利用的责任，更重要的是数据作为要素不断流通利用中的责任。因此，我们需要合理配置数据流通利用链条上各主体的责任，合理分配流通链条上安全管理义务，落实数据价值，实现过程各主体安全责任，使责任可追溯。数据流通是数据使用方式，数据持有者对自己的使用行为负责，也意味着对数据流通负责。但是，如果数据持有者要对后续使用者的使用行为负无限责任的话，那么任何人不会冒不确定的风险流通数据，供他人使用。

在数据流通利用的责任配置方面，一方面要坚持数据流通应当安全可控，要求持有者承担流通利用安全责任，对流通的对象、数据交付或使用环境、数据用途等负责，确保数据可以在安全环境下用于合法目的；另一方面，坚持“谁持有，谁使用（受益），谁负责”的自主责任原则，约束数据接受（使用）对自己数据使用的合法性和安全性负责。在数据流通中，必须确立数据使用者对自己的数据使用行为独立负责原则。因此，在以持有权为基础的数据流通基础制度设计中，数据持有者将数据或数据使用权让与接受者之后，接受者即成为数据或数据使用结果（新数据）的持有者，享有持有权的同时对数据使用负责。只有在数据持有者故意或重大过失情形下，对于后手的侵权或违法行为承担责任。这是权责一致原则在数据流通责任配置的体现。

因此，数据风险贯穿于流通利用全过程，数据合规和安全管理也是贯穿于数据利用全过程，甚至贯穿数据利用生态，通过分工协作和协同方式，共同应对数据利用的风险。

综上，数据持有权不是传统意义上的产权，不是让持有者自主决定数据的利用，而是在将数据视为社会资源的前提下，最大化实现数据社会价值的一系列的制度安排。作为社会资源持有者，数据持有者在享受数据利益的同时，既负有实现数据社会价值的义务，同时负有保护数据上权益的义务。因为数据源自社会，反映其他社会主体的利益，这在“数据二十条”中被称为数据来源者利益。例如，当数据关于个人时，就需要在保护个人信息权益的前提下使用数据。实际上，数据上还关涉其他组织、社会、国家的利益，都需要持有者维护和管理。因此，数据持有者需要协同处理数据上各种利益相关者的权益，负有保护数据上合法权益和对外提供数据（开放）的义务，因此，数据持有权是集权、责、利为一体的权利设计。这种权利不是持有者对数据的支配权，而是基于法益保护的促进数据社会价值实现的制度安排。这样的新产权被称为治理范式，既要构建数据重用秩序，又必须保持数据开放性或可获取性。

§13.2　数据要素利用与数据安全：新数据安全观

在大数据时代，人类利用信息的能力进一步增强，信息技术不仅仅是处理、存储和传输信息的手段，而且使人类信息处理能力向底层数据延伸，延伸至网络设施和智能设备实时产生的数字记录，这些数据具有计算分析价值，被视为生产要素或资源。数据安全管理一方面从过去人识读利用有价值的信息转变成大规模、多样化、价值低的机读数据，另一方面从静态的自主利用安全，扩展到动态的流通利用安全。这大大改变了原来数据安全的含义和实现方式，需要构建与数据要素流通利用配套的数据安全制度和机制。

1.传统的数据安全

信息安全是伴随计算应用出现的概念，一般是指计算机存储的信息或数据保持秘密性、完整性和可用性。《网络安全法》将网络安全定义为保障网络数据三性的能力：是指通过采取必要措施，防范对网络的攻击、侵入、干扰、破坏和非法使用以及意外事故，使网络处于稳定可靠运行的状态，以及保障网络数据的完整性、保密性、可用性的能力。这三性之中，保密性是安全的基本含义；完整性和可用性是安全的更高要求，是电子化数据达到纸质记录的特别要求。

秘密性，又称为机密性、保密性，指负有保密义务的人保密信息不外泄，保持信息秘密性。实际上，秘密性是指特定数据或信息只为特定人或特定范围的人所控制和知晓，不为其他人获取、访问、知晓的一种事实状态。秘密性通常需要依赖技术（加密、技术措施）、管理（制度规范）和法律（如契约）来实现。由于信息或数据都处于不断利用甚至流动之中，在这个过程中需要为不同的人经手或知晓，所以信息秘密性问题最终归结到接触该信息的人行为约束　这就不单单是一个技术问题。在实践中，只有需要保密的信息才需要保持秘密性，不需要保密的信息往往处于公开或可自由获取状态。对于特定主体有价值的信息，往往会采取相应的保密措施，以维护自己的隐私或商业利益。

完整性和可用性是电子信息（数字数据）具有书面功能的特殊要求。在纸质环境下，能够被法院认可的有效的纸质记录（信息）以原件为基准，数字化的信息不存在原件或很难确定原件。法律上提出电子信息初始生成后保持信息完整性和可用性，以作为达到书证真实性要求。这两个标准被信息安全所吸收，成为信息安全的标准。

完整性（Integrity）是指数据一旦生成之后其信息内容不被改变。它要求在传输、存储信息或数据的过程中，确保信息或数据不被未授权的行为进行篡改或在篡改后能够被发现。依权威解释，传递、显示中的格式变化、加密、认证等不视为改动，完整性标准强调的是内容的完整性，而不是原记录形式的绝对不可变动。

可用性是指存储的信息日后能够被调用、视读或使用。“可用性”并非仅指人可使用，还指可以被计算机处理，一般是指保存良好且有相应软件可以调取、视读该电子数据。可用性被引入信息安全中作为信息安全的一个要求，时常用于描述信息服务提供者（如存储服务）对产品和服务的质量。比如，在判断一个数据集的数据可用性时，从数据的一致性、准确性、完整性、时效性及实体同一性五方面进行考察可用性。

2. 适合数据要素的数据安全定义

传统的安全三性意义上的安全并不完全适用于数据安全。在大数据时代，数据的秘密性仍然重要，但数据要素并不都需要或能够保密；数据完整性就不仅仅包含如何防范数据被外界篡改，还表现为维护和保证数据在其整个生命周期中的准确性和一致性；数据的可用性也会因多样的使用目的，而具有不同的含义。传统的安全含义并不完全适用于可要素化利用的数据的安全。

正因此，《数据安全法》第三条对数据安全作了适合数据资源化利用的定义，将数据安全定义为有效保护和合法利用的一种能力："数据安全，是指通过采取必要措施，确保数据处于有效保护和合法利用的状态，以及具备保障持续安全状态的能力。"

根据这一定义，数据安全具有以下含义：

● 数据得到有效保护，数据处于持续安全状态。一般将这里的安全状态理解为数据本身的安全控制状态，防止未经授权地访问、使用、破坏、修改或销毁存储和通信中的数据。在理论上，除了包括数据安全控制状态外，还包括数据上合法权益得到有效维护。

● 数据处理于合法利用的状态。数据得到有效保护是为了利用，利用安全侧重于合法性，数据利用合法合规成为安全应有的含义。

● 数据安全是一种数据管理能力。数据安全并不是消灭数据风险，绝对安全（safety），而是采取适当的安全措施（security）确保数据安全风险处于可接受的水平。这样的安全状态需要一个组织采取制度规范、技术措施和组织体系，实施与风险相适应的安全管理实现。安全本质上是一个组织的数据风险管控能力。

这实际上是从一个组织的角度对数据安全定义的解读。这一定义也可以适用于国家安全。国家意义上的数据安全就演变为采取必要的措施，确保本国数据得到有效保护和利用，保障国家具有持续安全状态的能力。

3.数据安全的内涵扩张

伴随大数据、人工智能技术出现，泛在数字基础设施生产出的大数据资源，大数据不仅是底层数据，而且是一种泛在存在。在数据成为生产要素背景下，首先需要驾驭、控制、管理、使用庞大数据流并转化为生产力的能力。这就要求数据安全管理主要防范数据风险，转向安全合规高效利用数据。数据安全成为数据资源化（要素化）、资产化和资本化利用的前提条件，数据安全具有获取数据价值的积极内容。

（1）数据安全关系数据资产安全

在数据资源化背景下，各社会主体对数据资源及数据需求持续增加，因而不择手段地采集、获取、存储或控制数据，通过各种手段利用数据并获取经济利益。数据成为资源或生产要素，数据安全演变为数据生产、流通和使用的安全。数据安全不再局限于文档性的信息安全，而是具有计算价值的数据资源安全，数据安全的含义不仅要满足功能性使用，更重要的是维护资产安全，数据安全管理成为企业资产管理的重要内容和组成部分。数据安全管理实际是综合运用技术、管理和法律手段，实现对可利用数据的管理。数据安全已经超越了数据本身的安全，而是一个组织运行的安全。为建构数据流通利用秩序，首先要确立数据合法生产或持有者安全管理义务，在此基础上明确和规范使用权。在一定程度上，可以说数据持有权是依赖安全管理才能运行。这需要建立良好制度设计，建立商业可行，法律保障、技术支撑的“合规+安全+资产”管理为一体的管理体系。

（2）数据安全演绎为数据利用秩序安全

数据生命周期无限延长。传统的安全往往围绕数据生命周期部署，即数据的产生、存储、使用和销毁。但是在事实数据资源背景下，数据的生命周期并不以数据转化为信息或知识作为生命终点，而是原始数据的计算价值丧失作为生命周期。只要保持与描述对象关联性，数据就具有计算分析价值，因而数据安全的生命周期就不再取决于数据是否保持原始状态甚或取决于数据持有者的意愿。这样数据生命周期就被无限拉长，除非合规需要，删除数据或者加密等不再是维护数据安全的措施。

在数据要素市场的背景下，数据使用成为数据安全的核心，流通是数据使用和价值实现主要方式。作为生产要素或资源，数据的价值取决于与数据汇集聚合、融合计算、挖掘分析，只有在不断流通利用中才能实现数据的资源价值。数据使用安全成为安全的核心意味着数据安全要从传统的访问控制（data access control）转向使用控制（data usage control），以建立有序数据流通利用秩序。数据使用控制属于在开放或提供数据给他人使用，特定环境中对数据使用者的限制，使后续的数据再利用受到数据持有者（提供者）的控制和监督。数据使用控制是访问控制的延续，是在访问控制基础上进行的，缺失访问控制时，后续的使用控制几乎无从实现。与访问控制不同，使用控制的目标是在授予访问或使用权限后对数据使用实施限制或约束，确保使数据使用符合数据合同约定和法律规定，防范不必要的安全风险。

（3）跨域安全成为数据安全的重要内容

流通是数据要素的最重要的使用方式，而数据流通主要是指跨系统、跨控制域的流动。安全控制边界发生巨大变化，数据安全突破单个主体的信息系统或安全域，演变为数据上下游之间流通利用秩序安全。数据安全突破了单个组织原有系统围墙或控制边界，流通利用秩序安全成为数据安全重要组成部分。

在采取分布式计算架构情形下，数据安全边界泛化。传统安全产品所使用的监视、分析日志文件、发现数据和评估漏洞的技术在大数据环境中并不能有效运行，无法满足大数据领域，也不能完全理解数据语义。系统安全边界模糊、可能引入的未知漏洞、分布式节点之间和大数据相关组件之间的通信安全已逐渐成为新的安全薄弱环节；分布式数据资源池能够汇集众多用户数据，却造成了用户数据隔离的困难。为了应对新技术带来的挑战，网络与数据安全技术需要同步演进，打破传统基于安全边界的防护策略，实现更细粒度的访问控制，提升加密和密钥管理能力，从而保证数据安全。

（4）数据合规成为安全重要因素

数据安全本身仅指数字技术本身脆弱性带来的信息/数据存储、传输和处理安全，而不包括遵守法律意义上安全。法律对数据利用行为介入增加，不法数据行为导致行政或刑事责任也逐渐成为数据资产运营的风险，于是，法律安全也被纳入数据安全，合规成为安全防御措施。数据的收集和使用必须遵循法律规范，数据经济活动还遵守相关法律对网络的监管、商业活动的监管、对社会稳定等方面强制性规范，守法（不违法）和不侵害数据上的他人权益是数据利用安全两条底线，否则企业面临被侵权诉讼或行政处罚甚至刑罚的风险，给企业健康和持续发展带来风险。因此，数据合规管理成为数据安全管理（数据治理）的重要内容。如何在维护数据主体的隐私和主体权益安全前提下，让涉及个人的数据可以合法地社会化利用，就成为数据要素化利用首要问题。

4.数据安全的外延扩张

在数据成为社会资源背景下，数据安全向社会各领域渗透，数据安全成为关系个人、社会和国家安全的重要内容。

（1）数据安全关系社会基础设施安全

在传统的信息安全下，每个组织获取、使用和控制的信息是有限的，需要存管的数字化数据主要限于文件、文档等边界明确的人类生产的信息。数据安全不仅仅关系个体组织的安全，而且关系整个国民经济运行的安全和国家安全，生产、流通和使用数据的基础设施安全成为数据安全的重要内容。大数据堪称智能交通、智能电网、智慧城市等国民经济运行和社会发展高度依赖的信息基础设施，关键数据基础设施安全关系着数据安全，数据安全内容和意义得到全面的扩张使数据安全具有了全新含义。《网络安全法》确立了“关键信息基础设施”保护制度，赋予关键基础设施运营者更高的保护数据安全的义务。

（2）隐私安全成为数据安全的重要内容

随着互联网、智能手机、传感器等新科技的不断普及，愈来愈多的个人数据被采集和存储，当个人数据广泛地存在于政府、银行、医院、通信公司、购物网站、物流公司等众多组织当中的时候，每个人的活动其实无时无刻不被不同组织的数据库“记录”和“监视”着。当这些数据被技术整合后可对个体进行精准分析，并逐渐还原个人生活全貌，使个人隐私无所遁形。许多的数据分析和应用活动围绕个人展开，因而个人数据成为大数据的重要组成部分。在组织对个人数据的收集能力和应用场景不断扩张的同时，个人对个人数据的控制力减弱，在这种情况下如何维护个人尊严、自由和隐私前提下利用数据，防范侵犯隐私风险，成为数据安全重要内容。

（3）数据安全关系国家安全

数据成为科学技术创新、社会治理和企业创新发展的社会资源，使数据的安全上升为资源安全，经济安全和国家安全。一个国家的地理空间数据（位置数据）、国防建设数据、技术研发数据、经济运行数据、政治决策信息等都能够很容易地被其他国家收集和分析，从而对另一个国家某个行为决策、行动作出预判，采取应对策略，危及国家政治、经济、军事安全。因此，基于本国公民人权保护、国家安全利益考虑，实施数据本地化存储，数据出境管制、采取各种贸易限制措施等成为当今国际政治问题，国家主权延及网络空间和数据。斯诺登所曝光的“棱镜门”事件折射出了国家安全问题正经历着大数据的严峻考验。

5. 国家安全的实现

国家安全是指国家政权、主权、统一和领土完整、人民福祉、经济社会可持续发展和国家其他重大利益相对处于没有危险和不受内外威胁的状态，以及保障持续安全状态的能力。[①]数据安全关系国家安全，在国家安全意义上，数据安全内涵更加丰富，外延富有弹性。因为在数据经济时代，数据成为国家相互竞争和较量的工具或“武器”，数据安全关系国家主权、政治、经济、军事、科技等安全利益。

---

① 《中华人民共和国国家安全法》（2015年，全国人大常委会）第二条。

国家安全范围不断扩展，现在被概括为16个方面的基本内容：政治安全、国土安全、军事安全、经济安全、文化安全、社会安全、科技安全、网络安全、生态安全、资源安全、核安全、海外利益安全、生物安全、太空安全、极地安全、深海安全。

国家安全表现为对外维护国家主权利益，主要依赖国家对行使基于主权的管辖权。国家主权延伸到网络空间，对于数据享独立管辖权——被称为数据主权。在数据安全方面，需要贯彻“要统筹发展和安全，贯彻总体国家安全观”，形成新安全格局保障新发展格局。发展是增强我国的生存力、竞争力、发展力、持续力，但是发展需要持续稳定的环境。因此，健全国家安全体系，增强维护国家安全能力，同时积极参与全球安全治理，为国家发展提供安定的环境。“安全是发展的前提，发展是安全的保障。”

《数据安全法》贯彻统筹发展和安全理念，旨在构筑对外的数据安全防御体系，保障国内数据安全有序利用，发展数字经济。[①]在维护国家安全方面，《数据安全法》建立了数据安全审查制度、数据出口管制、投资贸易中数据限制或禁止对等措施等维护国家利益的数据出境管制。[②]当然，维护国家安全并不仅仅是国家主管部门的事情，更重要的是每个组织和个人的事情。数据安全具有渗透性，任何组织或个人不当的数据采集或使用行为都可能危害国家安全。因此，《数据安全法》等国家法律建立了各种数据安全制度，通过各组织机构落实各自的数据安全义务，实现个体数据的安全，同时维护国家安全。这要求在国家层面上，按照国家安全观，在区分国内安全和国际安全下，建立协同的数据安全治理框架和体系，通过规范社会主

① 《中华人民共和国数据安全法》第一条：“为了规范数据处理活动，保障数据安全，促进数据开发利用，保护个人、组织的合法权益，维护国家主权、安全和发展利益，制定本法。”第十三条：“国家统筹发展和安全，坚持以数据开发利用和产业发展促进数据安全，以数据安全保障数据开发利用和产业发展。”

② 《中华人民共和国数据安全法》第二十四条：“国家建立数据安全审查制度，对影响或者可能影响国家安全的数据处理活动进行国家安全审查。

依法作出的安全审查决定为最终决定。”

第二十五条：“国家对与维护国家安全和利益、履行国际义务相关的属于管制物项的数据依法实施出口管制。”

第二十六条：“任何国家或者地区在与数据和数据开发利用技术等有关的投资、贸易等方面对中华人民共和国采取歧视性的禁止、限制或者其他类似措施的，中华人民共和国可以根据实际情况对该国家或者地区对等采取措施。”

体（自然人、法人和其他组织）的数据利用行为，构筑数据利用秩序，创制安全的利用环境。如果一个组织的数据治理是侧重解决数据本身的安全、有效及合规使用等问题，在国家层面，数据安全治理侧重于维护国家主权安全，创制国内发展的安全环境。只有在国家（社会）和企业两个层面相互配合和作用，才能构筑全面的适应大数据时代的数据安全体系。

§13.3 基于风险的数据安全和合规管理

数据安全不再是保护和控制数据本身的安全，而是数据要素化利用中控制和使用的风险控制问题。单就一个组织（单位）或数据持有者而言，数据安全是数字经济下发展的第一要务；数据安全战略应当上升为实现数字化转型或数据驱动发展战略高度，按照最大化实现数据价值目标，通过基于风险的数据安全管理体系，实现数据要素化利用目标。

1. 企业数据安全目标和手段

数据安全的目标是安全高效的数据要素化利用，实现数据资产化目标。

数据安全管理需要综合运用技术、管理和法律三种手段，构筑一个组织和整个社会的数据安全。具体来讲，聚焦数据产生和利用的生态，明确数据的来源、形态、应用场景，构建由管理、制度规程、技术手段覆盖全面的安全防护体系，形成数据安全防护的闭环管理链条。数据治理，既是一个组织的数据资产管理，也是安全管理，二者是不可分割的关系。

2. 建立安全和合规为一体的组织机构

目前，许多企业均有IT部门和合规部门，IT部门负责安全，合规部门负责法务。随着数据安全、合规和资产三重管理事务的兴起，如何设置数据管理部门的确成为企业或任何组织头痛的问题。但是，不管如何设置数据管理组织机构，一个企业需要有专门组织或专人负责数据安全、合规和资产管理业务，在分设的情形下需要各部门协同和配合来实施数据安全管理。

之所以强调统一或协同主要是因为数据安全问题不是技术问题，而是企业管理问题，数据合规管理应当与数据安全同步开展，一体实施。数据安全既涉及企业运营或业务安全，更涉及如何利用数据重构业务运营。要建立数据驱动的智能决策企业，没有数据资产化战略定位和机构将难以实施。没有数据安全支撑，数据持有权就不能有效地实施，数据资产化既需要法律保障，也需要技术手段和管理手段的安全保障。数据管理是一项需要多方联动协同完成的工作，通常需要建立统一政策和制度，建立专门的组织或人员来实施。在这样的组织架构中还应配置以下角色：决策机构、执行管理机构、参与机构和监督机构。决策机构主要审议安全策略、管理制度和安全防护制度和保障体系，而具体安全管理则需要实体的管理团队来实施，同时也要考虑虚拟的联动小组，所有部门均需要参与安全建设中，并根据部门职责建立不同的数据安全角色以满足数据安全建设的需求。

现在很多企业应法律要求或者根据自己业务需要，设置首席数据官或类似专门机构或岗位，也许是解决合规或大安全之道。但是数据资产化管理方式仍然在摸索之中，其中最关键的是企业是否已经将其上升为发展战略。

大数据时代的首席数据官

为了提高数据质量，更好地利用数据资产，以美国为代表的西方发达国家在公私部门中设立首席数据官制度（Chief Data Officer，CDO），实施对数据战略、数据质量、数据价值、数据安全的管理。2002年美国第一资本公司最先设立了首席数据官一职。根据New Vantage Partners的《2020年大数据高管调查》研究发现，超过一半的财富500强企业任命了首席数据官。

首席数据官逐渐扩展到公共部门。2009年，美国科罗拉多州设立了第一个政府首席数据官。2012年芝加哥市颁布《开放数据行政命令》，在政府部门同时设置了首席信息官和首席数据官。2013年美国联邦储备委员会任命了第一个联邦层面的首席数据官，随后，交通部、商务部、美国国际开发署（USAID）等机构也正式设立了首席数据官制度。除美国以外，世界上主要发达国家如英国、法国、加拿大、新西兰等国家纷纷在中央和地方政府层面设置了政府首席数据官。

IBM商业价值研究院提出，首席数据官是创建和执行数据分析策略以推动业务价值的业务领导者。首席数据官在组织战略管理的五个关键领域发挥领导作用：数据杠杆（寻找使用现有数据资产的方法）、数据丰富（结合内部和外部数据资源以扩充数据）、数据货币化（寻找新的收入渠道）、数据保护（将数据作为资产进行保护）和数据维护（管理数据的质量）。

美国《循证决策基础法案（2018）》指出首席数据官的职责包括：（1）负责生命周期数据管理，并与机构中负责使用、保护、传播和生成数据的任何官员协调，以确保满足机构的数据需求；（2）负责管理机构的数据资产，确保机构数据符合数据管理最佳实践；（3）与首席信息官（CIO）合作以改善数据基础设施，以减少阻碍数据资产可访问性的障碍；（4）确保在可行的范围内最大限度地利用机构中的数据，包括用于提供证据、确保网络安全和改进机构运营。

大数据时代的政府首席数据官扮演的三个角色：领导者、协调者和赋能者。“领导者”指的是CDO在政府业务的战略决策层要发挥导向功能，确保政府部门是数据驱动型机构；“协调者”强调的是CDO要负责统筹协调分散在组织内外的数据，实现数据的整合、开放与共享；“赋能者”则指的是CDO要重视数据赋能，积极寻找为政府组织开发利用大数据的新机会，促进数据价值的挖掘与应用。

首席数据官制度是对大数据时代数据治理碎片化的回应，是新时代治国理政的新形态和新方式，也是政府治理现代化追求的必然要求。2021年5月《广东省首席数据官制度试点工作方案》出台，选取广州、深圳、珠海、佛山、韶关、河源、中山、江门、茂名、肇庆等10个地级以上市，以及省公安厅、地方金融监管局等6个部门，试点建立首席数据官（CDO）制度。《方案》明确提出首席数据官制度建立的目标在于加快推进数据要素市场化配置改革，完善政务数据共享协调机制。该方案的发布被视为中国政府首席数据官制度试行的起点，并开启了国内政府部门设定政府首席数据官的新浪潮。

摘自蒋敏娟：《迈向数据驱动的政府：大数据时代的首席数据官——内涵、价值与推进策略》，《行政管理改革》2022年第5期

3.数据合规：基于伦理，守护法律

合规（compliance）管理属于企业风险管理，旨在使企业经营活动在形式和实质上与法律、管理规范及内部规则保持一致，避免企业核心风险，维护良好的商誉。数据安全脱胎于信息安全，又与网络安全交织，同时受各种涉网络或数据的法律规范约束，因而数据安全涉及内容复杂，要遵循的规范纷繁复杂，需要一个非常完善的架构和体系。《国家安全法》《数据安全法》《网络安全法》《个人信息保护法》等法律是最基本的法律，而“等保2.0”则是最基础的管理要求。数据安全管理架构应当以法律规定为底线，以数据资产化管理为基本要求，运用技术、管理和法律的三种手段实现数据安全控制和利用。一个企业的数据安全框架应当根据行业、场景、数据属性等，选择需要遵循基本法律体系并参考其他法律来构建。

数据合规的挑战不仅在于它的全面性、全员性、常规性，而且在于数据合规的“规”非常复杂。从规范的覆盖领域，不仅包括《网络安全法》

《数据安全法》《个人信息保护法》等网络或数据法领域，而且包括几乎所有的管制性法律，经济和商事法律领域；从规范的层次上，不仅包括了法律、行政法规、部门规章和司法解释及其地方性的法律规范，而且包括行业规范、技术标准和公认的正当信息或数据使用准则。当前企业合规的基本依据可以用下图来表示。

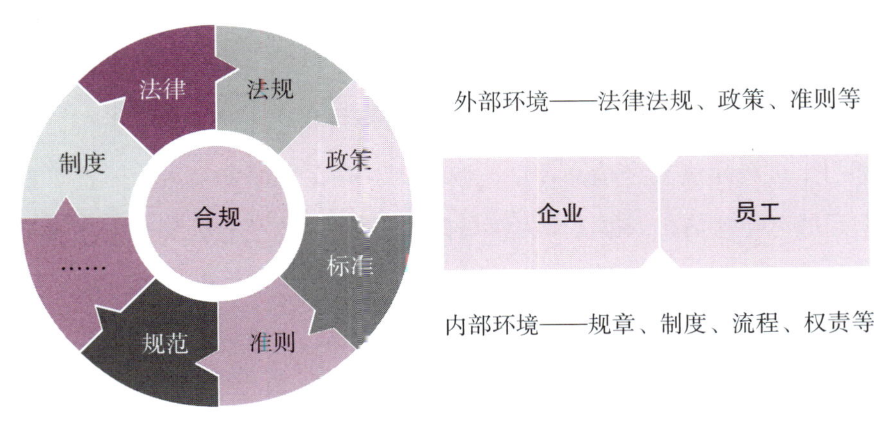

图13-2　企业数据合规的基本依据

合规管理本质上是企业制度和文化建设，它要求企业将法律、行业准则甚至道德准则转化为企业各级各类员工的行为规范，并通过技术和管理手段监督实施，确保企业经营和运行符合法律规范和企业的价值观。指出的是，合规管理中的“规”并不限于法律规范，还包括行业准则、商业道德等，法律规范只是企业合规的底线，而企业的行为准则可以高于或严于法律规定，以获取更好的社会评价并提升其商誉。

4.充分利用安全评估机制

数据安全的管理框架通常是基于数据全生命周期，围绕各项安全和合规指标构建数据安全框架，落实数据安全管理目标。这需要根据企业具体情况规划建设方案，逐步建设和落实安全管理制度。为有效地实施数据安全管理，一般需要对数据安全现状进行评估，然后围绕企业发展目标建立相应的安全制度和管理体系并采取相应的管理措施。

对于重新建立安全管理的企业，安全评估显得非常重要。企业应当对业务和流程进行全面调研，摸清数据生成、使用、交换、分享等环节，对业务系统和数据进行全面的梳理，梳理数据操作过程中的主体、客体（数据）、过程（操作的时域、地域、权限、结果等）属性等，绘制数据流程图，对照法律和安全规则，识别或发现数据风险点及需要建设和应对的安全策略或措施。

为实施数据安全管理，现行法律提出各种安全和风险评估。依据《网络安全法》，监管部门、行业或企业要开展网络安全风险评估，关键信息基础部门要进行年度安全检测评估，同时要对存在数据安全风险、重要数据定期开展风险评估。依据《个人信息保护法》，个人信息处理者应当对重要个人信息处理活动在事前进行风险评估。另外，在数据出境时，还要进行数据出境安全评估。林林总总的涉数据安全评估，可以促进数据安全管理，更好依法依规管理数据风险。

5. 合规减责或免责：合规证明的重要性

任何组织必须向用户、监管机构或问责的权威机构证明其数据处理是遵守法律法规的，这就要求组织的合规管理有记录。数据合规管理的作用不仅仅是建立完善的制度规则和贯彻实施机制，预防法律风险，更重要的是证明其已经采取全面合理的安全预防措施以确保在安全事件发生时可以避免承担责任或减轻责任。因此，数据合规管理重要作用是证明企业已经采取法律要求的措施甚或更严密的措施。重要的不是实施合规管理，而是对所有的合规措施、过程和结果都要有记录，在事件发生时使合规措施有据可查——能够证明自己的合规性。在实施数据合规管理时，会生成日志和文档，作为负责和合规的证据。

数据合规证明的不完全清单：

（1）采用和实施数据保护政策；

（2）在整个数据生命周期中采取适当的数据保护措施；

（3）委托处理个人数据的合同；

（4）维护处理活动的记录；

（5）所采取适当的安全措施；

（6）在发生数据泄露或不安全事件时，向监管机构报告或向相关个人通知的记录；

（7）个人信息保护影响风险评估报告；

（8）其他必要的记录。

6. 基于风险的安全管理

数据合规旨在预防企业数据安全和法律风险（责任），防范系统性风险；数据合规旨在规范企业数据的采集、取得和使用数据的合法性，在最大化地应用和实现数据价值的同时避免法律风险，维护企业的稳定和持续发展。当然，数据合规不可能消灭风险，但可以化解不必要的风险同时避免系统性风险。实际上，数据安全和合规管理的最高境界是基于风险的安全管理。每个企业应当在法律容许的范围内建立适合本行业特征、根据数据规模、特征和应用场景，根据数据种类和风险建立不同种类和级别的安全管理机制，将数据风险控制在可接受的水平。

与其他合规管理相同，数据合规也是将数据收集和使用的规范转化为企业运行和员工行动准则，成为企业文化的组成部分。相对于其他合规，数据合规更具有普遍性，是贯穿于企业运行流程和所有员工行动的一套系统性工程，任何一个环节纰漏都可能给整个企业带来风险。因此，相对于其他合规管理来讲，数据合规管理更具有挑战性。

第五单元

数据经济运行体制和机制

数据并非天然具有可用性，需要通过数据治理将数据转化为生产要素。这一过程被统称为治理，治理是以产品化为目标的生产活动。数据经济是以数据价值创造（生产）和实现（流通）为核心的经济，是每个企业都具有数据资产利用能力，参与数据社会化配置和利用大循环的经济。在微观上，企业首先要成为数据驱动的企业，学会利用数据支撑业务的高效智能化运营，在此基础上输出数据要素和数据产品，参与数据要素社会配置和利用，实现数据社会价值。在宏观上，要逐渐形成可流通数据条件和标准，搭建数据流通利用的渠道，建立清晰的数据流通规则，形成数据要素流通利用的市场体系，通过良好的数据要素供需匹配机制实现数据的社会化利用。

第14讲　企业数据要素化：微观数据经济

数据产权的本质在构建数据流通利用秩序，最大化实现数据价值。数据持有权是符合数据特征，构建数据经济秩序的制度工具。促进数据流通利用的关键在于具体的制度设计如何最大化实现数据价值产权运行机制。如果数据的价值在于使用，那么数据基础制度是实现数据使用和数据重用（流通利用）的制度安全，而数据持有权即体现于实现数据使用和重用的制度安排中。

数据产品化不是一个点而是一个过程，在这一过程中均需要确权，激励原始数据的治理和流通，以生产出更多的智能成果。在这方面，我们大致区分出数据要素市场和智能产品（数据产品）市场并配置不同的数据产权（数据持有权），构建应有的交易秩序。

§14.1　数据要素化：以产品化思维治理数据

为使数据要素转化为生产力，最大化实现数据要素的价值，我们需要根据这一过程中的数据价值特性，设计适合数据价值实现产权的制度和流通方式。

1.数据要素化：形成可用数据

初始生成的数据并不能直接用于计算分析，而需要不断汇集更多数据，形成可用的数据集。在这一过程中需要治理数据，使数据符合特定分析目的的需要。数据的价值在于可以关联，进行计算分析，但原始数据并不具有这样的条件，因而需要将其进行治理与汇集，将其改进成为可用的数据。

计算机科学家Vinay R. Rao指出，当数据满足以下条件时会变得有价值：

（1）它能及时提供；

（2）它是简洁的、很好组织在一起的和具有相关性的；

（3）它具有基于经验的意义和背景；

（4）它是多个数据源的集合。

因此，“当数据可以减少解决问题和帮助做出正确决策所需的时间、精力和资源时，它就是一种有价值的商品”①。这里的商品可以理解为生产要素。

2.数据要素价值实现：数据汇集的力量

数据应该集中起来，形成一个单一的真相来源，可以增加可靠数据、数据来源和一致结果的价值。作为副产品的数据是分散的、碎片化的，只有集中起来才有用，才能用于分析某个实体。例如，如果没有统一的数据，一份报告通常需要登录多个账户、多个站点、在本机应用程序中访问数据、复制数据、重新格式化和清理。所以数据要素价值实现通常需要将来自不同来源的信息汇集在一起，以满足分析需求或操作。

数据集成（data integration）是一种数据预处理技术，涉及将来自多个异构数据源的数据合并到一个一致的数据存储中，并提供数据的统一视图。因此，数据集成是从许多不同来源获取数据并使其可用的过程。数据来源多样，存在于互不相通的系统，形成数据集合存在着困难。因此，有效数据集成是AI算法得以应用的前提。数据集成对于企业有很多好处，其中包括：

（1）单一可靠的数据版本，而且可在不同地点同步和访问；

（2）增强了基于准确数据的分析、预测和决策能力；

---

① Vinay R. Rao，How data becomes knowledge，Part 1：From data to knowledge，https://www.ibm.com/developerworks/library/ba-data-becomes-knowledge-1/ba-data-becomes-knowledge-1-pdf.pdf，2020年10月23日访问。

（3）全面了解组织及其客户；

（4）整个企业及其利益相关者的数据可用性。

集成数据的质量好坏主要有三个指标：

- 新鲜度——数据从源系统上发生更改到数据仓库中出现更改之间的时间长短。
- 颗粒度——存储在数据仓库中的数据的详细程度。
- 匹配度——来自不同系统的数据是否一致或指向同一事实。

3. 数据要素化：产品化思维

源自社会活动、传感器的记录数据本身价值并不高，只有不断地汇集整理、关联组织形成足够大的数据集才能够透视数据背后的客观世界或关联对象的规律或趋势，产生洞察和形成智慧，转化为改造客观的能力。但是，如何把多源、多样、异构的关于某个对象的数据精确和快速地汇集关联则是最基本问题。

所谓数据产品化，就是应当按照传统产品生产和供应那样，生产出符合用户需求的可用的数据产品。它是对数据的最小单元——数据集——治理的一种要求。它要求在数据产生的源头即能够对数据进行治理完善，确保数据可发现性、可理解性、可互操作且可信任，使数据具有可重用性。一旦数据离开原始生成的环境可以重用，数据就可以像产品那样进行流通。数据可重用性既是数据可流通的基础要求，也是数据产品化的标志。

除了确保数据质量，满足用户的可重用目的外，数据产品化还必须像实体产品有品牌那样，数字产品也必须有识别标识。数据流通需要有基本描述，告诉需求者明确数据的责任主体（持有者）、数据性能或可能的应用、技术构成以及运行它所需的基础设施，同时还有名称、编码或目录，使外人可以检索、发现、获取。当数据满足这些条件时，数据就可以作为产品来流通了。

数据产品化不仅可以用来解决数据跨域或主体汇集和流通难题，而且可以引入一个企业内部作为企业内部数据汇集应用，打造共享基础设施，支撑智能决策的方法。这得益于数据科学家、算法工程师Zhamak Dehghani在2019年出版的《数据网格，大规模交付数据驱动的价值》中提出了著名的数据网格架构。她认为数据产品是数据网格中的“架构量子”，是“可以独立部署和管理的最小架构单元”。数据产品“可发现、可理解、可信赖、可寻址、可互操作、可组合、安全、本地可访问，而且本身就很有价值”。Zhamak Dehghani认为，数据作为产品是领域或部门“将产品思维应用于他们提供的数据集；将他们的数据资产视为他们的产品，将组织的其他数据科学家、ML和数据工程师视为客户”的结果。①

以产品化思维治理数据，在企业内部可以使每一个部门按照统一标准和技术要求来治理数据，实现数据快速汇集组织，开展融合计算，并可以实现数据的源头治理，分布式存储和计算，避免了先汇集再治理的集中式架构的弊端。一旦每个企业能够按照统一标准生产出可重用的数据，那么就不会缺少可利用的数据，只要解决数据产品化的激励问题，数据流通秩序就可以构建起来。在某种意义上，数据要素化利用就是数据产品化，按照产品化的思维治理数据、流通数据，以支撑数据智能应用。

案例

产业链数据“华丽转身”为数据产品

佛山众陶联供应链服务有限公司（简称“众陶联”）成立于2015年，主营业务是对块煤、电力、砂坭、化工原料等进行集采业务，以降低陶瓷制

① Zhamak Dehghani, How to Move Beyond a Monolithic Data Lake to a Distributed Data Mesh, https://martinfowler.com/articles/data-monolith-to-mesh.html.

造业成本。但是后来利用数字技术解决陶瓷行业经营不规范、交易成本难认定等问题的过程中，成功地打造出可交易的数据产品，并在广州数据交易所挂牌交易。

由于陶瓷制造所需的砂坭等原材料缺少发票，陶瓷原材料企业花费80万元零散采购的原材料，再以100万元的价格卖给下游生产企业；因为上游原材料供给者缺少发票，增值税只能按100万元为基准纳税，80万元的沙土进购费用难以被认定为经营成本进行税前扣除（按增值税13%的税率，需要多缴纳10.4万税款）。2018年6月，国家税务总局发布了《企业所得税税前扣除凭证管理办法》，其中明确，财政票据、完税凭证、收款凭证、分割单等其他外部凭证，可以按照规定作为税前扣除凭证。但是，各种票据、凭证等外部凭证只有能够证明真实性才能作为扣除凭证。2019年起，众陶联开始探索利用物料台账、物流台账、资金台账和交易台账四本台账构建交易证据可信链，帮助陶瓷企业获得成本认定和完税途径。简单来说，就是采集合同、磅单、资质证书、行驶轨迹、质检报告、支付凭证、对账单等交易过程中产生的原始凭证数据，经过线上线下交叉验证，证明一桩交易确实是真实发生。同时，保障数据能够防篡改、防抵赖、可追溯。认证后的结果形成了“交易证据链证书”。

交易证据链证书成为具有价值的数据产品，一方面可以提供给企业作为经营成本税前扣除的依据（这使得国家的税收流失得到治理，同时也使企业综合税负降低34%）；另一方面可以作为企业的贷款资信证明，解决陶瓷企业因为“无报表、无抵押、无信评”融资难题。2023年5月，“众陶联交易证据链证书”通过广东省合规委员会的合规审查，成为在广州数据交易所交易的标准的数据产品。

众陶联在利用数字技术解决陶瓷行业难题的过程中，成功地形成了交易流、货物流、资金流的三流合一数据平台，并通过技术手段确保数据真实和不可篡改，确保产业链数据真实可信，由此将产业链数据演变成为可交易的数据产品，既赋能产业，也给众陶联不断拓展数字化服务提供无限机会。

根据21世纪经济报道《解密“众陶联”数据产品：传统陶瓷业如何于困境中闯出千万级新业态？》整理

4.数据汇集利用方式：集中式与分布式

实现数据汇集的手段被称为“提取、转换、加载”（Extract、Transform、Load，缩写为ETL）。ETL是随着云数据库的采用，为解决大容量、非结构化的数据集生产而出现的，只要先转换再加载就可以直接从源代码进行，[①]不需要通过很多定义为数据提取和存储做很多前期规划。在典型的ETL数据集成过程中，客户机向主服务器发送数据请求，然后主服务器获取所需的数据，然后整合成一个单一的、有凝聚力的数据集（见图14-1）。ETL使组织可以从不同的系统中提取数据，通过提前执行数据清理以提高数据质量和建立一致性，并将数据加载到目标数据库中。但是，ETL是一种耗时的批处理操作，所以常用于创建较少更新及较小目标数据存储库。

ETL形式的数据集成为有效商业智能（BI）和有效决策奠定了基础。它包括了数据迁移，合并不同的数据源和企业应用集成，实现系统间的互操作性，将多个数据源合并到一个关系数据仓库。数据仓库允许用户以一致的格式运行查询、编译报告、生成分析和检索数据，成为当今企业商业智能（BI）主要支撑。数据仓库提供了广泛的数据以供分析，着眼于数据可重用、查义分析，以使数据成为企业战略资产。

---

① ETL从源位置复制或导出数据，但不是将其加载到暂存区进行转换，而是直接将原始数据加载到目标数据存储区，以便根据需要进行转换。

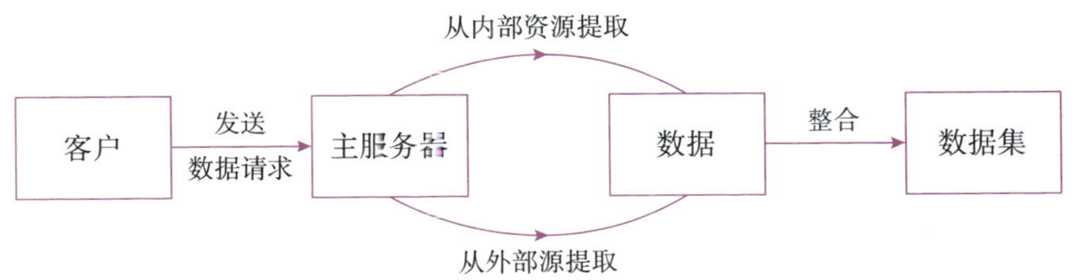

图14–1 典型ETL集成的过程

资料来源：作者根据典型ETL数据集成的过程描述绘制。

不过，数据集成只是数据汇集利用的一种方式，在数据源头开展产品化数据治理的情形下，数据分散存储，联合计算成为经济高效的数据汇集利用方式。尤其是分布式计算技术可以实现在数据分散的情形下计算应用，最关键的是，数据需要按照统一标准进行治理，不集中存储但需要包含有关实际数据所在位置的信息。无论数据存储方式和位置如何，它都可以作为一个集成的数据集呈现。这意味着数据在分布式状态下，数据真正实现按照需要进行转换、联合计算。数据联合的优点是其取代了提取、转换和加载（ETL）过程，使数据科学家能够将注意力转移到数据查询和分析上；同时也减少了数据延迟，因为用户知道数据在哪里，并且无须构建数据仓库和ETL技术将数据移动到仓库中；它能通过查询整体数据简化组织的BI。

§ 14.2 数据要素价值实现

数据因使用而有价值，因使用而实现价值（变现）。这里的使用包括自己使用，也包括让他人使用。对于一个企业来讲，自己使用就是汇集分析数据，支持企业决策；让他人使用就是流通，通过让他人使用数据而分享使用收益。

1. 有效使用数据，为企业创造价值

数据的价值在于通过计算发现新知、进行预测或提供智能辅助，这样的数据智能分析可以应用于所有的社会和经济活动之中，由此产生的价值并不能从既有社会活动中分离出来。数据的价值在于改进既有的生产经营活动或组织运行，提升运营效率，改进绩效和效益。

我们将使用数据进行智能分析而获利的过程称为“数据变现”（Data Monetization），即实现数据的价值。根据Gartner公司的定义，数据变现是指利用数据获取可量化的经济效益的过程。[①]因此，数据变现过程就是企业使用数据，为企业创造价值的过程。只有能够为企业创造价值，数据才真正成为生产要素。如今几乎所有的企业都认识到，利用数据可以开拓新客户，维系既有的客户，改进产品的质量，降低企业运营成本。这就要求企业对数据进行治理，搭建智能化数据分析平台，将数据视为战略资产。

安筱鹏指出：数据要素的价值在于重建了人类对客观世界理解、预测、控制的新体系新模式。企业是一种配置资源的组织，企业竞争的本质就是资源配置效率的竞争……企业资源优化配置的科学性、实时性、有效性来自把正确的数据，在正确的时间、以正确的方式、传递给正确的人和机器，这叫“数据流动的自动化”。数据流动自动化的本质是用数据驱动的决策替代经验决策。基于数据+算力+算法可以对物理世界进行状态描述、原因分析、结果预测、科学决策。“数据+算法”将正确的数据（所承载知识）在正确的时间传递给正确的人和机器，以信息流带动技术流、资金流、人才流、物资流，优化资源的配置效率。[②]

① https://www.gartner.com/en/information-technology/glossary/data-monetization.

② 安筱鹏：《数据要素如何创造价值》，来源于阿里研究院，http：//www.aliresearch.com/。

实时交通数据成为公路高精度地图“数字底座”

广东省交通集团有限公司是经广东省委、省政府批准组建的大型国有资产授权经营有限责任公司，主要经营业务：高速公路的投资建设与经营，汽车客货运输、现代物流业、公路设计施工监理、智能交通。其公司在基础交通设施建立完善后，重点关注智能交通服务，将实时交通数据打造成数据产品，为高速公路建管养运服提供基础支撑和创新赋能。

当前实时交通数据产品主要是通过设置ETC传感器，当车辆在公路上行驶时采集到其实时数据，并将数据同步传送到智慧交通大数据平台，在智慧交通大数据平台上汇集采集到的数据并应用于路网运行及应急指挥调度、路网设备管养、道路设施养护及应急处置、路网车主出行服务、道路设施设备集成呈现等核心应用场景，全方位提高交通运营的安全性和效率，这些基于场景构建的数据产品成为公路“高精度数字底座”。

广东省交通集团的“高精度数字底座”是以地图为入口，将地理、物理管理的数据相融合。因此，高精度数字底座数据治理的主要工作任务：一是实施源头数据的源数据采集和分析，获取数据特征，并形成数据资源目录；二是实施闭环的数据质量管理，制定校验规则，实施校验，质量报告，源头整改，提升数据质量；三是构建主数据的统一模型，将主数据和各业务系统之间建立映射关系，使同一道路设施设备在多个业务系统中的业务属性数据经过清晰转化后实现整合，支持跨业务系统的数据融合应用；四是实现同业融合，将道路设施设备的空间地理属性数据和其多重业务属性数据进行关联映射，融合完成数据模型，通过这个数据模型提供准确的、全面的、一致的设备设施信息，支撑高精度数字底座的服务。“高精度数字底座”的应用场景是4平台加1个聚合呈现：4个平台，在地图底座上构建4个平台，一是路网运行及应急指挥调度一张图平台，二是道路设施养护及应急处置一张图平台，三是路网机电设备管养一张图平台，四是路网车主服务平台，一个聚合呈现是道路设施设备的动态集成呈现。“高精度数字底座”目前已具备规模化应用的条件，未来可为高速公路建设、管理、养护、运营、服务等提供统一的地图和数据服务能力，有助于提高高速公路运营管理效率。

——根据广东省交通集团信息中心主任梁华在2023中国高速公路信息化大会《数字化、智能化助力高速公路高质量发展》主题论坛上所作演讲整理

2. 有效使用数据，数据变现的方式

从数据给企业带来的价值的角度，数据不仅是自己使用，通过提升效率和效益间接地创造价值，而且可以对外“销售”数据，直接给企业带来收益。因此在实践中，从一个组织利用数据创造价值或收益的角度可将数据变现区分为数据直接变现和间接变现两种方式。

如前所述，企业融合内部和外部数据，利用数据智能分析改进企业自身业务服务和运营来创建补充收入流。这种数据自我利用数据创造价值亦称为数据的间接变现方式。之所以被称为“间接”，是因为数据分析渗透于企业运营和管理的整个活动之中，所创造的价值表现为企业组织的总收益（总利润）的增加。

直接变现的方式也称为外部方式，是指将自己生产的数据进行初步加工、分析、处理所形成的数据产品或服务，直接转化为收入。前面描述的原始数据的生产、数据集的生产和数据分析均属于旨在直接实现数据价值的专门经济活动。数据价值的直接实现方式本质上是经营数据资产，利用数据资产创造全新的收入流或者主营业务就是从事数据资产运营或智能服务。

表3　数据变现的两种方式

	具体含义	具体方式
直接变现	将自己的数据或者与外部数据融合，按照产品化思维加工、分析处理形成数据产品或服务，直接转化为收入	（a）提供/分享数据（数据许可使用） （b）货币或非货币对价进行数据交换或交易 （c）通过经纪人或数据市场交易数据 （d）提供或销售洞察、分析和报告 （e）提供商业解决方案 （f）数据担保融资
间接变现	通过数据分析改进业务服务和运营来提升经营绩效，带来边际收益或收入流	（a）优化生产工艺和流程，降低能耗，减少库存，降低成本，改进绩效 （b）降低风险或改进合规 （c）新的业务、开发新产品或市场 （d）更好地了解您的客户，改进现有产品或服务 （e）优化资源分配和利用效率，创造竞争优势 （f）建立和巩固合作伙伴关系 （g）通过特殊公司结构将数据列入资产负债表

3. 数据变现和数据经济

数据价值实现的两种方式是我们观察和分析数据作为生产要素的基础。实际上，在数据价值的直接实现方式中，数据本身是“生产”活动或经济活动；而在间接实现方式中，数据是支撑整个经济活动的生产要素。数据作为生产要素应当从这两方面来理解。

数据货币化首先从内部开始，通过数据治理，提高企业内部数据质量和决策效果，以提升企业运营效率和效益。然后再考虑数据产品化和服务化，以最大限度地实现数据的价值。在产品化过程中，对原数据进行了细化、清理，甚至分析和打包，使其具有明确的价值主张、描述、定价，满足不断变化的客户需求。而在这一过程中，企业就会发现数据产品化商机。因此，除非是专业的数据生产企业，不然应当先从企业内部数据产品开始，确保能够先生产支撑企业智能决策数据产品。毕竟数据治理是一个复杂且需要许多技能的工作，需要有相应的数据架构、业务流程和精通数据产品的业务开发和管理技能业务人员。企业在数据治理方面积累一定经验后，便可以尝试走出去、尝试交易数据，构建数据生态系统。

一旦每个企业按照产品化思维治理数据，使数据具备智能能力，那么必然会将数据转化为可交易商品。也就是说，此时的数据也具有了为接受者使用，进行创造价值的特质。数据不仅给输出者带来利益，而且可以给输入者带来价值，成为有用的可交易的商品。数据的最终价值体现为认知或智能决策价值，而为了最终实现这一价值，需要先将其视为“商品”，让其按照经济规律流通。因此，数据流通是构建促进数据最终价值实现的数据经济秩序，承认每个环节的价值创造，赋予实现数据价值的权利。数据生产、流通和使用就是围绕该目的构建的经济秩序。这便是数据经济。

4.企业的数据利用能力：数据转化为生产力起点和终点

由于数据价值体现为数据智能，因而数据经济本身的价值也在于促进数据智能的实现。数据经济的目的是让每个企业具有利用数据的能力，只有每个企业具备数据利用能力，数据才能转化为企业生产力，形成社会生产力。构建数据经济秩序，不在于数据直接变现（数据交易），而在于数据应用——每个组织数据转变为智能的能力。因此，数据要素市场建设的目的是赋能每个企业，每个企业是数据转化为生产力的起点和终点。

每一个企业都是一个社会存在，因此，企业要实现数据驱动发展，一方面需要利用好自己的业务数据，另一方面要获取外部数据，将外部获取数据与内部数据融合才能真正激活内部数据。在这个意义上，企业数据驱动发展需要外部环境，即数据要素市场，这就要求企业能够治理内外部数据，按照产品化思维，生产出既能满足内部需要的数据，又能通畅各种数据的交易渠道，直接变现其数据。只有每个企业有利用内部和外部数据的能力，具有能够对外输出数据的能力，赋能其他企业时，整个社会才能实现数据驱动发展；只有每个企业具有数据利用能力，整个社会才能实现数据驱动发展。

§14.3　如何成为数据驱动型企业

要成为数据驱动型企业，需要建立数据资产管理架构，制定数据战略，将数据与业务解耦，实现数据的跨域互联、交换、流通，实现数据的交换价值。同时，企业需要利用好业务数据，获取外部数据，将外部获取数据与内部数据融合才能真正激活内部数据。此外，企业还需要建立数据治理体系，确保数据质量，并建立数据安全体系，确保数据安全。最后，企业需要建立数据智能应用体系，将数据转化为生产力，形成社会生产力。

1. 建立数据资产管理架构

以数据治理为核心的数据管理已经成为数据驱动企业的基本要素，它应当以数据可用（数据质量）为核心，作为支撑整个企业运营发展的管理体系。本书从体系化角度，提出一个数据管理框架。

（1）数据战略

开展数据治理的首要工作是制定数据政策、数据标准和数据战略。决定企业数据需要和数据战略，理解和评估现行状态数据（state data）管理成熟度；建立未来状态数据管理能力；建立数据专业岗位和组织；形成和批准数据政策、标准和程序；计划和支持数据管理项目和服务；建立数据资产价值和相关成本。在这些基础上草拟、审核、批准和监督政策和标准。

（2）数据质量

改进数据质量和可用性是数据治理的主要目标。数据质量是“让数据适合其目的”，建立对数据的信任，使依据数据分析得到的决策正确或精准。数据质量是数据资产化的基础工程。改进数据质量首先要建立统一业务、技术和运营数据术语词表，数据谱系图。要将业务术语与技术术语对应起来（比如，vender代表数据库中供应商），准确地定义每个术语及其关联。总之，要建立数据词典（data dictionary）、运营元数据（operational metadata）、主数据，使它们之间相互匹配。数据质量的测评标准主要是数据正确性、数据唯一性或重复性、数据一致性、符合标准性和时效性（timeliness）。

（3）隐私、合规和安全

管制和合规要求也是数据治理的内在因素。数据隐私和合规确保数据从它的创制到存储是符合法律和公众预期，保护数据安全，防范数据泄露和数据损坏。

数据合规是贯穿数据治理全过程的，涉及从上到下各个领域和部门。要建构安全基础设施来保护流动的和静态的敏感数据，涉及数据保护、安全、访问、审计和控制政策。

（4）数据架构和数据整合

要降低成本提升运营效率的组织均渴望简化和整合数据基础设施。数据治理就是要在商业流程中整体架构数据处理能力，满足数据应用的需要。

（5）搭建数据分析平台，支撑企业智慧决策（BI）

数据治理基于数据分析需求，致力于培养高水平的数据分析决策的能力。在实施数据治理的初期，首先要确定企业使用哪些数据支撑哪些决策以及在哪些领域以何频率制作或提供哪些报告，这些报告存在何种联系，是否可服务多重目的。

2. 建立适合企业的数据架构

在数据经济时代，企业数据架构成为实现数据驱动发展的基础设施。创建成功的企业架构计划最大挑战是：收集有关应用程序生态系统的准确信息，并在应用程序生态系统发生变化时维护信息。企业数据可以分成静态数据和动态数据，它们都必须记录在案，而这需要统一系统架构来实现。①

① 数据架构提供了对数据存在的位置以及它如何在整个组织及其系统中传播的理解。它通过数据清单和数据流图显示数据从一个系统移动到下一个系统时所做的更改和转换；可以了解谁使用系统以及用于什么目的来帮助识别与提高系统中的数据质量相关的可能的业务影响，有助于创建指标和度量。此外，这些图表可以帮助确定如何根据谁创建和更新数据以及在哪些系统中来衡量对标准的遵守情况。覆盖数据责任和所有权的数据清单和数据流程图是识别责任和所有权方面任何差距的关键。

记录静态数据涉及查看数据的存储位置，如数据库、数据湖、数据仓库和平面文件。企业必须从列、字段和表中捕获所有这些信息，以及覆盖在其之上的所有数据。这意味着不仅要了解数据资产的技术方面，还要了解企业如何使用该数据资产。

记录动态数据着眼于数据如何在源系统和目标系统之间流动，不仅仅是数据流动本身，还关注这些数据流如何根据元数据进行结构化。对此动态数据记录了系统如何交互，包括流入、流出和相互之间的逻辑和物理数据资产。

企业数据治理的基础目标：创建单一版本的数据（事实）。因为只有单一版本的数据资源可以实现业务的共同视图，支持决策分析，也才有可能实现数据资产化——通过改善业务绩效获利甚或通过数据交易赚钱。

如何实现这样的目标，需要业务目标和业务流程驱动数据架构，需要业务驱动的数据架构实现数据治理，需要经过治理的一致标准的唯一来源数据。重要的是确保企业数据在业务部门内和跨业务部门得到定义、理解和适当调整，其使用符合已发布的标准和指南，其例外情况得到适当管理，数据政策得到适当实施。

开发企业数据模型形成数据架构，是企业/数据治理的关键基础设施。企业数据建模（EDM）是为企业或公司使用的数据创建图形模型的实践。它代表了数据的单一集成定义，独立于任何系统或应用程序，并且不依赖于数据的物理获取、存储、处理或访问方式。由于该模型包括一些管理数据使用的业务规则，并且能够跨职能和组织边界识别可共享和/或冗余数据，因此它可以为整个组织提供数据的整体视图，即“单一版本的事实”。

然而，开发企业数据模型不是一蹴而就的事情，需要正确的方法。其中最为重要的是通过开发主题领域模型和基本概念数据模型，该模型对整个企业使用的基本数据有一个组织性的理解，可以提高数据治理计划的有效性。

3. 以价值实现为内驱力，逐渐实现数据要素化利用目标

内部或间接的方法包括使用数据进行可测量的业务绩效改进和作出决策。外部或直接方法包括数据共享以从业务伙伴处获得有利的条件、数据或信息交换、（通过数据经纪人或独立的）销售数据，或提供信息产品和服务（例如，将信息作为现有产品的增值成分）。

企业数据的价值是可以计量的。数据价值计量方式主要有三种：

● 生产/购买成本：数据的价值由生产或购买数据的成本决定。

● 使用价值：数据的价值取决于其对公司业务流程和整体绩效的贡献（例如，提高客户满意度、减少库存或在包括直销在内的商业模式中更有效地部署销售人员）。

● 市场价值：数据的价值由其在市场上出售时的价格决定。

4. 建立数据资产会计核算制度

在数据成为生产要素或资源的背景下，寻找其会计处理规则，使数据资源纳入资产负债表，成为解决数据资产化的制度需求。虽然在会计上，凡是由企业过去经营交易或各项事项形成、由企业拥有或控制的、预期会给企业带来经济利益的资源都可以确认为资产。但是由于数据确权、计价估值等难题，数据资源入表存在会计准则适用难题。2023年8月，财政部发布了《企业数据资源相关会计处理暂行规定》（下称《会计规定》）对会计确认范围、处理准则等作出原则性规定。

《会计规定》并不改变现行准则对资产确认的计量要求，只是解决可以作为哪类资产“入表”的疑虑，并明确计量基础。依此，数据作为无形资产和存货两种资产形态，进入资产负债表。资产负债表中没有使用数据要素或生产要素概念，而直接称为数据资源。显然这里的数据资源是经过治理，满足可用或可重性，可以变现的数据资源，而不是未经处理的原始数据。

按照《会计规定》，依据《企业会计准则第6号——无形资产》（财会

〔2006〕3号）对无形资产的定义和确认条件，确认数据资源是否为无形资产，并进行初始计量、后续计量、处置和报废等相关会计处理。依据《企业会计准则第1号——存货》（财会〔2006〕3号）规定的定义和确认条件，确认企业日常活动中持有、用于出售的数据资源是否为存货，并进行相应的初始计量、后续计量等相关会计处理。《会计规定》只是对成本、支出、收入等如何计算作出指引。

按照笔者对数据价值形成的理解，单纯业务运行形成的数据只有经过加工处理（治理）后才能够成为生产要素或具有使用价值，才可以作为数据资产入表，这样数据资产可能转化为支撑决策的无形资产，也可能加工处理成为标准化的可重用的数据，作为存货型资产入表。会计对二者的区分相当简单，如果数据资产在使用和销售时不排他就是无形资产，如果存在排他性就是存货型资产。但这不应当成为数据作为无形资产和存货型资产的区别，因为销售并不仅仅是数据产品变现的主要方式，同时也是移转使用权，或许可使用为通常方式。这样，所谓的排他性就不满足。由于数据价值多样性、使用非竞争性，在许多情形下，数据成为无形资产，可能并不影响其作为待出售的产品（存货），甚至二者并不存在本质的区别。关键可能在于，可重用或标准化可能使数据资源成为产品，而无形财产可能并不以此为条件。

数据资源形态复杂，价值多样，《会计规定》仍然需要实践探索以解决确认标准、披露程度、计量方法等问题。甚至有专家建议将数据资产作为第四张表，更灵活、充分融入企业价值评价体系的财务报表中。笔者深信，数据资产化需要技术手段、法律保障和数据资产化管理相互配合才能实现，数据资源可以入表并不意味着什么数据均可以作为数据资产，关键是建立以资产化为目的的数据资产化管理体系，使企业运营产生和外部采购汇集形成的数据资源，配合健全数据资源的成本核算制度，完成数据资产的资产化和资本化运作。

第15讲 数据要素社会化利用：宏观数据经济

数据是社会资源，且是只有使用才创造价值的资源。促进数据使用，让社会主体最大限度地使用数据，是数据经济的内核，也是数据基础制度设计的基本目标。从社会整体角度，数据价值的实现经过数据（作为生产要素）流通和数据产品交易两个过程，一个满足数据产品的生产，一个满足数据的社会消费，而经由社会消费，实现数据向生产力的转化。这两个过程构成了完整的数据经济。

§15.1 数据要素社会化利用：数据要素的供给问题

从数据价值最终实现的角度来看，数据社会化利用程度越高，数据转化为生产力的可能性就越大。数据智能不应当成为少数人的专利，而应当成为各市场主体的能力。如何让社会主体以可接受的成本，获得好用的数据是数据智能形成的基础。

1.数据可重用性：数据供需匹配的条件

从互联网到物联网，人类社会进入泛在网络化生存阶段，数据在某种意义上不再是稀缺资源。但是在实践中数据利用率非常低，2020年全球创建、捕获、复制和使用的数据总量约在64.2ZB，但2020年产生和消耗的数据只有2%被保存并保留到2021年。[①]同时，有数据的人不利用或不能充分

① *Amount of data created, consumed, and stored 2010—2025*, Published by Statista Research Department, Mar 18, 2022, https://www.statista.com/statistics/871513/worldwide-data-created/.

利用数据，想用数据的人没有数据可用，也是社会普遍存在的现象。显然，在将数据作为生产要素（资源）的情形下，第一要义是将数据重用的潜能激发出来。在这方面，我们必须承认一个事实，就是数字化环境下生成的数据通常不具有当然为他人可用的属性。这是因为，数据的价值不在于其本身，而在于数据与数据关联、结合、计算分析所产生的洞见；而数据产生的场景下，脱离原场景或系统让他人或第三方用的数据还以透明和一致的方式记录数据，以便所有用户了解数据代表的内容。这里以数据可重用性描述数据要素社会化利用或流通利用的条件。

数据要素可重用意味着数据要素不仅可以为原来生产者使用（在原生环境中可用），而且可以提供给其他人使用，在新的商业场景和生态环境中亦可以使用。数据要素满足可重用性可以有助于识别和消除数据要素市场化流通的障碍，有助于数据经济的进一步发展，可以更好地利用数据要素创造的价值。只有当市场主体可以不断重用来自不同来源的大量数据要素时，才能充分利用大数据的好处，增加发现新趋势、模式和关系的可能性，产生具有经济和社会价值的见解和知识。因此，在挖掘数据要素的计算价值时，数据的可重用成为数据要素市场化的基本技术标准，也成为实现数据要素流通的基本途径。巴特·卡斯特斯和海伦娜·乌尔西克概括了三种类型的数据重用：数据循环（Data Recycling）、数据目的重用（Data Repurposing）和数据场景重用（Data Recontextualization），并且断言第二和第三种数据重用的类型将在欧洲数据经济中具有最大的附加值。它将来自不同来源（如不同社会部门和行业）的数据要素组合在一起，形成新的更大的数据集，数据要素的附加值可能会大幅增加。

因此，数据能够为某个个体使用并不一定能够社会化利用，不能社会化利用的数据就不能作为有用的“商品”流通，只有满足可重用性的数据才具有可流通性，也只有能够社会化利用，才有可能构建数据经济秩序。

2. 数据要素供给与需求匹配问题

大数据出现使人工智能获得突飞猛进的发展和应用，由此人工智能走向更普及但不断迭代的发展。从基于用户数据分析的智能推送到以Chat GPT为代表的基于大模型的生成式人工智能，基于大数据的智能（数据智能或机器智能）已经展示出无限应用潜能和魅力，推动着人类社会的认知能力的革命。

在这一背景下，数据成为一种社会资源（我国表达为生产要素）成为世界的共识。于是，每个企业——无论是否具有数据智能的开发能力——均视数据为“财富”，不断获取、控制甚或囤积数据；而那些具有技术能力的企业却没有合法的途径获得数据。在很长一段时间，数据使用者主要依赖技术手段（典型的如爬虫技术），无序地获取数据。

爬虫技术主要是为了方便、快捷地获取网络上海量的数据/信息应运而生的。互联网的开放和自由原则给信息资源的自由利用提供了无限的空间，为了平衡网络运营者对信息资源的控制和互联网的信息自由开放，互联网一开始就发明了Robots协议，由互联网运营者自主设定可以爬取的数据边界。但是，爬虫技术很快摆脱了人工的束缚，进入程序/代码或者机器爬虫的阶段。爬虫对象也从浅层信息走向了底层数据。爬虫技术成为如今许多所谓的大数据公司获取数据、进行大数据挖掘近乎唯一手段。

爬虫技术虽然是有效率的，但是并不是经济的。通过爬虫等技术手段获取数据除了面临诸多法律风险外，其中最主要的问题还是数据真实性、完整性、一致性等，爬虫取得的数据质量没有保证，数据供给的稳定性、持续性更无从谈起。数据工程师或数据科学家要花大量时间和精力治理数据，确保数据可用。

《数据科学2017年报告》调查显示数据是数据科学家工作的核心，获取有质量的数据成为AI项目成功的第一大障碍。数据科学家用51%的时间在收集、清洗、打标签和组织数据，而用19%的时间结构和建模数据，10%的时间挖掘数据模型，9%的时间完善算法。

减少数据获取难度和减少洗清整理数据的工作量成为促进AI研发和应用要解决的首要问题。为此将产品化思维引入数据治理领域，按照用户需要生产标准化的数据以满足数据科学家、算法工程师的需要，成为最有效解决数据需要和质量问题的路径。

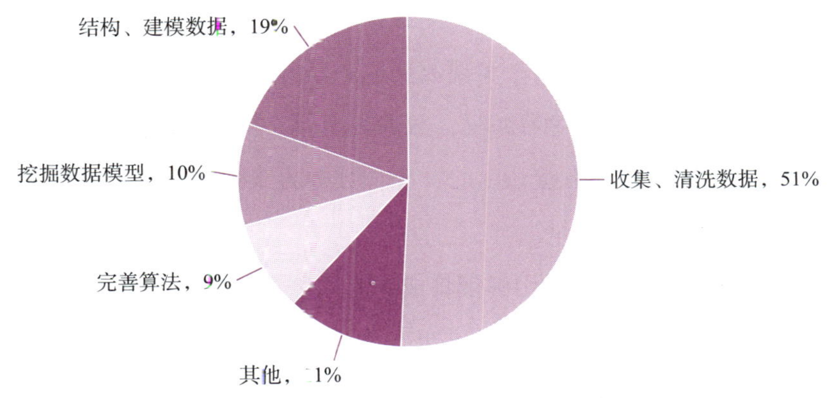

图15–1　数据科学家的工作时间

资料来源：Data Scientist Report，2017

数据科学家之所以要花费超一半的时间来清洗和组织数据，就是因为实践中并没有能够使数据科学家直接可用的数据。如果有这样的数据供给，且数据科学家可以以更快捷和低廉的成本获得和汇集数据，那么数据科学家就可以更有效地分析数据，训练出更精准的模型，输出更好的智能。显然，数据经济或数据要素市场建设目标就是解决可用数据供给问题。简言之，数据产品化是数据要素化利用的基本路径，而一旦数据可以作为产品流通时，可用数据的供给问题就迎刃而解了。

3. 数据可重用的前提：数据与应用的解耦

数据可流通利用，就是数据能够被社会不同的主体为相同用途使用或者为不同用途、不同时序使用，要实现这样的使用必须实现数据与原应用场景的解耦。

数字技术在社会经济的应用是以提升业务运营效率为目的，数字化也是以业务驱动的，其所产生和处理的数据也是以服务业务为目的。但是，数字化转型则是数据驱动的，而且不仅仅是自身业务的数据，更要来自其他主体的业务系统的数据。这要求数据要可重用、可流通，进而让需要利用的人利用（社会化利用）。这就需要数据和应用解耦。

数据和应用的解耦实质上是要使数据能够脱离原场景、原应用而被更多的系统、工具和主体应用，实现数据的跨域互联、交换、流通，实现数据的交换价值。数据业务色彩越强，数据流动性就越差。只有数据与业务解耦，数据才可能成为可流通利用的资源，数据再次成为重新配置资源，创制更多的新商业模式的力量。

有专家指出，数据与应用解耦将成为互联网和数字经济发展的大趋势，这是适应互联网发展规律的必然结果，将促进数据要素流动和价值释放，降低数字平台的合规压力，也将为数据利用商业模式的创新带来更大的空间，最终促进数字经济的高质量发展。[①]

词语解释

耦合和解耦

耦合是两个以上的体系通过相互作用而彼此影响以至联合起来的现象。

解耦就是解除耦合关系。解耦的本质就是模块化，目的就是让各个组件可以单独使用，将两个有关系的东西通过一个固定通道（接口）进行结合，而通道两边的参数自由定义和灵活变更。

---

① 李晓东：《数据互操作技术助力数字经济发展新阶段》，《IT 经理世界》2023 年第 1 期。

在软件工程中，对象之间的耦合度就是对象之间的依赖性。耦合度越高，维护成本越高。因此，软件设计应尽可能减少代码耦合，让数据模型、业务逻辑和视力显示之间降低耦合，把关联依赖降到最低，而不至于牵一发而动全身。

4.数据流通技术条件：数据可互操作性

数据要素的可重用性在很大程度上取决于存储、处理和传输数据的系统彼此兼容、连接的程度，因此数据要素可重用性也表达为数据互操作性（Interoperability）。数据互操作性对于内部而言是创建、存储、查找、共享和重用数据，而对于机构组织之间或整个社会而言，它是实现数据分享或流通的基础设施。互操作性既适用于系统，也适用于数据要素，最终使系统能够交换数据并随后以最终用户可以理解的方式呈现该数据。IEEE[①]将互操作性定义为："两个或多个系统或组件交换信息和使用已交换信息的能力。"[②]实现该能力主要是句法（Syntactic）和语义（Semantic）两方面具有互操作性，最终使系统能够交换数据并随后以最终用户可以理解的方式呈现该数据，使用该数据。

数据互操作性对于内部而言是创建、存储、查找、共享和重用数据，而对于机构组织之间或整个社会而言，它是实现数据分享或流通的基础设施。数据互操作性就演进成为一种流通制度问题，要解决在法律上如何对待数据、数据生产者或持有者，设计怎样的体制机制实现数据要素

① 电气和电子工程师协会（IEEE，全称是Institute of Electrical and Electronics Engineers）是一个美国的电子技术与信息科学工程师的协会，是世界上最大的非营利性专业技术学会，其会员人数超过40万人，遍布160多个国家。IEEE致力于电气、电子、计算机工程和与科学有关领域的开发和研究，在航空航天、信息技术、电力及消费性电子产品等领域已制定了900多个行业标准，现已发展成为具有较大影响力的国际学术组织。

② IEEE，IEEE Standard Computer Dictionary：A Compilation of IEEE Standard Computer Glossaries，*IEEE Std* 610，vol.，no.，pp.1–217.

流通的高效、有效、及时和高质量，并帮助减少繁文缛节，降低相关流通成本。

一旦解决了数据互操作，就可以将数据打造成一种标准化和自动化数据交付方法，将数据产品视为一个模块化包，数据团队可以在无须脚本的情况下创建、使用、策划和重用该包。数据产品使数据工程师能够提高工作效率，其能使数据科学家、数据分析师、开发人员，甚至精通数据的业务经理在没有数据工程师帮助的情况下使用数据。这样，数据可以在数据管道（Data Pipelines）流动，数据即真正实现了产品化。

数据互操作技术成为支撑数字经济发展和数据价值释放的关键

第一，数据互操作是数据与应用解耦并承载数据全生命周期的技术基础。互联网数据互操作贯穿从采集、传输、存储到计算、应用、消亡的数据全生命周期。互联网数据互操作应解决标识确权、认证授权和安全交换三方面关键问题。通过构建统一标识体系来实现数据的可达性和可访问性，标识体系应内嵌确权功能，从而保障数据所有者和持有者的合法权益。数据访问和使用的前提是数据使用者的身份经过认证、对数据的请求通过数据所有者的授权，认证和授权保证了数据互操作流程的安全性和合法性。安全交换需要解决数据分类分级和算法管理等与数据治理相关的问题，是数据互操作流程中承载数据治理规则的关键步骤。互联网数据互操作应遵循数据治理“共权、共享、共赢”的基本原则，以开放包容的互联网精神推动互联网的发展。

第二，数据互操作技术支撑数据应用从数据中台模式到数据中枢模式。跨域数据互联互通的传统模式是数据中台模式，其特点是存在一个集中的平台，收集原始数据以满足数据流通的需求，但数据的离域面临着不可控的数据安全风险，不利于数据的价值释放，进而阻碍数据要素的盘活。数据互操作系统作为连接应用与数据的枢纽，支撑跨域数据互联互通的模式从“数据中台”发展为“数据中枢”，以保护数据交换的可信。数据互操作系统需在不集中收集数据和存储数据的前提下完成跨域数据的互联互通，用跨域数据索引与确权替代传统数据中心存储数据的方式，在归还数据管理与授权的基础上，为数据与应用解耦后的数据高效利用夯实基础。

第三，数据互操作技术支撑构建数字经济发展范式。数字经济的发展具有层次性的结构，它建立在传统经济形态和基础设施之上，并向上承载了数字文明的发展。数字经济的发展离不开三大模块的支撑：物理数字基础设施、逻辑数字基础设施（数据互操作系统）和数字化发展应用。数据互操作系统作为连接物理数字基础设施和数字化发展应用的中枢，遵循数据与应用解耦的模式，充分尊重数据所有权和持有权，并通过内化数据治理规则保证数据互操作流程中的安全合规。同时，数字经济的发展需要技术和标准、政策和产业等多方的共同努力，协力驱动以数字化数据为要素的数字经济高质量、可持续发展。①

5.有效的数据流通体制机制

数据的互操作性解决了数据流通的技术问题，而要使数据要素成为可市场化流通的“商品”就必须构建适配的制度，促进数据不断流通利用。在这方面，首要的一个问题是解决数据生产者的激励问题，建立数据资源识

① 李晓东：《数据互操作技术助力数字经济发展新阶段》，载《IT经理世界》2023年第1期。

别系统、确权规则和授权管理体系，构建数据流通秩序。

数据并不是天然具有可用的生产要素，需要经过治理—汇集—再治理—再汇集的不断往复，才能满足不同挖掘分析或计算分析目的的需要。这是因为作为计算分析的大数据必须真实、完整、一致、可关联才能够汇集利用。而大数据最大的特征是异构多源，来源需要核实查证，同时数据还有特定的场景性，脱离场景数据的不可识别性。要使来源于不同系统、不同主体的数据能够方便地相互连接起来，就需要建立清晰和一致定义的数据要素和属性（描述），并采取或转换为统一格式。这样，无论数据流通到哪里，无论想获得什么见解或想解决什么问题，都能够正确理解所获得的数据，与更多数据实现匹配和聚合。这一过程被统称为数据治理。数据治理是对数据核实、完善、标注等处理，使其成为可用或可重用的数据。因这样的治理活动不断地使数据产品化，创造了价值，因而亦被誉为数据生产行为，称之为数据集的生产。

显然，数据治理应当给予与其创造的价值相适应的回报，治理者（生产者）才愿意流通数据。如前所述，数据持有权的权利配置原理就是给创造价值者配置以适当的权利，让持有者有动力开启数据流通利用。只是由于数据本身特征的特殊性，给数据持有配置了特殊的产权结构：持有者在持续持有原数据（可不断生产和供给数据）的同时，可以不断让与使用权（给不同的主体开展不同使用），而让受让者因使用而再次成为持有者，享有再次流通数据的权利。这样的产权配置可以最大化地实现可重用数据要素的流通，最大化地实现数据要素价值。

除了数据持有权制度外，数据要素成为可市场化流通的“商品”的适配的制度，就是安全、高效、可信流通机制的。这是因为，数据再怎么产品化它仍然是非标产品，数据的流通交易仍然不能做到像传统物质产品或资产那样实现完全市场化交易，同时数据本身是有风险性资源，数据持有权不能解决其上并存的利益和其上法律风险，因此，数据流通机制建设就显得相当重要。在这方面，可以流通数据的标准及实现方式成为重要的环节。

§15.2　数据要素流通："数据作为产品"

为了构建数据流通利用秩序，最大化实现数据社会化利用，首要的问题是什么数据可流通，如何流通。数据是否可以成为自由流通的商品，以市场化机制实现社会化配置和利用，进而实现社会效用最大化，这是将数据视为生产要素，按照经济原理利用数据，实现其价值而必须回答的基础问题。

为了更清晰地勾勒宏观数据经济，作者将数据要素社会价值的实现分为两次过程，一是数据作为数据智能（机器智能）的生产要素，二是数据智能作为社会经济的生产要素。在前一种情形下，我们将数据视为产品，通过流通最大化实现其社会价值——生产更多的智能产品；而后一种情形下，我们将数据产品视为社会经济的生产要素，通过流通最大化实现其社会价值——创造数据生产力。

1.数据作为生产要素的两个层次

进入数字经济，数据成为资源，成为生产要素，这是一个符合数据时代特征的判断。但是，我们必须承认一个事实，即碎片化的数据是没有多少价值的，只有关联、组织、汇聚起来形成数据智能，并转化为人的智慧，才能够转化为生产力，带来经济效益。数据只有转化为生产力，提高生产效率，降低成本，提供效益时，才成为生产要素。数据从"不能用"到"能够转化为生产力"有一个过程。这一过程可以简单地描述为从采集、汇集形成数据集，训练算法、用算法再去输出智能知识，几乎所有的数据科学家在讲大数据价值链时都向我们描述这一过程。

Miller & Mork将数据价值创造过程进行分解和整合，提出了"数据价值链”的概念，并将其视为从捕获到决策的全面管理数据的框架，支持各种利益相关者及其技术。[①]Curry对数据价值链的概念进行更系统的整理，并将数据价值链分解为数据采集、数据分析、数据整理（data curation）、数据存储和数据使用等五个环节。[②]

如前所述，本书区分出两类数据要素：生产数据产品的数据要素——原始数据或原材料，赋能社会经济的数据要素——数据产品。作为生产要素，首先是满足智能分析需要的原始数据，这是知识的生产要素或智能的生产要素。有了数据智能之后，机器智能可直接转化为智能行动，直接产生生产力；也可能产生知识信息，再转化为人类的智能，通过人类智慧的决策再转化为生产力。这样的转化虽然有了新内容、新方式，但是并不是今天所独有。在这个意义上，**数据要素化、市场化利用要解决的问题恰恰是将数据转化为生产数据产品的要素**。

数据智能是以数据为生产原材料，基于其计算价值进行挖掘分析进而形成决策，以支撑科学研究、商业运营和社会治理的价值生产模式。在此意义上的数据要素已经不是数字化的知识，而是泛指在智能网络系统中生成的供机器学习等数据智能分析工具使用的可机读原始事实数据。为了培育形成数据要素市场，数据需要完成从资源到生产要素的跨越，即数据的要素化和市场化过程。数据的要素化是使数据资源满足原始性、机读性及质量标准要求的过程，从而使数据资源具备可用性，以支撑数据智能的价值生产与实现方式。数据要素的市场化旨在实现数据要素的可重用性，使数据要素成为可社会化利用的“产品”，让数据要素以标准化的产品形态得

---

① H. G. Miller and P. Mork，“From Data to Decisions：A Value Chain for Big Data，” in IT Professional，vol. 15，no. 1，pp. 57–59，Jan.–Feb. 2013.

② Edward Curry，*The Big Data Value Chain：Definitions，Concepts，and Theoretical Approaches*，In：Cavanillas，J.，Curry，E.，Wahlster，W.（eds）New Horizons for a Data–Driven Economy. Springer，Cham. https://doi.org/10.1007/978-3-319-21569-3_8.

以在数据要素市场中自由流通。

2.可流通数据：数据作为产品

为了使数据能够流通，我们需要解决两个问题，一是承认数据持有者地位（持有权），二是持有者的数据具有可重用性。为解决后一问题就出现了将产品思维应用于数据，将其处理成为具有产品特性的数据。这样的思维形成的数据被称为“数据作为产品”。

数据具有分析价值，随着数据种类、数量越来越多，而且数据利用越来越专业，将数据视为产品进行生产、供给和汇集逐渐成为产业实践。我国提出的数据作为生产要素（“数据要素化”）实际上就是“数据产品化”。数据产品化基本上是把数据从原来不好用、不可用，变成像产品一样可用、好用的数据。数据作为产品就是用经济学思维来解决“把不可用、不好用的原始数据转化为可用、可重用的数据”，并由此创建数据采集、收集、加工、治理、流通、交易经济秩序。如今，机器生产数据，学习数据，产出知识、洞见和模式，成为区别于人类的智能体系，数据作为产品的意义在于为机器智能提供足够多的原材料。

数据作为产品，大大降低了可流通的数据门槛，只要范围可识别、可重用、有价值，那么就可以成为流通的标的。这样的数据产品非常广泛，凡是可以用来关联分析的数据流、数据表、数据项、数据集均可以视为独立的可交易的产品。原始数据、派生数据、数据集、报告、分析视图、3D可视化、算法、决策支持（仪表板）和自动决策等均可能被泛泛地称为数据产品。

3.数据作为产品的典型：数据集

数据要素是用来生产知识原材料，是经过处理可以不断重用的原始数据。所谓的原始数据仅在于该数据仍然保持与客观世界的关联性，可以不断地用于实体规律的发现。要素数据以数据集为典型，数据集泛指有组织的数据集合。ISO[①]所定义的数据集更加符合产品性数据要求，即数据集（data set）以一种或多种格式可供访问或下载的可识别数据集合（identifiable collection of data）。[②]数据集可大可小，可以小到包含在更大数据集中的单个要素或要素属性。[③]从可重用的角度，无论怎样微小，它必须具有可关联性，也就是可以识别某个对象的数据。"高价值数据集"被认为有三个重要的特征：可重用性，对数据所有者的价值和重用者的价值。[④]数据的产生形成过程实际上是附加价值于数据集，并将之打包成易于理解、购买和消费的数据产品。

数据集（data set）是一组相关的、离散的相关数据项的集合，这些数据项可以单独访问，也可以组合访问，或者作为一个整体进行管理。数据集是按照一定标准的数据记录文件，供系统上运行的程序使用。可以对数据集进行编目，这样就可以按名称引用数据集，而无须指定数据集的存储位置。数据集被组织成某种类型的数据结构。例如，在数据库中，数据集可能包含业务数据（姓名、薪水、联系信息、销售数字等）的集合。数据库本身可以被视为一个数据集，数据库中与特定类型信息相关的数据体也

---

① 国际标准化组织的英语简称。其全称是International Organization for Standardization 。国际标准化组织（ISO）是由各国标准化团体（ISO成员团体）组成的世界性的联合会。制定国际标准工作通常由ISO的技术委员会完成。ISO与国际电工委员会（IEC）在电工技术标准化方面保持密切合作的关系。中国是ISO的正式成员，代表中国的组织为中国国家标准化管理委员会（Standardization Administration of China，SAC）。

② 数据集可以是较小的数据分组，尽管受到一些约束（如空间范围或要素类型）的限制，但物理上位于较大的数据集中。理论上，数据集可以小到包含在更大数据集中的单个要素或要素属性。数据集可以以表格形式呈现，并以文字处理文档、电子表格或数据库的表格形式存储和分发。它也可以以多种替代格式中的任何一种呈现，包括AVRO、JSON、RDF和XML等。

③ 指一个数据单元，通过一组属性来限定其定义、识别、表示和允许值。参见ISO/IEC 11179-3：1994。

④ Brecht Wyns，etc. Good practices for identifying high value datasets and engaging with re-users：the case of public tendering data，https://www.w3.org/2013/share-psi/wiki/images/3/31/Share-PSI_Submission_Paper-PwC_v0.03.pdf.

可被视为一个数据集，如特定公司部门的销售数据。

要素类数据产品或数据集可以是静态固定数据，但通常是数据流或持续生产的流数据。在持续生产流数据的情形下，要么API接口提供，要么通过数据平台提供的接口提供或数据库订阅方式进行交易。

以数据集推动瓷砖工业发展

天池大数据科研平台是阿里旗下知名度最高的中文竞赛平台。阿里集团于2014年正式推出"天池"大数据科研平台，该平台基于阿里云的开放数据处理服务ODPS，面向学术界开放海量数据（阿里数据及第三方数据）和分布式计算资源，旨在打造"数据众智、众创"第一平台。

为了推动AI技术应用到传统的行业，天池推出瓷砖数据集，该数据集内含的数据覆盖到了瓷砖产线所有常见瑕疵，包括粉团、角裂、滴釉、断墨、滴墨、B孔、落脏、边裂、缺角、砖渣、白边等。还有一些缺陷只能在特定视角才可以观察，包括低角度光照黑白图、高角度光照黑白图、彩色图，保证覆盖到生产环境中产生的所有瑕疵能被识别，是国内首个聚焦在瓷砖瑕疵质检的数据集。

以抛釉砖为例的瓷砖生产环节一般经过原材料混合研磨、脱水、压胚、喷墨印花、淋釉、烧制、抛光，最后进行质量检测和包装。得益于产业自动化的发展，目前生产环节已基本实现无人化。而质量检测环节仍大量依赖人工完成。一般来说，一条产线需要配2～6名质检工，这样的质检方式效率低下、质检质量参差不齐、成本又居高不下。瓷砖的表面是用户衡量瓷砖质量的最直观标准，是瓷砖行业生产和质量管理的重要环节，也是困扰行业多年的技术瓶颈，同时长时间肉眼在强光下观察瓷砖表面寻找瑕疵也对工人的视力也会产生影响。瓷砖表面瑕疵检测数据集通过基础数据集来对照实现无质检员且可以有效直观地体现瓷砖表面瑕疵。在数据标注过程中，达摩院的算法专家们对数据集的数据质量进行了全程把关，保证了天池数据集的质量。

——根据源于天池大数据科研平台《瓷砖表面瑕疵检测数据集》整理

§15.3 数据产出物：数据产品

数据流通的目的不断满足数据加工使用或生产性使用，利用数据训练算法，挖掘数据背后的知识。最后一个阶段的数据加工处理的核心是数据分析、机器学习，而其产出为数据产品。数据产品不再属于要素意义上的数据，而属于知识范畴，称为智能产品。

1. 可流通数据的产出物：数据产品

数据要素化利用最终是要生产出可赋能社会的数据产品。这种数据产品可以看作数据产出物，这种产出物形态和价值相对稳定，具有传统的产品基本特征。数据产品与数据要素的最大区别是，数据要素的价值是计算价值，是用来满足生产性使用的，通过不断汇集结合，产出数据产品；而数据产品的价值是内容价值，是用来满足消费性使用的，使用者只是使用工具或者吸收知识内容，做出社会意义的决策或者智慧行动。数据产品应用（消费）转化为社会生产力。

数据的产出物大致分为两类：模型产品和知识产品。工具类数据产品属于数据分析方法或技术工具，而不是数据本身。工具数据产品亦可以称为功能性数据产品。典型地用于数据挖掘、匹配、清理、相关性计算和沿袭追踪的算法模型。开发者可以将用户定义函数的算法上传到数据市场，需求者可以“购买”和使用这些算法模型。“数据产品由数据训练而成，具有自适应性和广泛适用性的经济引擎，这些引擎从数据中获取价值并生成新数据作为回报。”[①]从数据中学习、自适应性和广泛适用性的系统或智能分析工具亦可被视为数据产品。这类数据产品将会越来越多，因为并不是所有的组织都具有数据智能分析能力。客户拥有数据但不清楚可以用它解决哪些业务目标时，可以使用一些工具类数据产品，解决数据分析应用于业务的特定问题。有些专注于人工智能或大数据的公司可能会提供一些数据产品帮助企业向用户推荐商品，生成人工文本，估计事件发生的概率等。基于语义网络的知识图谱也可以认为是工具型数据产品，因为真正的知识图谱是从不同信息源“获取和集成信息到本体中，并应用推理器推导出新知识”。[②]知识图谱将成为支撑机器学习、人工智能有效运行的重要数据产品。

数据是生产知识的要素，一旦机器能从大量历史数据（训练数据）中学习规律，形成模型，就可以依照输入数据状态产出合理预测或洞见——知识。知识成为大数据分析结果或产出，这些知识可以应用于各行各业，支撑科学研究、运营决策。随着大数据分析应用需求的增长，社会中逐渐出现了数据供给者形态的企业，一方面为汇集和聚合数据，形成可重用的数据资源，提供给需要数据的主体；另一方面研发各种算法模型，布设机器学习，形成新的智能或知识服务。贾斯丁·洛基茨所总结的三种大数据商业模式中，“信息即服务”（IaaS）和“答案即服务”（AaaS）即指这种知识类数据产品交易。[③]在数字化转型过程中，并非所有的企业都具有足够的数据，即使有数据也并不一定有挖掘分析能力，因而“信息即服务”“答案即

① Benjamin Bengfort，Jenny Kim，Data Analytics with Hadoop，Published by O'Reilly Media，Inc.Released，at Chapter 1. The Age of the Data Product（2016）.

② 并不是每个知识库都是知识图谱。知识库属于知识表示方式，其构建方式存在本质差异，从完全手工制作的知识库到自动提取和处理的知识图谱。参见Lisa Ehrlinger and Wolfram Wöß，Towards a Definition of Knowledge Graphs，http：//ceur-ws.org/Vol-1695/paper4.pdf。

③ 该文将大数据商业模式区分为“数据即服务”（DaaS）、“信息即服务”（IaaS）和“答案即服务”（AaaS）。参见Justin Lokitz，Exploring big data business models & the winning value propositions behind them，https://www.businessmodelsinc.com/big-data-business-models/。

服务”就有了广泛的市场需求。

2.数据产品即智能产品

作为数字产品家庭的新成员，数据产品可以理解为由数据产出的或支撑的智能产品。

数据要素化利用首先是生产和供给机器学习使用的数据，而机器学习等形成的数据产品或数据服务才进入人类消费使用的消费品序列。数据产品表现为数字形式、价值固定且在于内容或工具价值、可为人类直接消费等方面，类似于软件、电子书、数字创制物、音视频、知识库等数字产品，但是数据产品依赖数据的知识或智能输出。

智能产品（intelligence product）是智能的、连接的、软件支持的产品，可以通过实时反馈不断改进。他们生成和收集的数据可以为组织提供智能服务，从而产生新的基于“服务化”的业务和收入模式。在数据的推动下，产品可以与更广泛的生态系统交互连接，提供增强的客户体验、优化产品性能和服务、敏捷供应链，并更可持续地提供新的价值来源，帮助组织过渡到“解决方案提供商”的地位。这些智能、互联、软件支持的产品称为智能产品和服务，这些产品使组织能够从传统的“制造、销售、运输”商业模式转变为基于服务的新模式。从传统产品向智能产品和服务的过渡是复杂的：它需要以客户为中心、新的商业模式、组织变革、新的生态系统合作伙伴关系和数字化能力。

比如，ChatGPT是依赖于大量文本数据训练，理解场景生成对用户查询的响应。对于用户就是一种数据产品，而背后是一个复杂的系统，结合了机器学习算法、自然语言处理技术和复杂的软件工程来创造无缝的用户体验。再如，各类数据服务，对于用户来说获取的只是个人答案或方案或分析结果，但其背后是数据集成商根据用户需求使用相应的算法，对适配的数据进行计算分析的结果。在这个意义上，数据产品是数字产品家族的新成员，是机器智能带来的人类新“福利”，在这个意义上数据产品应当称为智能产品。

3. 泛数据产品概念下的数据市场

数据从原始数据到作为产品的数据再到进入消费市场的数据产品，是一个连续的过程，这个过程有着各种不同形态或各类的可流通数据。作为产品的数据和数据产品可能是对可流通数据的抽象表述，以便更好地构建数据流通利用秩序。数据作为产品只是为了让数据流通而设计的概念，只有给予加工者以流通权使其实现创造的价值，并不需要持续的控制；而一旦属于数据的产出物，其价值相对固定后，就需要建立长期稳定的持有权，以保障数据产品的生产者（持有者）通过持续地交易实现其价值。

如果将数据产品化看作一个连续的光谱来观察，那么数据产品化程度加深，其投入成本会增加，但是其用途则由宽变窄。在数据市场价格方面，随着加工处理程度加深，用途越窄或特定化，其价值就越固定，其价格亦越好评估；相反，越是处理程度低的数据，其用途虽然宽泛，但其价值却不确定，没有具体到场景的数据，其价值就很难估量。

图15-1是Douglas B. Laney列举的可交易的数据产品清单，他简单描述了可交易数据产品的形式及其成本和效用的关系。

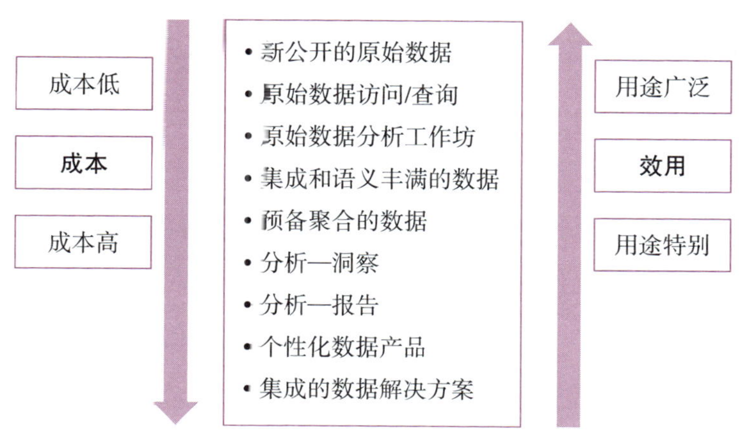

图15-1 作为要素的数据形式及成本和效用关系图

资料来源：Douglas B. Laney文章《产品管理方法到数据变现》。

显然，数据作为产品和数据产品的二分法，只是为了分析需要，现实中数据产品形态更加多样，且位于两端之间。这意味着数据市场应当根据可流通数据的特征来构建，具体论述参见 § 16.2。

§ 15.4　数据消费：数据价值的最终实现

数据经济的目的是促进数据产品的生产和促进数据产品消费，为此我们需要构建数据要素市场和数据产品消费市场，设计适合实现这两类目的的数据流通交易制度，形成数据经济的基本格局。

1. 数据经济的基本格局：数据要素市场和数据产品消费市场

数据经济的最终目的是促进知识生产、智能消费，应用数据产品实现社会生产力的提升，但是其前提是生产出可供社会消费的数据产品，供社会消费。为此，我们将促进数据产品生产的数据要素的生产和流通称为数据要素市场，而将数据产品交易称为数据消费市场。

数据要素市场是通过数据要素流通市场，促进数据产品的产生。数据消费市场是通过数据产品的交易，促进数据产品的消费。数据要素市场和数据消费市场相互联系和促进，共同构成数据经济总画面。数据消费市场可以拉动数据产品的生产，而数据要素市场繁荣和发展则生产出更多的数据产品，满足社会的数据产品的消费。

从一般经济规律的角度，数据经济发展需要需求或消费拉动，但是由于数据并非具有直接消费性，而需要将其转化为可消费的产品，最终让数据转化为社会生产力。因此，这是消费市场应当实现的目标。

数据最终目的的实现既需要数据产品消费的拉动，也需要数据要素市场健康发展，生产和供给更多更好的数据产品，供社会消费。因此，数据要素市场建设即是促进可重用原始数据生产和流通，以生产更多数据产品。因为原始数据的汇集、融合计算、机器学习，才可以产出知识或智能。数据要素市场是为生产数据产品提供原料的市场，而不是数据产品消费市场；数据产品的流通和消费带动数据要素市场发展，不能将二者混淆。我们需要赋予数据资源持有者流通权，激励其生产满足数据产品生产需要的数据集，更需要确认数据集持有者的权利，以促进数据集的不断流通。

2. 智能产品：数字产品的新物种

数字产品是数字技术应用于内容创作、制作、传播和消费的一种结果。数字产品指数字时代的信息内容消费品，体现于内容价值。

随着数字技术的应用，一切信息内容、文字和视听作品、图像等均可以数字化，数字化的内容均可以通过网络传播。于是，数字产品创作、制作、传播、消费成为一个重要的产业。数字产品泛指基于数字格式、可通过网络传输的内容制品。

数字产品以数字形式呈现，其价值主要体现为内容价值或工具价值，如电子书、课程、邮件列表、图形、软件、主题、模板、视频、音乐等；这些数字内容也称为数字物品，可以通过网上销售，可以通过网络下载、浏览和视听等，是可以以流媒体格式在线交付和消费的产品。数字产品可能不会直接为公司赚钱，但它可以为产品或服务创建数字触点。也就是说，数字内容产品的价值不仅仅在于产品本身（内容）价值，还在于可以通过消费者参与和互动，洞察消费者，为消费者提供更好内容产品或其他服务。

随着人类信息处理技术和能力的提升，我们具有加工处理原始数据，从数据产出智能或输出知识的能力，这属于数字产品的新“物种”。

数据的产出物、模型、智能工具、预测分析等，虽然称为数据产品，但其本身已经不再是数据，而属于知识范畴。类比人类智力成果，数据产品可以称为智能成果。现有内容消费体系下存在数字产品意义上的消费品，而数据产出物——智能或知识，则属于数字产品范畴，属于数字产品的新“物种”。

数据分析使用不仅产出智能产品，而且数据智能作为持续变革社会经济的力量，也在不断地改变既有产品呈现和消费方式。在广义上，数字产品以数字形式存在并提供价值的任何东西，除了内容产品外，智能产品也正在催生出既有产品的智能化转型。在智能化下，数字产品的价值在于满足用户的需求或商业目标，制造、发现、交换、感知和响应。用智能产品创造新事物、查找信息、交换数据、娱乐或获取知识，用物联网设备还可以感知、操控和管理设备等，带来全新产品体验。

3.数据产品的交易方式：数据服务或智能服务

智能产品作为数据产出物，通常不是以产品买卖或转让方式进行交易，而是以服务方式进行交易。产品交易与服务交易的不同之处在于，在产品交易中，除了交付适合的产品之外，持有人没有其他义务或其他工作要做；在服务交易中，持有人是持续地提供智能工具或许可使用，或者提供个性化的数据分析或解决方案。

这也就意味着数据产品虽然形态和价值稳定，但并不是采取典型的买卖交易或让与交易，而是服务交易方式，即使存在产品的下载、安装或交付，但仍然存在持续服务支撑。缺失持续数据支撑或技术服务，智能消费近乎难以实现。

在数据市场中出现名不副实的现象，作为生产数据产品的原材料（作为产品的数据）需要流通交易，而作为数据最终产出物的数据产品则采取服务交易。数据服务或智能服务将成为各社会主体数据消费的主要形式。因此，在数据市场中应当区分出两种数据交易：提供数据集给他人使用的数据流通交易，提供数据产出物（智能产品）的数据或智能服务交易。

智能服务与产品数字化

随着数字化程度的加深，传统产品和服务也开始数字化转型。现代产品或服务均考虑如何与数字技术结合，出现所有的产品和服务的数字化，形成新的商业模式或新核心价值主张。这意味着以人为中心的设计基础，让产品与用户对话，增强客户体验，使用敏捷的方法来加快交付和实现价值的时间。

非数字内容产品也可以通过网络化销售和服务，制造数字触点，形成用户与产品进行交互的界面，将产品与商业价值联系起来，以便提供最重要的体验和结果。数字产品是高绩效组织的纽带，好的数字产品都支持增长和差异化，提高竞争力，并灌输韧性。这网络化和数字化带给所有产品和服务提供者机会，“互联网+”或“+互联网”形象地描述了这一变革，最终导致消费驱动的产业运行方式——基于消费者数据分析的制造和服务业。这被概括为定制化生产、个性化服务。

智能化则进一步推进产品的数字化转型。传统产品还在产品中嵌入传感器，使产品更智能，从而能够自主解决问题。例如，当机器配备了传感器，可以产生有关其状况的可靠信息时，自我诊断故障并自动触发维护程序，防范机器出现故障导致某条流水线或整个工厂停止运转；同时，还可以利用机器运行产生的历史数据进行数据分析，改进制造工艺，前瞻性预测服务需求等。不仅如此，一旦有了传感器，一切都被连接起来，产品/机器之间实现协同工作，产品利益相关者相互联结起来。例如，嵌入式传感器使建筑工地上的起重机之间能够进行通信。当多台起重机在狭小的空间内移动时，重要的是将它们分开以避免碰撞。具有智能功能的起重机不断相互传输距离数据，因此多台起重机可以安全地移动集装箱或服务于同一区域而不会发生事故。因此，物联网环境下，机器之间协同可以比以往任何时候都更快、更安全地完成工作。与此同时，产品连接还为改善产品与周围世界（包括人和供应链）的互动开辟了一个可能性世界，使得公司可以利用数据分析，重新定义他们是谁、销售什么以及如何运营。在智能汽车领域，已经构建了以汽车产品为核心的相关产品和服务的新生态。

数字化产品转型的核心是随时调整路线的灵活性。要做到这一点，制造公司必须能够将交易信息和数据分析整合在同一平台上。将所有数据以便于理解和分析的格式结合起来，可以产生更具洞察力的建议和想法，然后人类或智能机器可以立即采取行动。这意味着，数据或智能服务是一种普遍的需求，将渗入每个行业和主体。数据智能无处不在，数据经济无处不有。

4.数据消费的制度需求

数据消费市场是数据服务社会经济，转化为生产力的关键环节。数据消费市场主要由数据服务或智能服务构成，该市场的主角是集成并拥有一定量数据，并具有从数据中产出知识或智能的主体。在法律制度上，我们需要保护在数据消费市场起主导数据持有者权利。最为重要的是当数据被加工使用形成最终的数据产品后，产品生产者即应当享有稳定的产权。此时可以借鉴知识产权原理，给数据产品持有者配置相应的权利，也就是一定期限的专有权，以此支撑其稳定的数据消费交易市场，调整智能或数据服务提供者与消费者之间的交易关系，促进数据向生产力的转换。

域外借鉴

德国数字产品消费合同

在2022年，德国民法典增加了数字产品的消费合同，在第三百二十七条增加了数字产品消费合同规则。其所定义的数字产品包括：数字内容（如软件、电子书、应用程序、数字音乐文件或数字游戏）和数字服务（如流媒体服务、即时通信服务、软件即服务、网络会务），并将二者统称为数字产品。它强调的是只要消费者为数字产品支付金钱或数据时就适用数字产品的规定。显然，这是一种较广义的数字产品的定义，网络上可以实现“交付”的交易几乎均可纳入该范畴。

第16讲 数据要素市场体系建设

数据经济旨在实现数据的社会化利用，让数据成为每个社会主体都能使用的资源，实现数据社会价值最大化。数据要素的市场化流通交易被认为是促进和实现数据社会化利用的重要方式，因此，数据要素市场体系建设在整个数据经济中占有基础地位。“数据二十条”总体指导思想是从数据特征出发，尤其是从数据价值形成和实现出发，设计最大化实现数据价值产权运行机制，构建数据要素市场。

§16.1 数据交易和数据市场基本问题

有需求就有交易。随着社会对数据需求的加大，数据交易市场也逐渐兴起，而且也在不断探索数据交易内容和形式。在某种意义上，数据库、数字图书馆等的数据资源采集、汇集和分发本身就是早期的数据市场，只是交易的主要内容为信息和知识资源，满足人类需要的信息资源。

随着大数据、人工智能概念的兴起，一方面泛在网络使数据产生呈指数级增长，另一方面商业智能决策对数据需求十分旺盛。互联网伊始奉行的公开和自由原则，一直指导着人对事实数据的获取，即凡是公开即可获取，甚至凡是用技术手段可获取都可使用。但是，在数据是资源的背景下，底层受生产者控制的数据，一直处于“爬”与“反爬”的战争之中。无序的数据获取和利用秩序成为妨碍数据资源社会化利用亟待解决的基础问题。如何和平地有序地获取数据，在承认数据生产者权利的前提下，通过市场化交易机制来解决数据资源的社会化配置和利用，自然成为社会经济发展的迫切需求，也成为行业和政府均希望探索和实现的数据要素基础制度。在这方面，“数据二十条”已经提出了基于数据持有权的数据使用权流通交易框架，但是，如何构建数据要素市场仍然面临一系列需要探讨的问题。

1.什么是数据交易

人们相互交换商品或开展以金钱为媒介的等价交换就是市场交易。市场交易涵盖任何等价交换原则开展的交易，从有形商品扩展到服务，从有形货物扩展到无形财产、股权和知识产权等。只要是公开的合法方式，实现有偿交换、贸易或交易就都属于市场交易。

由于数据是社会运行和社会活动（包括商业交易）的“润滑剂”或“血液”，所以无论人们是否承认数据可以成为交易标的，数据伴随社会活动或交易的开展而流动。在以金钱为对价或媒介的数据交易出现之前，数据一直被作为“等价物”在市场主体之间广泛流通，作为商业合作、商业交换的“筹码”，也成为各种商业安排的“润滑剂”。数据交换即以两种方式开展：其一，数据交换数据；其二，数据交换商业机会。

数据交换数据的行为被称为数据互换，指数据持有者以自己的数据交换对方的数据。数据互换类似于易物交易，可称之为易数交易。如果易物交易发生于货币不发达的买卖，那么数据易数交易则产生于数据价值的不易确定性、数据产权难界定的情况下，在相互依赖或合作的商业环境下，双方基于信任和对彼此数据的理解，可以很快达到易数交易，甚至易数交易被称为就是数据交易。数据交换逐渐被发展为数据共享，即多方主体通过一种交换机制实现多方数据交易机制。在这种方式下，两方或多方将数据传输到共同控制的介质，授予彼此访问权限或授予对数据源的访问权限。这种交易是真正的数据共享，也有称之为“data pooling”（数据池）交易[①]。

① ALI-ELI PRINCIPLES FOR A DATA ECONOMY- DATA TRANSACTIONS AND DATA RIGHTS（ELI Final Council Draft，2021）.

因此，数据共享是基于数据互换原理发展出的一种更加复杂的数据交易方式。

所谓数据交换商业机会是以数据交换某种市场份额、交易机会等。数据交换商业机会本质上仍然是易数交易，但相对于易数交易更加隐晦。由于数据在数字经济中重要价值是商业机会，数据是触达新市场或者开拓市场的工具，在许多商业合作或者商业交易中，就会出现一方提供数据，另一方直接提供市场机会或让渡市场的交易。

随着数据产品化思维的成长，数据脱离原业务场景或商业关系成为独立的交易商品，于是以数据为标的“买卖”交易实践就开始兴起，出现以货币为对价的数据交易。这种数据交易时常被称为数据“买卖”，但是由于数据本身并不存在所有权，因而并不符合以移转所有权为目的的买卖特征。如果法律接受数据持有权的本质是数据使用权，那么以货币为对价的数据交易，可以看作数据使用权交易。数据持有者提供数据让接受者使用数据可以看作数据接受者支付对价而获得了数据使用权。以金钱换取数据使用权的交易，我们称其为数据交易。

与数据交换不同，数据交易突破了商业关系和熟人关系的束缚，可以真正地实现数据社会化配置和利用。也就是说，以金钱为媒介大大扩展了数据交易的范围（地域、主体、行业等范围），突破市场主体的业务关系，真正地通过交易市场机制，实现数据资源的社会化配置。如果说数据交换（易数交易、共享交易等）是特定主体之间的数据流通，那么数据交易则属于非特定的陌生市场主体之间的交易（市场化交易方式），需要更多的法律制度介入以明确数据交易法律关系。数据使用权就是用来界定该类数据交易法律关系的基础制度的。

由以上我们可以看出，在等价交换意义上，数据交易包括数据互换和以金钱为媒介的数据使用权交易。这样数据交换亦可以理解为广义的数据交易。本书在广义上使用数据流通，涵盖各种数据交换方式。而数据交易是狭义的，以指金钱为对价的数据使用权交易。

2.数据交易需要中介组织——数据市场

当数据交易是以货币为媒介且在第三方运营的数据交易开展时，就诞生了交易场所意义的数据市场（data marketplace）。在我国，这样的数据交易场所被称为数据交易所。数据交易所运营者并不拥有数据，而是仅向交易双方提供空间、撮合、商务等服务的双边市场。

由于数据不属于标准化产品、数据上存在风险性等原因，超越商业合作关系的数据交易往往需要专业数据服务，以降低交易成本并确保交易安全。但是，数据交易所并不是合法数据交易的唯一通道，数据交易所也与受管制的交易所有别。

商品或服务交易（transaction or trade）并不一定需要在固定的场所集中进行，但固定的交易市场（marketplace）往往有利于市场管理，也有利于消费者选购和比较，促进市场竞争。但是，受国家监管的特殊商品交易、证券和金融资产交易则需要在国家特许的交易场所进行。目前，我国需要在法定场所交易的主要是证券交易、期货交易、贵金属交易等。

在现阶段，全国各地由政府发起、主导或批复的数据交易所达到44家。当前政府在探索数据交易仍然保持着较为审慎的态度，现在的审批并不是法律意义上的行政许可。截至目前并没有任何法律规定，数据交易应当实行特许经营。唯一涉及数据交易的《数据安全法》第十九条仅规定："国家建立健全数据交易管理制度，规范数据交易行为，培育数据交易市场。"因此，数据交易所是否需要纳入特许经营的范畴，由国家许可设立，是值得研究的问题。

如前所述，广义的数据交易包括数据互换和数据使用权交易，数据互换通常发生于有业务往来、商业合作的商业伙伴关系中，在相对熟悉的范围和环境中实现。比如，在存在业务联系企业之间或产业上下游之间，通过数据互换、共享协议或合作协议来实现。以金钱交易为对价数据使用交易则有可能超越商业合作关系，甚或在跨地域或行业主体之间进行。此时，数据交易面临以下问题，需要一定的市场中介来辅助或提供服务来解决。

（1）交易主体之间的信任。当数据交易发生于不认识或不熟悉的陌生主体之间时，主体之间缺乏信任，甚至通过网络交易环境下不能确定真实身份。这时需要中介组织提供信任机制。

（2）可交易数据的合法性判断。为确保数据交易安全，数据需方需要判断数据提供者是否享有可合法交易的数据。这涉及持有者是否有正当的数据来源、数据是否经过加工处理、数据流通是否合法等复杂的问题，单凭数据需方进行审慎调查要么很困难，要么成本很高。

（3）数据交易安全风险控制。数据交易意味着让数据使用者接触和使用数据，这种为外人使用的风险数据必须可控，否则就给数据提供者带来安全风险。如果持有者面临不确定或不可控的安全风险，也会阻却其流通交易。为消除持有者安全担忧，除了在法律制度上合理配置流通主体之间的责任外，重要的是能够证明和判断谁应当承担责任。实践中通常采取引入第三方构建相对安全的流通交易环境，同时解决责任追溯问题。

（4）数据供需匹配问题。数据产生于各行各业，但需要跨行业汇集利用产生价值，如何让产生于特定场景的数据，实现跨域或行业识别、聚合和分析利用是一件复杂的事情。在数据治理中，除了努力实现数据产品的标准化外，就是发现数据需求，按照需求生产和供给，这就需要具备行业知识，触角灵敏，有渠道通畅的数据供需匹配机制。否则，数据价值既不能在供给端被发现，也不能被需求端所接纳。

（5）数据交易便捷性和成本控制。与其他生产要素不同，数据是复杂的社会存在，不具有脱离原始场景自由交易的自然属性。没有制度，也会有数据交易，但可能因失范和滥用；不仅交易成本高，而且给社会带来的安全风险也大。数据基础制度旨在构建数据社会化重用的秩序，发挥数据的社会价值，同时也使数据社会化利用的消极影响降低到社会可接受水平。

明确可交易数据的条件和交易方式，建立市场交易规则，搭建跨数据系统、组织、行业或区域的数据安全流通通道和方式，有利于数据交易健康发展。

由于数据交易存在上述需求，实践中就出现各种承担上述部分或全部功能的数据交易中介组织。一般来讲，数据交易中介机构是为数据提供方和数据需求方（使用者）提供挂牌询价、交易撮合、交付履约、信用、安全和合规服务的机构。但是，即使有这样的需要并不妨碍当事人开展一对一的数据交易。理论上，数据交易应当是由当事人自由选择交易方式，自主地判断和承担数据交易风险和成本，当数据交易中介机构能够丰富可选择的数据产品、数据质量可验证的产品、合法和安全交易环境、交易成本低和风险可控时，当事人才会选择数据交易所进行交易。

由于数据交易所审批更加严苛，未经审批或经地方政府批准设立的就称为数据交易中心或交易公司或者交易平台。不过，只要规范化运营，切实解决数据交易的困境，“所”与其他数据交易机构并没有本质区别，都属于场所意义上的数据市场，都属于交易中介服务机构或所谓的“场内”交易。所有这些中介机构的发展都取决于找到市场接受的商业模式，为数据供方和需方提供他们需要的服务。毕竟，进不进场交易，进哪家场交易取决于市场主体自愿选择。

3.数据交易标的：可交易数据问题

有需求就有供给，就有交易，这是数据交易的社会基础。问题在于数据是社会的映射，不仅具有多样的存在，而且其上存在着复杂利益关系，纯粹由需求或商业驱动会对社会公共利益和公共秩序造成危害。数据交易需要法律制度介入，明确哪些可以交易及如何交易，避免数据交易对公共利益的侵蚀，给社会带来不必要的麻烦。因此，可交易数据本身并不完全是商业问题，同时也是法律问题。

数据交易是为了弥补公开数据自由获取的不足，而不是为了替代数据公开获取；是为了建构安全正当的数据利用秩序，而不是将数据交易变成纯粹商业活动。因此，在整个制度设计过程中，我们必须考虑数据的社会性和公共性，在允许以等价有偿方式供给/获取数据的情形下，维护数据开放和可获取性，防范数据垄断。在这方面，将可交易数据区分为作为要素的数据和数据产品是有意义的。

作为要素的数据是用来满足生产知识或智能的原材料，只是为了构建数据流通利用秩序，我们将数据作为产品来对待，以解决其可流通性问题。但是作为原材料，其价值在于真实反映客观世界并可以计算分析，即使存在加工处理，所形成的数据仍然属事实范畴。在肯定采集和加工处理者享有一定权利，可流通数据的前提下，我们必须保持事实数据的开放性，避免源头生产者长期或排他控制数据。因此，对于这类数据宜采取流通即丧失权利的制度规则，一方面限制数据持有者权利，另一方面促进数据快速流通。但是，对于数据产出物的数据产品其本身已经不再属于数据，而属于智力成果，只是为与人类智力成果区别，称其为智能产品。智能产品具有稳定的形态，可界定的价值，我们需要赋予智能成果的生产者（数据产品生产者）以相对稳定的持有权，允许其在一定期间内实现其创造的价值。虽然我们仍然称数据产品生产者的权利为持有权，但是其权利已经是可以在知识产权体系下讨论的财产权利。

区分作为要素的数据（数据作为产品）和作为数据产出物的数据产品具有非常重要的意义。它关系着在人类社会进入机器智能与人类智能互补的时代，如何高效地组织知识生产，形成新数据生产力问题。我们需要持有权制度来构建数据产品化或知识生产秩序，但是必须区分作为要素的数据和作为数据输出结果的数据，并以作为要素数据的流通交易作为数据要素市场建设核心。

就作为要素的数据流通而言，最为关键的要建立适合要素价值特征的制度机制，使具备流通条件数据可发现、可验证、可访问，并存在一套机制确保数据流通和使用安全合规。对于数据产品（智能或知识产品），可建立适合数据产品特征的产权确权机制，促进数据产品以更加市场化的方式流通交易。

4.数据交易基础设施供给问题

在我们努力建立数据要素市场时，我们必须清晰地认识到数据要素再怎么标准化、产品化仍然脱离不了行业属性、场景属性、技术属性等。因此，与其他可以走向大众化、市场化的商品交易不同，数据交易依赖数据市场的基础设施。

（1）数据目录

数据目录是数据经济的重要基础设施。良好的数据目录将成为唯一的可信数据源，它统一所有可以在组织内共享的元数据，并使协作或协同变得容易。它可以自动发现、分析（profile）、组织和记录元数据，并使其易于搜索。数据目录将使使用者对数据集有一个清晰的了解，从而使数据系统更加智能化并释放数据价值。

编制数据目的必须具有统一数据术语体系，对于同一事物具有相同命名规则或数字表达，对于数据应当具有相同一致的数据描述，同时具有搜索和检索信息的能力。用户可以搜索业务项，然后查找与它们相关的数据集，可以快速进行分析并得出见解，使其成为商业智能发挥作用。

数据目录不仅是一个组织实施数据资产化管理的手段，而且是行业数据交换、数据社会化或市场化流通的基础设施。如果没有组织良好的数据目录，要实现数据社会化配置和利用，实现高效有序的汇集利用几乎是不可能的。因此，数据词汇、数据编目、唯一ID和检索系统是数据要素市场建设的基础设施。建立统一和协同的数据成为数据驱动成功的关键因素。数据编目将成为数据驱动战略的基石。

（2）数据互操作性

数据互操作性是高质量数据的一个特征，它涉及价值、知识创造、协作和适用性等更广泛的概念。互操作性以不同程度和形式存在，既可以从技术、语义或制度的角度来看，还可以从数据价值链和更广泛的数据生态系统来说明互操作性的重要性。在技术层，数据互操作性是对数据最基本的要求，数据可通过标准化接口进行访问；在数据层，使用标准分类和词汇编纂数据，并根据商定或统一的模型和模式构建数据和元数据；在数据生产、流通和使用链条上，所有主体对数据描述规范达成共识并遵循这些规范；在机构和组织层，需要在组织内部和组织之间有效分配数据收集、处理、分析和传播的责任（和问责制），通过有效治理实现互操作性。

（3）数据治理标准

数据治理几乎是伴随数据要素化、市场化利用的核心数据行为和制度。数据治理既是在法律约束下利用数据的要求，也是稳健和可持续的数据质量改进的基础。数据要素化利用首先要确定符合业务目的的治理标准和政策，并遵守这些标准才能将数据资源转化为数据要素，形成可用或可重用的数据要素，并确保数据“符合目的”，用于支撑业务决策，形成智能决策能力。数据治理不仅是个体组织（企业）资产化利用数据的基础，也是数据在开放或封闭的数据生态实现交换和分享利用的前提，更是数据产品化实现社会化配置的前提。不管在哪个层面上，数据治理均是制定数据政策、技术规范和流程并加以贯彻执行和监督的过程。因此，各个组织、行业乃至整个社会的数据治理规则和实施机制就成为要素市场建设的另一基础设施。

（4）数据服务水平协议

SLA全称为Service Level Agreement，即服务水平协议，是指在客户与服务供应商之间签订的协议，其中规定了服务供应商应当提供的服务水平和质量标准。该协议通常会规定服务提供商需要满足的最低服务水平标准，如服务可用性、故障响应时间、服务质量等。由于数据流通、数据服务交易本质上是持续交易，其包含许多技术服务内容，需要建立行业性质的数据交易服务的水平协议，明确标准的正常运行时间、交付时间、响应时间和解决时间等指标，以指引数据供方与数据使用方之间达成协议。对于数据流通交易来讲，发展出管理客户与服务供应商之间关系的重要工具，通过SLA客户可以确保服务商会提供可靠、高质量的服务。

§16.2　多元数据交易市场体系

数据流动是数字经济的血液，而数据经济旨在构建数据流通利用秩序。如前所述，数据流通交易将是社会经济运营较为普遍的现象，大致分为基础层（市场主体之间的数据分享）、中间层（数据共享与合作）和高级层（数据交易市场）。显然，数据要素市场建设的目的是通过数据基础制度建设促进这三个层次的高效运行，尤其是通过市场化的数据交易，来带动整个数据要素社会化配置和利用的实现。“数据二十条”明确：统筹构建规范高效的数据交易场所，统筹优化数据交易场所的规划布局，严控交易场所数量，引导多种类型的数据交易场所共同发展。因此，我们需要在发挥数据交易所的引领作用基础上，培育和打造多层次多元的数据流通交易体系。

1.数据要素市场主体培育

数据要素市场不是少数数据企业的事情，而是每个市场主体的事情。数据经济也不是所谓的数商能够支撑的经济，而是所有社会主体参与的经济。只有每个企业具备数据产品化的能力，那么才有源源不断的可交易数据要素的供给；只有每个企业具有智能化应用的能力，那么才有持续的数据需求；只有数据供给充分，数据汇集便捷、高效和成本低廉，才有大量的智能产品生产出来，供社会消费，转化为社会生产力。如果数据交易最终不能转化为社会生产力，那么赋能实体经济发展就背离了数据要素市场建设的根本目标。因此，数据要素市场建设应当从每个企业的数字化转型做起，使每个企业转向数据驱动的发展模式。

应当看到数据驱动发展本质上是数据智能技术的应用能力问题。如果数据治理、管理和应用仍然只是IT部门和少数专业人士才具有的能力，那么基于数据智能决策在企业层面是不可能实现的。对此，每个企业需要根据企业自身的发展状态，建立经济高效、可扩展和安全的数据基础设施（又称为数据平台或“现代数据堆栈”），除实现有效地保护、共享和使用数据外，重要的是培养具有应用数据能力的人才，使数据生产、治理和应用成为每个工种业务能力的基本要求，提升企业员工的数据素养和能力。这就是被称为“数据民主化”的真正含义。

2. 数据集成商：数据要素市场的中坚力量

让每个企业具备高效汇集、处理和分析提供实时业务见解能力仍然是一种理想，至少在短期内是难以实现的。于是专门从事数据汇集、治理、使用的数据公司（也称为数据集成商）就应运而生。一方面，数据集成商作为买方，从其他主体获取或购买数据；另一方面，作为卖方，将加工形成的数据产品再销售给需要数据的主体。数据集成商成为数据资源转化为数据产品，赋能各社会主体的重要载体，也是数据流通利用主要方式之一。

在现阶段，由于数据要素市场不健全，这些数据集成商主要采用爬虫等技术手段获取数据，存在较大的风险。一旦数据持有权制度确立，持有者可以对外合法流通数据，那么就为数据集成商合法获取数据尤其高质量数据打开了大门。同时再经过数据集成商的清理、转换、分析应用，生产出可重用数据要素、数据产品，并合法流通和交易，赋能整个社会。

最为重要的是，数据集成商需要构建基于云现代数据体系结构的数据汇集治理和应用平台，即可扩展以匹配数据的基础设施。这样的基础设施被称为数据平台（data platform），数据平台也称为数据集成平台或数据分析平台。

通常来讲，数据集成平台由以下三部分构成：

（1）数据集成：数据集成提供了连接器和网关，可以将任何外部数据引入Common Data Service（CDS）并以Common Data Model（CDM）形式存储数据。这些连接器和网关使组织可以更轻松地将其数据集成到一个位置以进行业务应用程序和分析。数据集成的方法大致有ETL（提取、转换、加载）和ELT（提取、加载、转换）两种方式。

（2）数据治理：数据平台最为重要的工作是制定一致的采集和处理大量多样数据的政策和标准，以使跨多个数据源的数据点的分析关联成为可能，并将数据保持在原始详细状态，以根据未来不同需求重新聚合、转换和组织数据或重构数据，形成混合数据生态系统，满足各种数据分析目的。

（3）数据分析：平台集成软件和智能工具，使用户可以对其进行管理、访问和交付给用户、应用程序和/或其他技术，从而使组织实现更多协作和智能决策。现代数据集成平台是数据驱动的设计模型（data-driven design pattern），它应当具有可拓展的数据架构，具有机器学习能力，新生数据发现新知识。

数据平台既可以作为一个企业的数据基础设施，也可以作为社会或不同组织之间数据的基础设施。专业数据集成商就是汇集或联结不同组织数据，形成智能产品服务于社会的专业数据公司。它一手从市场获取数据，一手向市场提供数据产品，看似一个数据市场运营者，但是其本质是数据产品生产商。数据集成商不是“倒卖”数据的中介，而是对数据进行组织、汇集、加工、分析，形成模型或智能产品再“出售”。因此，数据集成类公司在数据要素市场中将发挥重要的作用，成为数据产品和服务市场的主体。

案例

数据要素市场化服务商

数据宝是为全面助推国有大数据开放、共享、应用落地而打造的国内首个专注国有数据资产代运营服务的权威平台。平台拥有权威的国有数据资源、大数据资产交易合法合规经营资质以及四层数据安全防护体系，帮助国有大数据资源方与需求方之间构建起一条安全、稳定、高效的数据交互“管道”，依托此平台，充分发挥数据宝作为国家部委局直属机构、央企的大数据产品流通的“审核员、服务员、监督员”职能，确保国有数据资产在实际应用过程中的合法、安全。

截至目前，数据宝通过自身的技术力量，研发出可应用在保险、金融、物流、泛互联网等领域的数百个成熟的标准数据产品。目前已服务2000多家高端品牌客户，形成了200多个细分领域应用场景，累计上万家政企客户，公司业务遍布全国各地。例如该公司通过基于直连公安、运营商、金融、企业的权威、合法、多源数据资源，帮助讯飞开放平台在认证环节优化实名认证流程，提升了用户操作体验。

——根据数据宝《中国领先的数据要素市场化服务商》整理

3.数据交换或共享平台

数据交换平台是为其成员提供了查找、分享、获取和使用数据而构建数据互换或共享平台。每个成员自主行使各自数据持有者，各自管理和构建自己的数据产品，依据共同数据规则在成员之间实施数据交换或分享。数据平台无缝连接数据供应商和消费者，使每个成员自主实现各自数据价值。

在实践中，数据交换平台有时也被称为行业数据空间。一个简单的数据空间主要角色有三个：

- 数据提供者：向市场提供数据的数据持有者；
- 数据使用者：获取并使用数据的数据使用者；
- 媒介运营者：可流通数据展示、交换、分享的平台运营者。

平台使数据提供商上传其数据，让数据消费者寻找他们想要访问和使用的数据。注意，数据是在数据空间目录中注册，而数据保留在每个数据提供商决定托管数据的源位置，但以分散的方式提供给数据空间参与者。这意味着没有单一的中央数据库或集中运营平台。

数据空间是为数据控制和可信数据共享而设计的。该概念设计规定，数据应保持在数据提供商的控制之下，数据提供商通过其数据提供所附的可执行合同决定谁有权访问数据、出于何种目的以及在何种条件下可以使用其数据。为实现实样的目的，数据空间是为数据分享提供了可互操作的IT环境，无论数据托管或使用的平台是什么，都可以实现数据的可移植性。

“数据空间”是指在一个或多个垂直生态系统内遵守相同的数据存储和共享高级别标准和指导方针的可信合作伙伴之间的一种数据分享利用关系。数据空间作为一种数据分享或流通组织方式，其特殊性在于，数据不是集中存储的，而是源头存储的，仅在必要时通过语义互操作性（semantic interoperability）进行流通利用。这使得它成为充分尊重每一位成员的数据持有权前提下，通过成员之间的共识机制和共同治理来确保其运行，对成员自治能力具有一定要求。

数据空间可以是特定行业的，也可以是跨行业的，可以涉及一个地区内或跨地区的多个参与者，是减少物理障碍、缩短进入市场时间、利用分布式智能（distributed intelligence）并为所有参与者（无论大和小参与者，无论用户和技术提供方）创造额外价值的唯一途径。

欧盟的IDS即属于在联盟内部实现数据交换的一种数据市场。IDS旨在形成尊重每个参与方的数据自主权基础上建立可信（安全、自治、基于共识和可审计）、可互操作（语义驱动）和去中心化（或分布式）的数据市场基础设施。其本质上是相关产业组织联合设立机构，运营数据交换平台，使所有联盟成员可以按照共识或共同规则进行交换数据。

探索医疗集团健康数据空间

深圳市南山区医疗集团首创“1+C+N”医疗集团整合模式，在全市率先探索将辖区公立社康中心统一划归医疗集团总部，将“1”区医疗集团总部、

“C”区属各公立医疗卫生机构及“N”辖区其他医疗卫生机构纳入集团体系，以“建高地，强基层”为方向，构建国际一流的整合型优质医疗服务体系。

医疗集团健康数据空间通过注册认证中心，为数据提供方、数据使用方、数据运营方、数据监管方构造多方信任的生态环境；通过数据使用控制中心，提供数据使用控制能力，保护数据提供方的数据主权；同时，通过存证中心，提供全流程可信、可视的审计追溯服务，支持提供方查证追溯，也能让消费方“免证清白”，并为第三方监管提供相应的审计信息。

该空间为医疗行业数据共享和交换积累经验，未来可以面向医疗行业，在促进公共健康数据和个人健康数据可信流通的同时，又保证数 据安全，提供发展居民健康数据安全共享新思路，进一步发挥了区域学科联盟、医防融合、医教融合、医养融合等改革举措作用，通过科学运用数据为居民提供全方位、全生命周期健康管理。

通过健康医疗数据空间实践，未来可以面向医疗行业，建立医疗行业数据 空间，促进公共健康数据和个人健康数据可信流通，保护健康医疗数据安全，消除行业内数据孤岛，规范和推动健康医疗数据的融合共享，释放数据价值。

——根据《深圳特区报》,《医改“南山模式 ”：构建优质高效整合型医疗卫生服务体系》整理

4.数据产品交易平台

数据产品交易平台是由专业技术公司搭建的集成供方数据形成的数据产品交易市场。

数据产品交易平台也称为聚合数据市场，相当于数据产品的电商平台。通常由第三方建立数据交易平台和交易规则，由数据供方入驻平台在各自的空间上载数据产品（或数据库接口），开放供其他注册账户拥有者浏览或

查看，允许供需方直接缔结数据流通合同，需方可直接分享或使用所选定的数据产品。平台会对数据供需方的交易提供各种服务，包括对数据交付、结算、合规和安全控制等。

数据产品交易平台经营者与市场参与者（尤其是数据供方）建立密切的关系，通过汇总数据供方的数据为客户提供量身定制数据销售方案，为客户创造价值。甚至平台经营者在数据收集期间提供帮助，帮助其凝练数据产品，定位客户细分数据市场。在细分市场后，数据市场经营者通过提供定制服务来创建定制价值主张。

聚合数据市场需要一个集中的平台基础设施。数据交易平台更多地帮助客户打造数据产品、推销数据产品、促成交易的技术公司（一般基于云服务），拥有数据资源的主体是按照数据交易平台的数据架构、分类、产品描述等打造数据产品。所形成数据产品可以存储于客户数据系统，但由集中式平台基础设施集成为一个整体。数据产品以提供者名义甚或以数据市场名义进行交易，不同的交易方式在数据产品的定价机制和收益分配机制不同。如果数据产品以平台经营者名义出售，那么数据交易为数据市场经营者带来收入流，再由市场经营者分配给数据提供商。

一些世界知名的数据市场运营者采用数据产品交易平台模式，如Snowflake和SAP。在我国，海南数据产品超市也类似数据产品交易市场。

案例

海南数据产品超市

海南省数据产品超市是政府主导的集开发生产、流通交易和安全使用为一体的“三合一”集成平台（http://dsj.hainan.gov.cn/sjzy/sjcpcs/）。

数据产品超市的基本理念是，“数据产品与关联对象的‘纠缠’意味着现成数据产品不可得，单纯交易不可行”。需要一个安全可信的平台，形成一个更大的安全域、可信域，以此为边界，按照“数据不出域”的要求，让多个数据处理者进入该边界，在边界范围内实现数据的汇聚、交互、集成，也让数据处理者在这个边界内界定清楚相关权益，如数据持有权的来源，权益分配关系，等等。同时，这个安全可信的平台也要为关联对象所接受。因此，由政府主导来建立一个有公信力的平台，支撑数据产品的形成，包括开发生产、流通交易和安全使用。

“数据产品超市”不仅仅是一个数据交易平台，而首先是一个数据产品开发生产平台，依托这一有公信力的安全可信平台，数据得以汇聚，数据产品得以形成；同时它也是一个数据产品流通交易平台，开发出的数据产品在“数据产品超市”上架，供需对接，流通交易；它更是一个数据产品安全使用平台，数据产品并不能孤立出来提供服务，因为其依赖于数据关联对象在数据产品使用场景中的实时授权，在授权的同时，原始数据持有者才能实时提供数据，完成数据产品服务，这个过程必然依赖其原来开发生产的平台，依赖原来的安全域、可信域，在数据产品实时在线服务中实现“数据不出域”“可用不可见”。“数据产品超市”将数据汇聚和数据产品开发生产、流通交易、安全使用一气呵成，让数据产品开发者依托平台提供产品服务。这是一个“三合一”的数据要素开发利用集成平台。形象地说，“数据产品超市”采用了“华强北+淘宝+云服务”的模式。通过“华强北”（借用其电子元器件供应链集成为电子终端产品的模式）集成数据供应链来开发生产数据产品，通过“淘宝”实现数据产品的流通交易，通过“云服务”实现数据产品面向最终用户的安全使用。

海南“数据产品超市”从交易管理、监督管理、开发生产、运营服务和安全管理五大方面制定了20多个管理规则，确保数据资源流通的全生命周期安全可控、合规监管。同时，充分依托政务大数据安全体系，并通过规范化的技防、物防、人防体系确保数据有效监管，通过区块链、隐私计算等多种前沿技术，实现数据开发利用来源可溯、去向可查、行为留痕、责任可究。①

5.数据交易所：数据交易服务平台

在数据需求的驱动下，国内外一直在探索通过公开撮合的市场机制，促成数据自由流动交易。我国各地成立的数据交易所旨在达成这样的目标。数据交易所搭建数据交易平台，向成熟数据产品供给者或需求者提供交易服务。数据产品的生产、交付和使用（融合计算）均在供需双方系统或第三方完成，数据交易平台不存储或接触数据，仅提供挂牌数据产品、交易撮合、协助履行等服务，使数据提供者与数据接受者之间能够以合规高效的方式达成交易。数据交易发生在数据提供者和数据接受者之间，数据市场只是提供交易服务的组织。

这样的数据市场的运营考不提供数据托管和数据治理基础设施。在这种情形下，所有的数据治理或数据产品的生产均由数据提供者独立完成，数据交易平台既不集成和处理数据，也不托管数据，只是为交易提供服务。数据交易平台提供的服务主要是发布数据产品目录，解决数据交易的法律、技术、安全和合规，构建数据流通交易的流程和规则，实现数据流通交易的过程可控、责任可追溯、合规性可监督，形成安全可信的数据分享或流通利用的生态系统。数据提供者的数据均存储和运行于原系统环境中，所交易的数据在各自的数据系统中完成数据治理，而只是交易时到交易市场挂牌、展示数据，通过交易平台撮合与数据接受者达成交易。交易产品一直存储于数据提供者的数据系统或者指定数据源或数据域；数据可能通过数据交易平台搭建的通道交付给数据使用者，甚或利用第三方交付系统实

① 参见董学耕：《数据产品超市——数据产品开发生产、流通交易和安全使用的一体化》，http：//dsj.hainan.gov.cn/ywdt/jwyw/202304/t20230428_3407962.html。

现数据的交付。上海数据交易所即是按照数据流通交易模式打造的为数据供需双方撮合交易的数据市场。

案例

上海数据交易所交易流程

上海数据交易所于2021年11月25日成立。针对数据要素确权难、定价难、互信难、入场难、监管难等难题，上海数据交易所形成了以合规挂牌，撮合交易为特色的数据交易体系。上海数据交易所的交易流程，从事前、事中、事后来看，包含了产品合规登记、挂牌申请、数据挂牌、交易协议达成、清结算、交易备案一系列流程。

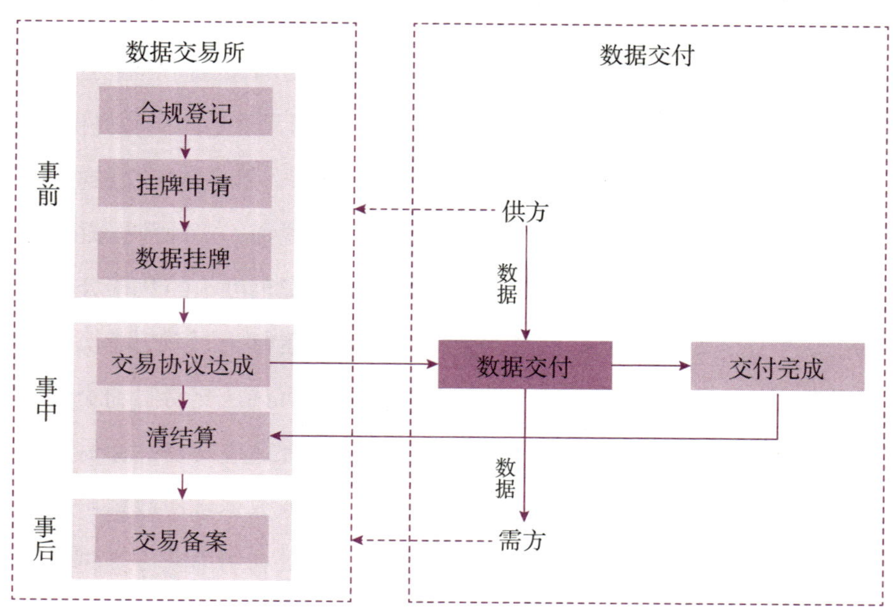

图16-1 上海数据交易所交易流程

来源：数字城市云课堂

一个数据产品在上架前首先要做挂牌前准备，包括合规评估、质量评估、交易所审核。

合规审核后的产品才可以完成挂牌。

当市场上有了挂牌的产品和需求后，通过交易撮合、第三方经纪服务，就能让数据交易合约达成。

有了合约后，通过数据提供方或第三方服务商在多方安全计算、联邦学习的环境中完成交付，交付动作结束之后再进行清算。

交易合约履行完成后，上海数据交易所会发放完结凭证。

6. 在数据生态观念下实现数据交易

社会对数据需求的多样性远超数据供给者的想象，所有能够使他人安全有效地实现数据利用的方式均属于数据分享，均导致数据流通。数据分享不管是商业性的数据交换、共享、交易，还是公共利益目的、科学研究的数据共享平台均要解决两大问题：其一，数据价值发现和利益分享；其二，数据流通利用安全和合规。

虽然数据与业务的解耦被认为是数据流通交易的前提，但完全解耦几乎不现实或者丧失数据本身的价值。在数据产品化过程中，解耦程度越高，就越远离客观事实，而走向抽象、一般规律知识，则就可以成为大众交易的产品。只有处于数据利用最顶端的数据产品才具有进入市场化交易场所的可能性，而作为生产知识或智能产品要素的数据，则主要在商业合作或伙伴关系为基础数据生态中实现。数据生态是数据价值实现的非常重要方式，甚至成为数据经济的基础设施，建设和维护数据生态更是数字经济时代充分利用大数据的生存法则。数据生态系统是多个组织围绕数据分享形成的新合作伙伴关系，以共享和管理数据创造在以前的孤立系统中不可能实现的新价值。数据生态的出现是为了解决每个实体拥有的数据是有限的，而机器学习（ML）等应用程序需要大量外部数据，而获取外部数据的渠道并不通畅，而且很难获得高质量的数据。于是，通过各种协作、合作、共享关系建构数据生态系统，共同创造数据价值，分享数据价值就成为重要的数据“流通”利用的方式。

一般来说，数据生态由以下几个要素组成：

（1）一个由参与者（组织和个人）组成的网络社区，它们之间的关系建立在共同利益之上；

（2）由基础技术平台支持，同时制定有数据治理规范、数据标准和行为准则；

（3）这使参与者能够处理数据（如查找、存档、发布、使用或重用）以及促进创新、创造价值或支持新业务；

（4）参与者通过信息、资源和工件的交换，在数据和边界资源（软件和标准）上进行协作。

在数据生态观念下，在上述5种数据交易模式中，（2）至（4）均属于数据生态不同模式。数据生态是聚合众多提供商的数据并利用数据创造价值的平台。数据生态之所以能够创造价值，是因为它聚集不同来源的数据可以产生互补，聚合一定规模数据可以产生数据“裂变”，每个主体都能够“以少搏多”，因而产生规范经济效应。当然，数据生态系统参与者需要一个明确的双/共/多赢商业模式，并且必须解决数据权属、信任、安全、合规等问题。

§16.3　数据要素市场监管的内容和机制

数据要素市场的监管是指对数据要素市场进行监管的一系列措施和手段，包括数据交易（市场）监管、数据要素市场监管、数据产品市场监管和数据交易的“场所”问题。具体来说，数据交易（市场）监管的目的是促进高质量数据要素的安全高效的供给，满足社会对数据要素日益增长的需求；数据要素市场监管的核心是动态的合规和安全性监管；数据产品市场监管的核心是稳定的数据消费使用关系；数据交易的“场所”问题需要明确和落实数据交易责任，使数据流通有序，责任分配清晰和公平，且责任可追溯。

1.数据交易（市场）监管的目的和手段

数据经济是数字经济的核心，数据交易是数据经济的核心，因而数据交易或数据市场监管在整个数字经济的监管体系中占有核心地位。不过，由于数字经济的许多问题皆由数字技术引发，与数据应用有关。因而如何区分数据交易引发的社会经济问题与整个数字技术应用或数字经济的问题，对于厘清数据交易监管的内容和范围就显得非常重要。

数据交易的监管必须针对数据交易引发的特殊问题，而不是所有数字技术或数据应用引发的所有问题。数字技术和数据的应用导致数据成为一种可交易的资源，同时又成为社会资源配置和利用的工具。数据作为来源于社会又应用于认知社会的媒介，其上并存多重利益并与社会公共利益和国家利益存在勾连。于是，数据本身就是有风险资源，除了对个人跟踪、个性分析、电信欺诈对个人危害问题，还有公平、自由和竞争经济秩序维护问题、社会公共利益和国家安全保护问题。因此，数据要素市场、数据经济新秩序形成面临许多监管问题，比如，市场准入和公平竞争问题、数据滥用问题、隐私保护、数据公平问题、数据消费者权益保护等。这些问题本身与数字技术应用有关，与数据本身的特征有关，而不是单纯与数据交易（市场）有关。我们需要区分哪些属于数据交易引发的特殊风险，针对这些风险建立相应的监管措施，并纳入整个社会经济秩序监管或数字经济监管体系，实现经济秩序监管目标。例如，如何确保数据流通利用的公平问题，确保所有贡献者能够获得相应收益或回报，需要宏观经济调整甚或税收手段，其制度设计或实施应当是整个数字经济问题，而不应当视为数据要素市场监管要解决的问题。再如，如何维护数据开放性、可获取性，促进数字经济的公平竞争，也是整个数字经济监管的重要内容。

单就数据交易市场监管而言，促进高质量数据要素供给是数据要素市场的发展目标，但供给必须既是高效的，也是安全的，这就是监管要解决的问题。基本措施是建立促进数据流通的制度和机制，打造可信数据交易，减少数据流通利用风险。

数据为单一主体使用时存在明确的责任主体，数据持有者负责数据的安全和合规风险。而数据流通不仅存在流通过程安全，更重要的是数据使用风险，使数据流通利用的风险可控制、责任可追溯。在某种意义上，数据交易监管问题本身是流通利用链条上各主体责任的配置问题，如果每个流通或使用行为都有明确的责任主体和责任范围，那么监管问题就集中于构建一种机制落实数据交易各主体的责任。

因此，“数据二十条”提出要“建立数据可信流通体系，增强数据的可用、可信、可流通、可追溯水平”。可信流通体系成为数据交易监管的基本目标，而流通体系的“可信”首先体现为数据的可用、可信、可流通和可追溯；其次体现为数据及其流通利用行为的合规；最后体现为数据流通有序，责任分配清晰和公平，且责任可追溯。

要明确和落实数据交易责任首先需要建立数据交易规则，明确可交易的数据条件、交易方式和相应安全条件等，在此基础上明确交易市场参与各方的权利、义务和责任，形成数据交易监管框架。在缺失法律明确规定的情形下，数据交易市场需要积极探索，形成以持有权为基础，责权利一致行业自治规则。

2.数据要素市场监管的核心：动态的合规和安全性监管

“数据二十条”提出“实现数据流通全过程动态管理，在合规流通使用中激活数据价值”。数据持有者权利的流通权能或流通行为涉及第三人或社会利益，需要法律的介入和规范，使该行为结果符合社会共同价值和利益。如前所述，数据交易监管的核心目标是促进高质量数据供给，而这一问题首先是建立适合数据要素特征基础制度，激励高质量的数据要素生产和流通。但是由于数据要素的价值在于使用，因而应当创设鼓励流通的数据产权制度。这意味着不是针对固定化数据集创设稳定的持有权，而是针对不断组合或不断变化的数据集，创设动态的数据持有权。传统产权移转方式无法适用于数据流通，数据流通更宜采纳持有者向不同主体“供给”方式。在这种方式下，需要确定的是数据提供者持续供给一定数量和质量数据的能力，而不是判断提供者是否拥有特定数据的“产权”。在这里“产权”被替代为数据提供者是否具有合法生产或治理数据的能力，是否可用于满足特定使用目的（数据质量）和是否可流通交易（合规）。数据持有者并没有清晰的产权可以公示，法律也无法建立清晰的产权推定或判定规则，因而就必须有适合数据需求者（接受者）判断谁持有（生产）什么数据、数据可用性或质量如何、数据是否可流通（或合规风险）等的规则。

一旦数据流通的基础规则建立起来，那么数据交易核心是解决流通交易过程合法、安全和便捷问题，解决流通后数据使用风险控制和责任追溯。这需要按照不同的数据流通方式（数据使用权让与方式和许可使用方式），建立不同的数据交付和使用安全控制机制。许可使用方式是数据持有者不移转原始数据，仅给数据使用者访问、调用、计算分析接口或安全环境，由使用者按照约定用途进行计算分析，获取使用结果。数据使用权让与方式即移转原始数据给数据接受者，数据接受者在自己的控制域内持有并使用数据。在这种情形下，就需要通过契约和事后的监督来实现使用风险的控制。

3.数据产品交易监管的核心：稳定的数据消费使用关系

一旦形成稳定的数据产品，那么数据交易（市场）监管的对象为数据产品市场交易关系，如何形成公平公正的数据交易，保护数据消费使用者的权益？

数据产品的销售既可能是数据产品持有者直接销售或提供服务，也可能通过专业的经销商或分销商来实现。同工业品需要经销商、分销商一样，数据要素市场也需要这样的专业经营者。“数据二十条”专门创设了数据产品经营权，用来表示因为数据持有者的授权而取得数据产品经营权。授权内容主要是授权经销或分销数据产品，授权运营者取得数据产品的经销权，自主决定数据产品交易或服务。数据产品属于最终产品，授权运营者需要负责对接市场需求，提供售后服务，管理数据产品使用风险等。在数据产品交易的发育阶段，我们需要鼓励实践探索，发展出一些高效的数据产品分销模式，为立法提供可借鉴的经验。

无论是否通过数据产品分销商，数据产品市场监管的核心是通过竞争的市场，向社会提供更丰富的更高品质的数据产品，满足社会对知识或智能产品的需求，保护数据消费使用者的合法权益。数据产品消费使用最主要的特点是：其一，在数据产品提供者与消费使用者之间存在严重的信息不对称，消费使用者很难对产品质量和服务水平作出判断；其二，数据产品多是基于数据的，因而数据产品消费使用多具有长期性、持续性和服务性，是交易和服务为一体新型交易关系。在这样的背景下，如何维护公平的交易关系，保护数据产品消费使用者的利益，就成为数据市场监管的重要内容。

4. 数据交易的“场所”问题

数据的可交易性、数据交易的合规和安全等问题要比其他要素复杂，因而数据交易需要通过数据交易中介组织，通过中介组织打造数据交易生态，通过自治管理方式承担部分的合规和安全管理的责任。由此可能形成理想的数据交易监管模式——数据交易中介组织的自治管理和数据交易的政府监管协同共治的模式。政府主要制定数据交易规则，并通过对数据交易中介组织的监管来对数据交易市场进行监管。不过，这里涉及一个基本问题，数据交易是否一定要进场，如何理解数据交易所的地位和功能。

“数据二十条”对数据交易是否要进交易所的基本态度是：“严控交易场所数量”，“引导多种类型的数据交易场所共同发展”，“鼓励各类数据商进场交易”。从“场所”的角度，数据交易至少存在三种情形，通过数据交易所的交易、在非交易所性质的交易场所（如数据交换平台、数据流通平台等）进行的交易，还有不通过任何第三媒介的数据交易。由此我们可以初步得出以下三个结论。

第一，数据交易并不一定需要通过中介或进场。数据交易包括数据供需双方之间各种商业性数据流通利用安排，也包括以数据交场为媒介的数据交易行为。数据交易并不一定要进场，进场不进场取决于是否有此必要。我们不能以是否进场交易作为交易合法性判断的标准。

第二，数据交易场所指所有有组织的数据交易市场，除了数据交易所外，还包括各种有组织数据共享、交换、交易平台。不能将数据交易场所仅理解为数据交易所。

第三，数据交易所是国家规划布局形成，具有引领数据交易规范高效发展的功能，因而要严控其数量。

5.数据交易所的定位与监管

“数据二十条”已经提出了数据交易所定位和监管框架。

第一，数据交易所要纳入国家统一规划。加强数据交易场所体系设计，统筹优化数据交易场所的规划布局，严控交易场所数量。

第二，出台数据交易场所管理办法，建立健全数据交易规则，制定全国统一的数据交易、安全等标准体系，降低交易成本。

第三，引导多种类型的数据交易场所共同发展，形成多样化，相互竞争的数据中介服务体系。

第四，建设国家级数据交易场所，将其定位于公共属性和公益定位，突出合规监管和基础服务功能。

数据交易中介机构需要规范发展，甚或其设立也需要政府批准，将数据交易中介机构命名为数据交易所面临数据交易所是否要纳入受监管的交易场所成为一个较为现实的问题。

笔者认为，数据交易所并不应当属于受监管的交易所范畴，不应当将数据交易所纳入清理整顿交易场所范畴。

《国务院关于清理整顿各类交易场所切实防范金融风险的决定》（国发〔2011〕38号）和《国务院办公厅关于清理整顿各类交易场所的实施意见》（国办发〔2012〕37号）指出，交易场所是指为所有市场参与者提供平等、透明交易机会，进行有序交易的平台，具有较强的社会性和公开性，需要依法规范管理，确保安全运行。

需要明确的是，纳入国家监管范围的交易场所是指包括从事权益类交易、大宗商品中远期交易以及其他标准化合约交易的各类交易场所。受国家监管的交易所采取的实质标准，如果名称上有交易所，但从事车辆、房地产等实物交易不属于特别交易所；虽然名称中未使用“交易所”，但实质性地从事标准化合约交易也属于受监管的交易场所。

数据交易所不应当纳入受监管的交易所范畴。理由如下。

（1）数据并不属于金融资产或可金融化的资产。数据或数据产品虽然具有融资能力，但其本身并不属于金融资产范畴。数据在产品化过程中可以形成许多可交易数据形态，仍然属于“实物资产”范畴，而不是以价值形态存在的资产。数据资产其变现也不需要很强的识别性权利凭证，基于可识别数据持有事实即可以实现变现。

（2）数据交易不属于远期交易或期权交易。纳入国家监管范围的交易场所是指包括从事权益类交易、大宗商品中远期交易以及其他标准化合约交易的各类交易场所。这也就意味着，作为数据产品的交易只有采取权益交易或远期交易方式，才有可能纳入交易场所监管范畴。这是因为这些交易具有较强的投资性、社会性和公开性，交易场所经营者必须为所有市场参与者提供平等、公开、透明交易机会，保护投资者权益。数据产品根本不具有这样的潜质，也不可能采取这样的交易方式。但是，属于数字产品范畴的数字藏品，若采用区块链方式交易，则具有纳入交易场所管理的基础。

（3）数据交易不会引发金融风险，最多存在数据安全风险。金融资产及其交易具有投机性（或投资性）、杠杆性和不确定性，而且与社会经济密切相关，导致任何金融机构发生风险的后果具有传导性，对整个金融体系甚至整个社会经济带来影响。数据存在风险，数据交易也会扩大数据风险甚至也会成为社会不稳定因素，但与金融风险不可同日而语，而且防范数据风险手段和机制，也不同于金融风险。因此，我们不应当按照金融风险的管理体系来监督管理数据交易所。

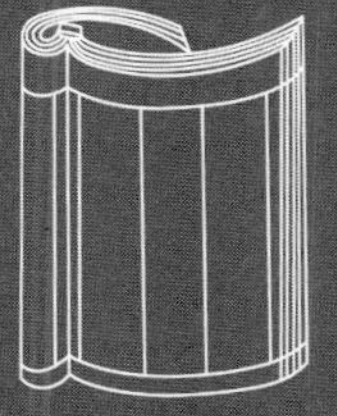

第六单元

政府、政府数据与数据经济

政府在整个经济发展中的作用可以概括为促进发展和规制风险，在数据经济的发展过程中也应遵循这一基本框架。从促进发展的角度，政府除了制定有利于数据经济发展的公共政策外，还要发挥其掌握的公共数据资源的要素价值，支撑全社会的数字化转型。从另一方面，作为公共管理者，政府必须维持公平、公正和自由竞争的经济秩序，保护数据消费使用者权益，防范数据社会化利用的风险。如何保护数据上各方权益，促进数据的流通，更大程度地激发数据要素价值，已经成为政府推动数据经济有序发展的重要任务。同时，如何维护国家安全前提下激活数据要素利用，提升我国数字经济的竞争力，也是政府重要职责。这需要我国政府积极参与国际数字经济新秩序对话和规则形成。

第17讲　政府在数据经济中的角色定位

数据经济并不是独立的经济形态，而是支撑经济运行，推进经济数字化转型的主要力量。我们应当在既有的政府与市场框架下思考政府在数据经济中的角色定位。政府作为社会经济促进者、调控（管制）者和参与者，这些角色定位均可以适用于数据经济。

§17.1　数据经济的推进者

政府是社会经济发展和社会变革的引领者。在数字技术不断推进社会经济变革的过程中，政府一直扮演着推进者的角色，顺应技术迭代变革趋势，推动社会经济方式不断变革，使生产关系不断适应生产力发展的需求。

1. 国家对数据经济的战略部署

我国是在数字经济体系下部署数据经济的发展，将数据作为重要的生产要素之一，推动其在全社会流通应用来推动数据经济的发展。在这个意义上，无论是早期的电子商务、信息产业或信息经济发展，还是如今的数字经济发展，都是在为数据经济铺路筑石。

在数据经济的发展中，政府还需要科学、前瞻地规划数据经济相关产业的发展方向和布局，为数字经济相关产业提供良好的政策环境和发展环境。在“数据二十条”发布之后，我国将推动相关的法律制度和配套制度建设，切实推动数据要素市场建设，进而带动我国数字化转型。

2. 地方政府对数据要素市场的规划和培育

数据是数字经济的引擎，地方政府多是以促进数据要素流通交易，推动数字经济发展为主要举措推进数据经济的发展。目前，许多地方政府积极制定推动数字经济的发展规划，并将其纳入国民经济和社会发展规划，这也是《数据安全法》对省级以上人民政府的要求。该法第十四条规定，国家实施大数据战略，推进数据基础设施建设，鼓励和支持数据在各行业、各领域的创新应用。省级以上人民政府应当将数字经济发展纳入本级国民经济和社会发展规划，并根据需要制订数字经济发展规划。在制订规划、推进数字经济发展方面，大致呈现三种做法：一是北京市、天津市、上海市等省市制订的三年行动计划，二是一些省市制订了“数字经济‘十四五’发展规划”，三是在经济和社会发展第十四个五年规划中对数据要素市场发展作出部署和远景描述。

地方政府对数据要素市场培育规划扫描

（1）北京、天津、上海、广东、广西等省（直辖市、自治区）制订了数据要素市场建设的三年行动计划或行动方案

《北京市数字经济全产业链开放发展行动方案》提出，利用2～3年时间，制定一批数据要素团体标准和地方标准，开放一批数据创新应用的特色示范场景，推动一批数字经济国家试点任务率先落地，出台一批数字经济产业政策和制度规范，加快孵化一批高成长性的数据服务企业，形成一批可复制可推广的经验做法，在全国率先建成活跃有序的数据要素市场体系，数据要素赋能经济高质量发展作用显著发挥，将北京打造成为数字经济全产业链开放发展和创新高地。其主要措施包括加速数据要素化进程，推动要素市场化改革等。

《天津市加快数字化发展三年行动方案（2021—2023年）》提出，培育数据要素市场，释放数据要素潜在新价值。其中，提出要完善数据要素市场规则，健全数据要素生产、确权、流通、应用、收益分配机制，构建具有活力的数据运营服务生态，制定数据交易管理办法，完善数据资源确权、交易流通、跨境传输等基础制度和标准规范，健全数据要素市场监管体系，推进数据依法有序流动。

《推进上海经济数字化转型赋能高质量发展行动方案（2021—2023年）》提出数据新要素专项行动，探索建立数据要素市场体系，培育数据经纪、数据信托、数据审计等新业态、新模式、新职业，培育规范的数据交易平台和市场主体，发展数据资产评估、登记结算、交易撮合、合规咨询、争议仲裁等市场运营体系。在推进公共数据开放方面，提出建设100个高质量、安全态、大规模的开放数据集，培育10余家第三方运营机构。

《广东省数据要素市场化配置改革行动方案》明确了广东省数据要素市场化配置改革的五大类主要任务：释放公共数据资源价值；激发社会数据资源活力；加强数据资源汇聚融合与创新应用；促进数据交易流通；强化数据安全保护，并形成“1+2+3+X”。其中，“1+2+3+X”：“1”是坚持“全省一盘棋”，统筹推进数据要素市场化配置改革，完善法规政策，优化制度供给，保障市场的统一开放。“2”是构建两级数据要素市场结构，发挥行政机制和市场机制比较优势，激发各类供需主体活力，促进市场的有序竞争。“3”是围绕数据集聚、运营和交易等环节，推动数据新型基础设施、数据运营机构、数据交易场所三大枢纽建设，打通供需渠道，保障数据要素生产、分配、流通、消费各环节循环畅通。“X”是推进各个领域场景数据要素赋能，释放数据生产力潜能。

除了前述典型的地方政府，典型的“三年行动规划”类文件还有《广西数字经济发展三年行动计划（2021—2023年）》《云南省数字经济发展三年行动方案（2022—2024年）》《陕西省人民政府办公厅关于印发加快推进数字经济产业发展实施方案（2021—2025年）》等。

（2）重庆、河北、黑龙江、江苏、浙江、江西、福建、山东、河南、湖南、湖北等省（直辖市、自治区）制定了数据经济“十四五”专项发展规划

《重庆市数字经济“十四五”发展规划（2021—2025年）》提出，激活新要素，充分发挥海量数据价值，以数据采集、数据确权、数据标注、数据定价、数据交易、数据流转、数据保护等为重点，加速推进数据要素价值化进程。提出推动数据高效聚集、促进数据顺畅融通，深化数据融合应用的具体措施。

《河北省数字经济发展规划（2020—2025年）》提出培育数字要素市场规划。支持建设大数据交易中心，探索建立数据要素定价机制，完善数据交易、结算、交付、安全保障等功能，促进数据资产市场化流通。探索建立数据交易过程中资产的交易流转、权属证明、权益保护等机制，构建市场化公共数据资源管理服务体系，建立数据资产登记制度和数据资产交易规则。在提升数据资源存储和交易能力、数据汇聚计算能力、数据创新应用能力等方面作出部署。

《黑龙江省“十四五”数字经济发展规划》提出，激发数据要素价值，释放数据要素潜能，以数据流促进生产、分配、流通、消费各个环节高效贯通，充分发挥数据对经济发展的放大、叠加、倍增作用，推动数据从资源到资产、资本的转化。加快培育数据要素市场，探索依托数据沙箱技术开展“数据可用不可见、模型见面数据不见面”的数据流通和应用，促进商业数据流通、跨区域数据互联、政企数据融合应用，形成一批高质量、高价值、面向场景需求的数据资源和数据产品，打造“数据运营+生态合作”的产业生态，并探索筹建东北大数据交易中心及哈尔滨大数据交易市场。

《江苏省“十四五”数字经济发展规划》提出，加快数据要素市场化步伐。公共数据资源汇聚、管理、流通、开放的体系基本形成，开展一批有影响力的数据开发利用试点，各类主体数据治理能力显著增强，数据确权、

定价、交易、资本化有序展开，数据清洗、标注、评估等数据交易服务新业态不断涌现，数据要素市场体系基本形成，数据价值得到进一步释放。同时提出强化高质量数据要素供给，加强数据要素开发利用，加速数据要素价值释放等方面措施。

《浙江省数字经济发展“十四五”规划》提出，推进数据要素服务化应用，探索推进数据要素配置流通。探索社会数据市场化运营机制，探索研究数据产品与服务所有权、使用权、收益权，引导市场主体开展数据交易，培育数据开发利用产品、产业体系，完善数据创新应用服务生态，推动经济社会数据创新应用。

《福建省“十四五”数字福建专项规划》提出，发挥数据关键生产要素作用，建立健全全省一体化数据资源管理应用体系，深化公共数据资源开发利用，推进数据资源市场化，促进数据要素高效流通，培育壮大数据要素市场。一方面构建市场化公共数据资源管理服务体系，另一方面推动数据资源交易流通，探索建立更具弹性的数据要素发展监管制度，构建多元共治的数据要素市场治理体系。

《江西省“十四五”数字经济发展规划》提出加快数据要素市场化流通举措，加强数据确权、流通交易、准入监管、公平竞争、风险防范等方面规则研究，发展数据资产评估、登记结算、交易撮合、争议仲裁等市场运营体系。积极推进江西省大数据交易中心建设，搭建全省统一的数据交易平台，提供安全可信的交易环境，保障数据安全、有序流通。在确保数据安全、保障用户隐私的前提下，调动行业协会、科研院所、企业等多方参与数据价值开发。

制订“十四五”数字经济发展规划的省份还有山东、河南、湖北等，出台了诸如《山东省“十四五”数字强省建设规划》《河南省“十四五”数字经济和信息化发展规划》《湖北省数字经济发展“十四五”规划》《湖南省“十四五”数字政府建设实施方案》《贵州省“十四五”数字经济发展规划》《甘肃省"十四五"数字经济创新发展规划》《内蒙古自治区"十四五"数字经济发展规划》《宁夏回族自治区数字经济发展"十四五"规划》等数字经济发展规划文件。

（3）安徽、海南等地方政府在经济和社会发展第十四个五年规划中对数据要素市场发展作出部署和远景描述

安徽、海南、四川、青海、西藏、新疆维吾尔等省（直辖市、自治区）则在发展经济和社会发展第十四个五年规划和2035年远景目标纲要中对推进数据要素市场化配置或数据市场化流通等作出了规划。这类政府陆续出台了诸如《安徽省国民经济和社会发展第十四个五年规划和2035年远景目标纲要》《海南省国民经济和社会发展第十四个五年规划和2035年远景目标纲要》《四川省国民经济和社会发展第十四个五年规划和二〇三五年远景目标纲要》《青海省国民经济和社会发展第十四个五年规划和二〇三五年远景目标纲要》《西藏自治区国民经济和社会发展第十四个五年规划和二〇三五年远景目标纲要》《新疆维吾尔自治区国民经济和社会发展第十四个五年规划和2035年远景目标纲要》等战略规划文件。

3. 地方政府促进数据经济的制度和政策

在国家数据发展战略的指引下，地方政府纷纷展开数据经济布局，探索促进和规范数据经济发展的政策和制度。根据中国信通院发布的《中国数字经济发展报告（2022）》，2021年我国各省市共出台216个数字经济产业化政策，其中，32个顶层设计政策、6个数据价值化政策、35个数字化产业政策、54个产业数字化政策、89个数字化治理政策。其中，以北京、上海、杭州等数字经济发展程度较高的东部地区最为典型。

2018年9月，上海市政府颁布了《上海市公共数据和一网通办管理办法》（市府令第9号），为促进本市公共数据整合应用确定总体框架，明确了分类共享和开放原则。2019年10月发布《上海市公共数据开放管理办法》

（政府21号令）对公共数据开放制度进行了专门规范。2021年11月，《上海数据条例》正式出台，为了保护自然人、法人和非法人组织与数据有关的权益，规范数据处理活动，促进数据依法有序自由流动，保障数据安全，加快数据要素市场培育，推动数字经济更好地服务和融入新发展格局提出了“上海方案”。2022年，上海市人民政府办公厅印发《上海市数字经济发展“十四五”规划》，围绕数字新产业、数据新要素、数字新基建、智能新终端等重点领域，加强数据、技术、企业、空间载体等关键要素协同联动，加快进行数字经济发展布局。

北京市早在2016年就出台了《北京市大数据和云计算发展行动计划（2016—2020年）》，提出了公共大数据融合开放的发展战略，为大数据和云计算等数字经济基础设施发展奠定了基础。2020年印发《北京市促进数字经济创新发展行动纲要（2020—2022年）》，提出“立足北京市‘四个中心’功能定位”，坚决推动数据要素有序流动和培育数据交易市场，大胆探索关键领域对外开放及跨境数据流动等新模式新业态，积极稳妥推进与国际数字经济、数字贸易规则对接，引领和赋能国内数字经济发展，将北京市建设成为国际数字化大都市、全球数字经济标杆城市。2022年，《北京市数字经济促进条例》正式出台，为了加强数字基础设施建设，培育数据要素市场，推进数字产业化和产业数字化，完善数字经济治理，促进北京市数字经济发展指明了方向。作为中国互联网产业发展的集中地，杭州政府同样积极探索部署了促进数字经济发展和数据要素市场培育的地方战略与具体措施。

在数字经济发展顶层战略方面，2018年杭州就出台《加快国际级软件名城创建助推数字经济发展若干政策的通知》，旨在加快杭州国际级软件名城创建，助推数字经济发展。同年出台《杭州市全面推进“三化融合”打造全国数字经济第一城行动计划（2018—2022年）》，旨在全面推进杭州市数字产业化、产业数字化和城市数字化协同融合发展，打造全国数字经济第一城。2021年响应中央号召，制定出台《数字经济发展“十四五”规划》，推动数字经济实现二次攀升，为推动国家数字经济做强做优做大贡献杭州力量。而在具体的制度实施方面，杭州市先后制定《政务数据资源共享管理暂行办法》《杭州城市数据大脑规划》《杭州市公共数据授权运营实施方案（试行）》（征求意见稿）等文件，并积极落实浙江省关于数据开放共享的《浙江省公共数据条例》等省级的规划部署与法律规范，为杭州乃至浙江省的数据经济发展作出有益的探索与尝试。我国省级政府出台的数据经济相关地方性法律法规（截至2022年），见表5。

§17.2　数据经济安全的保障者

数据既具有生产要素性（资源性），又具有社会性和公共性，数据的要素化利用必须保护数据上并存的多重主体利益及其社会公共利益和国家安全利益。数据是有风险的资源，数据的要素化、市场化利用必须防范数据安全风险，将数据安全控制在可接受的水平。这要求政府建立数据要素化利用的安全框架，并落实数据使用者的安全责任，防控数据安全风险。但是，如何协调其上存在的复杂利益，实现其社会化配置和利用，如何协同数据安全监管与促进数据要素化（市场化）利用仍然存在许多探索的空间。这可能是政府作为经济安全的保障者在现阶段需要重点思考的。

1.数据经济运行的规范问题

规范和调整数据经济，首先面临的问题是如何认识数据的生产要素价值、数据要素价值实现过程和方式，以及数据要素市场化与数据经济的关系。

数据是数字经济的核心资源，在我国也被称为生产要素。但是，数据何以成为资源或生产要素，尚未完全达成共识。数字经济的权威定义明确将数字化的信息和知识作为生产要素，学者基本上是从数据揭示出的信息角度来论述数据生产要素的。比如，杨汝岱教授指出：数据所包含的信息能优化企业决策、促进生产，数据就是信息；数据信息可以加速资源流转速度，使得特定资源在给定时间里生产更多的价值。因而人们一般将数据理解为数字化的信息和知识，并在此意义上开展讨论数据如何作为生产要素以及如何建立促进数据生产要素社会化配置和利用的市场机制。但是，人类理解信息是知识之源，知识是生产力，并不因为数字化而改变，成为生产要素的数据就不能简单地理解为数字化的知识和信息。本书认为数据作为生产要素反映了当下随着信息技术发展，人类利用信息能力所发生的巨大变革，即“大数据+人工智能”所带来的认知革命。作为生产要素的数据并不是传统人类可识读和应用的信息和知识，而是由机器识读，与观察或认知对象有客观联系的事实数据。这样的数据是机器学习的对象，是可以产生数据智能、产出新知或做出智慧行动的原材料。数据要素市场旨在构建数据流通利用秩序，加速高质量数据要素供给，以生产出更多的知识或智能产品，赋能实体经济和整个社会运行发展。显然，只有弄清楚数据价值形成和实现过程，才能清晰地勾勒数据生产、流通和使用（消费）的经济秩序。

我们需要根据数据要素价值生成和实现过程，构建数据价值实现社会分工体系，通过交易或交换提升数据要素社会利用效率。这便是数据要素市场要解决的问题。但是，数据本身不是经济资源，而是认识客观世界的原材料，数据并不具有生产力，并不能直接提升社会生产效率和效益。数据必须经过挖掘分析或识别分析之后才能具备认知能力，而这背后体现的计算技术，是算力、算法的力量。计算技术、数据架构和治理技术等作为基础设施或技术资源，将数据转化为社会经济运行所需要的知识和智力。也就是说，数据经济不是让数据本身赚钱，而是加速数据转化为智能或知识的过程，其本质是数字技术的发展和应用。因此，发展数据要素市场应当看作促进数据应用、发展数据智能的手段，而不是目的。不能孤立地看待数据价值，单纯地鼓励数据交易，发展数据市场，追求数据本身变现。如果数据市场建设不能够带来人工智能研发能力和整个社会的智能化水平提升，那么与发展数据经济的目标便是背道而驰的。这意味着，数据要素市场的“市场”也有别于其他生产要素的市场，不能将数据要素市场看作经济本身，必须发掘数据要素市场本身的特点，来构建其基础制度，规范其发展，恰当发挥数据要素市场的作用。这也是“数据二十条”提出建立“适应数据特征”的基础制度的基本内涵。

2. 数据要素市场的调控问题

市场经济是一种有效的资源配置机制，它能够激发微观主体的创新活力，促进经济增长和社会进步。然而，市场并不是万能的，即使在产权清晰的情形下，也会存在着一些固有的缺陷和局限性，导致资源配置出现失灵和失衡，产生负外部性，出现信息不对称、垄断、不正当竞争等问题，损害社会福利和公共利益。这些政府干预市场的理由也当然地会用到对数据要素市场的干预中。但是，数据上并存多重利益，难以界定清晰的单一产权，作为数据交易的基础。这意味数据要素市场并不存在传统市场运营的制度基础，数据要素市场一定具有与传统市场不一样的地方。也许根本的原因是数据本身具有强大的社会性和公共性，具有较强正外部性，我们很可能需要借助市场的原理，推进数据流通交易。但是，我们不可能将数据要素市场看作一般商品或资产市场来建设，更不可能将市场看作数据资源社会化配置的唯一方式。因此，在数据经济发展中，在发挥市场基础作用的同时，如何定位和发挥政府的作用，拓展数据社会化利用的方式，需要进一步研究和探索。我们需要引入市场机制或市场原理，但不是照搬任何传统的市场来建设数据要素市场。关键的问题不是政府要不要干预和监督，而是干预什么、如何干预、干预到什么程度。也许我们政府需要通过限制数据要素的过度市场化，限制数据持有者的权利来校正市场的缺陷。在传统市场，政府首要任务是尊重产权，维护市场交易秩序，确保交易安全。但是，在治理以多重利益并存的数据为基础的市场时，政府的作用可能不是先发展市场，再限制市场的力量，而是建设有限的市场，让市场在有限的范围内发挥作用。

除数据市场基础框架不同外，我们还要看到数据经济的监管问题本质上仍然是整个经济监管。这是因为数据经济活动本质上是支撑整个社会经济运行的，数据只是手段或工具，数据应用带来的问题会通过各种方式呈现出来，传统市场的缺陷也会延伸或折射到数据经济中。我们需要坚持促进发展和监管规范并重，健全完善协同监管规则制度，强化反垄断和防止资本无序扩张，推动平台经济规范健康持续发展。但是，网络或数据导致垄断、不正当竞争等不当市场行为需要在既有的法律体系下，诉诸传统的反垄断或反不正当竞争规制手段解决，而不是另立炉灶，孤立地解决数据经济不当市场行为。

如前所述，网络、数据、算力和算法本质上是相互联系，推动社会发展进步的力量，将数据生产、流通和利用活动看作一种独立的经济活动，会发现其应用和效果并不独立。因此，数据应用产生的许多问题，并不完全是数据问题，而是数字技术应用本身带来问题，是应用者的行为问题。我们需要整合数字化的伦理、社会、技术和政治等基本维度来解决数字化的基本问题，而不是简单地通过控制数据的使用或配置初始产权等方式解决数据应用带来的弊害问题。新兴数字经济立法应当与既有法律体系融合，才能按照一致的价值和原则发展既有法律概念和规则，由此形成和谐一致的适应数字经济发展的法律制度体系。

在全面的数字化转型视野下，社会经济的各种要素都会因数字化而贴上“数字”标签。例如，数字主体、虚拟主体、数字人格、数字资产、数字物品、数字权利、数字合同、网络侵权、数字证据、数字关系、虚拟企业、数字平台、数字货币、电子支付、数字垄断等。但是究其本质，数字经济还须落脚到经济，数字技术只是人类实现社会经济活动的工具。人类仍然需要通过各种交易关系，实现资源的生产、流通和消费，数字经济改变的只是行为的领域（或场景）、行为方式、行为能力（或效率），但并没有改变人类的行为目的和内容。因此，现有法律体系原则均可以适用于数字经济环境下的一切具有法律意义的行为，在原有概念和规则体系下，优先适用现行法律解决数字经济秩序问题，在需要时扩张既有概念内涵、行为规则内容以使数字经济的行为可以纳入现行法律体系调整，而只有在现行法律概念和规则容纳不了其内涵时，才需要制定新法调整数字经济的特殊或新类型问题。

3.数据安全监管问题

数据是有风险的资源，数据上并存各种利益，关系国家安全，数据还存在泄露和滥用风险。这是因为数据源于社会，用于社会，社会中各种利益均会关联或折射到数据或数据使用上，导致数据并不完全被作为客体来对待。因此，数据持有者要使用数据，发挥数据要素价值就必须保护数据上合法利益，维护国家安全，防范数据泄露和滥用风险。应当说，数据安全问题是数据要素市场面临的较为独特的问题，因而数据安全也成为数据要素市场监管的重要组成部分。

虽然《数据安全法》提出并贯彻了以发展促进安全，以安全保障发展的理念，但在数据利用与数据利益保护、社会经济发展和数据安全之间时常存在冲突，数据流通利用时常面临不确定性。《个人信息保护法》仅仅调整处理者与个人之间的直接利用关系，而没有考虑处理者间接获取个人信息的合法通道，导致个人信息流通利用的路径充满不确定性。我国先后制定的《网络安全法》和《数据安全法》具有相同的数据安全目标，但是所规定的数据分类、安全措施、监管体系不尽相同，也给数据安全合规带来不必要的困惑。2015年《国家安全法》颁布之后，国家安全被提到新的高度，而网络和数据与国家安全存在着无限的勾连，数据跨境可能带来的风险也妨碍着正常国际贸易和合作。数据安全和合规已经成为所有组织利用数据所必需的制度措施，但是在具体的场景下怎样的安全和合规措施是可以防范风险或者将风险控制在可接受水平，充满着不确定性。

发展是安全的基础和目的，安全是发展的条件和保障。为了实现安全与发展的同步推进，我们需要建立适应数据特征，符合数字经济规律的数据安全治理体系，为数据要素市场健康发展提供保障。

数据经济研究仍仅针对数据资源化利用难题，从不同学科、专业或技术视角探讨数据保护、赋权和交易等论题，明显存在研究碎片化、应对式和单维度等不足，没有形成系统的数据经济理论体系，难以有效回应数据经济不断提出的新问题。我们需要对数字经济形成全面正确的认知，分析对既有法律的挑战或制度诉求，然后才能寻求法律发展的方法，创制适应数据经济运行和发展的法律体系，探讨可能的社会制度变革。

§17.3　数据经济的参与者

政府是经济活动的参与者，尤其是在我国，国家（自然资源所有者）通过授权开发或使用自然资源，以及在国民经济重要领域开展投资活动，构筑起国民经济的支柱。同样，政府亦应是数据经济的参与者。政府推动和参与数据经济的方式主要有三：一是推动政府数字化转型，形成对社会数据的合规、高效利用格局，支撑政府智能化运营，提升公共管理和服务的效率与水平；二是推动公共数据资源开发和供给，为全社会提供可用的基础数据资源；三是推动国有企业数据要素化利用，通过投资或控股国有企业，实施数据战略，推动国有企业数字化转型，推动国家投资形成各类数据的要素化、社会化配置利用。

1.政府的数字化转型

从信息化到数字化转型是数字技术纵深发展与应用下社会发展模式的一次巨大转变，正如过去以政务信息化来带动整个社会经济的信息化一样，在推进数据经济发展的过程中，我们也需要以政府的数字化转型来带动整个社会经济的数字化转型。这一方面是因为政府是社会经济活动的管理者，它集中了社会经济活动所需要的基础数据，其社会化利用对于推动数据经济发展起着基础作用；另一方面，数据社会化利用或再利用面临很多不确定性，需要确立基本规则，而政府具有规则创设的能力，在数据再利用方面应当起到示范引领作用。

政府数字化转型的核心是政府转向基于数据的公共管理和公共服务，以提升数据要素在政府中的应用和智能化水平。为实现这一目标，政府首先需要开展的工作是按照产品化思维开展数据治理，确保数据唯一性、精准性、完整性，实现数据在政府部门之间的无缝隙共享和重用。实际上，自2016年始，我国就一直在推行“一网统管+一网通办”的改革，而支撑这一改革目标实现的路径就是数据治理，并在治理的基础上使数据转化为可重用的数据要素，在政府部门之间实现有序高效地共享使用。

国务院2016年发布《政务信息资源共享管理暂行办法》，提出了政务信息资源共享的基本原则和数据治理的原则。政务信息共享基本原则为：以共享为原则，不共享为例外；需求导向，无偿使用；统一标准，统筹建设；建立机制，保障安全。政务数据治理的原则包括“谁主管，谁提供，谁负责”的治理原则和“谁经手，谁使用，谁管理，谁负责”的治理责任原则。之后各地方均发布了实施政务数据共享的地方规范，推进各地政务数据跨层级、跨地域、跨部门有序共享。

在《“十四五”数字经济发展规划》中，国务院提出使“数字化公共服务更加普惠均等”的政府发展目标，旨在实现数字基础设施广泛融入生产生活，实现对于政务服务、公共服务、民生保障、社会治理的支撑。通过网络化、数字化、智慧化的利企便民服务体系不断完善，全面提升全国一体化政务服务平台功能，加快推进政务服务标准化、规范化、便利化，持续提升政务服务数字化、智能化水平，实现利企便民高频服务事项“一网通办”。尤其需要强调的是，数据基础设施是数据经济发展的物质基础，政府作为资源配置者和公共服务提供者，需要加强对数据基础设施的建设和管理，为数据经济的发展提供有力支持。包括数据平台、通信网络、云计算等方面的基础设施建设和升级，提高数据基础设施的服务能力和水平，也是政府参与数据经济的重要途径。

目前，政务数据共享已经取得了一定成绩，尤其是通过“一网通办”提升全民服务和管理效率，让人民群众有更多获得感。但是，在政务数据要素化治理，实现数据在各部门之间合规高效共享，支撑各部门的智能决策方面还有待提高。

2. 公共数据资源的社会供给

在推进政务数据共享的同时，政府应当推进公共数据开放，建立社会公用的公共数据基础设施，满足社会对基础数据资源的需求。这是因为政府在从事公共管理和服务过程中形成大量基础数据，其中包括了从各社会组织采集和获取的为了公共利益或公共安全目的的数据。这些数据经过治理要素化之后，可以向社会提供，供社会主体再利用，这便是政府正在推进的公共数据开放事业。

公共数据不取决于数据初始生成的业务性质，而取决于数据再次使用的条件。不只是产生于政府的数据，源自社会主体的数据同样可以治理成为数据要素，作为公共产品向社会提供（开放）。数据具有明显的公共性，可以同时为众多主体分享使用，因而数据适宜作为公共产品向社会提供。但是，由于数据上存在经济利益或竞争利益，社会主体向社会无偿提供数据要素应当建立在自愿的基础上，政府应当鼓励而非强迫社会主体向社会提供可自由使用的数据资源。对于政府在公共管理和公共服务过程形成的数据，除涉及国家安全（包括国家秘密）和私人权益外，其本身并没有需要保护的利益，因而其形成的数据原则上可以无条件向社会提供。只是向社会提供的前提是必须开展数据治理，将数据治理成为可以开放使用的数据要素，为此需要根据治理成本和使用者是否具有公众性来决定开放的条件，选择作为公共产品无偿无条件向社会开放，还是准公共产品有偿有条件向社会开放。

在数据经济时代，数据流通利用已经成为促进数据创新和发展的重要手段。政府作为社会基础数据的持有者，需要制定数据开放条件、方式和利用规范，推动政府数据开放，促进数据价值的最大化利用。国家一直在努力构建全国统一政府数据资源体系，统筹公共数据资源开发利用，推动基础公共数据开放利用，释放公共数据红利。如何提升政府数据治理水平和政府数据质量，探索面向公共服务、社会应用和市场运营的政府数据分类开放和授权运营机制是今后公共数据开放努力的方向。

案例

北京市金融领域开展公共数据授权运营

北京市金融公共数据专区探索形成“政府监管+企业运营”的公共数据市场化应用模式，结合举办公共数据创新大赛等丰富多样的具体举措，给出授权托管、深入开发公共数据的新路径。尤其在统筹强化技术保障与制度建设上，建立健全公共数据安全治理体系。

具体而言，在授权运营技术保障上，运营单位主要采取几种模式：联合建模，与银行部署联合建模节点，实现数据“可用不可见”；提供SaaS服务平台，主要给金融机构提供快捷信用信息查询，以及接口调用。金融机构对市场主体进行全流程画像洞察时，也必须基于专区完成精准的数据查询、数据调用。此外，在授权管理制度、数据准接入、金融机构业务审核、授权退出机制等方面均立规章、建制度。

北京市金融公共数据专区通过建立完善的公共数据安全管理体系，持续提升数据安全治理能力。运营单位严格按照国家网络安全保护要求，实现系统安全性不低于国家安全等级保护三级，还制定了数据的分级分类标准以及信息安全事件应急处置预案，通过必要的技术防控措施加强对第三方合法权益的保护。面向应用单位提供服务时以合同、协议等形式约定数据的使用目的、范围、方式和期限，建立访问控制机制，限定数据使用过程中可访问的数据范围和使用目的，定期就金融公共数据应用成效进行评估。

——根据相关资料撰写

3. 国有企事业单位的数字化转型

国有企事业单位是国民经济的重要组成部分，是发展数据经济的主力军。国家可以通过推动国有企事业单位的数字化转型来推动数据经济的发展。

国有企业在国民经济中具有主导作用，是引领带动经济高质量发展的中坚力量，应当主动把握和引领新一代信息技术变革趋势，引领和带动我国经济在这轮变革中实现转型升级。构建数字化研发体系，推进智能制造，促进生产方式创新，加快建设工业互联网，促进产业链、供应链创新，充分发挥产业龙头的作用，构建全要素、全产业链、全价值链全面连接的“核心枢纽”，带动中小企业协同发展，助力构建以国内大循环为主体、国内国际双循环相互促进的新发展格局。为此，国务院国资委2020年8月印发《关于加快推进国资企业数字化转型工作的通知》，对于加快推进国资企业数字化转型工作提出明确要求：要促进国资企业数字化、网络化、智能化发展。2023年6月27日，国资委在浙江桐庐召开深入推进国有企业数字化转型专题会。会议指出，国有企业要加强对标评估、推进试点示范、完善体制机制、加强合作发展，深入实施国有企业数字化转型行动计划，全面提升数字化智能化发展水平，加快世界一流企业建设，更好发挥国企科技创新、产业控制、安全支撑作用，为加快建设现代化产业体系、促进实体经济高质量发展作出更大贡献。

在推进国企的数字化转型方面，最为重要的是认识到，数字化转型是一项涉及数据、技术、流程、组织等的复杂系统工程，其核心是充分发挥数据要素驱动作用，按照产品化思维治理，建立链接产业的数据生态，在赋予国有企业创新发展的同时，带动全要素的高效配置和利用，赋能社会经济发展。

与成熟的经济形态相比，政府在数据经济中的重要性更加凸显，角色和作用更加多元，参与度更高。因此，政府在扮演好数据经济安全的保障者角色的同时，应当加强对数据开放、数字化服务、数据基础设施建设和数据产业发展等方面的支持和推动，在实现对数据隐私的安全监管和保护，为数据经济的健康发展提供有力保障的同时，发挥政府自身数据治理、数据开放与数据服务等方面的优势，使得政府的作用发挥更具能动性，更加适应当下数据经济的发展需要。

第18讲　政府数据的要素化利用的制度和机制

政府是基础数据资源的生产者，因为政府在从事公共管理和公共服务过程中会自然形成大量的数据资源。但是，政府数据资源的要素化利用属于数据资源再次开发利用和社会化利用，要实现这样的目标，需要构建相应的机制和基础制度。政府数据要素价值既体现于支撑政府部门智能决策（包括通过共享，提升政府整体社会治理能力），也体现于将政府掌握的数据开放为公共数据，满足社会主体对基础数据要素的需要。而这需要确立政府的数据资源管理权，建立配套的体制机制才能实现。

§18.1　数据资源管理权

一旦将政府数据理解为生产要素，并且厘清了政府数据的范围边界及其与公共数据关系之后，我们就必须按照生产要素有效利用的制度规则对待政府数据。数据本身是具有风险的资源，其既需要安全控制，又需要合规管理。隶属于政府的数据，不管是机构自用、在政府部门之间共享，还是向社会主体开放利用，都需要首先确立政府对其生产的数据资源具有某种管理权。这种数据资源管理权即是政府数据持有者权。

1.政府数据资源管理权的确立

任何社会主体生产的数据只要能够用于分析客观世界规律，都可以成为生产要素。由于政府从事公共管理和公共服务，因而其产生和汇集形成的数据是社会基础数据资源，具有普遍的社会需求。因此，政府也能成为数据要素的供给者。自20世纪90年代起，国际社会即开始提出以政府数据开放促进数据再利用。八国集团（G8）于2013年6月签署的《G8开放数据宪章》提出的政府数据开放五项原则，除了强调政府数据以开放为原则（称为“自动开放数据”）和“改进治理”外，还强调“确保高质量和足够数量的数据”“使数据可为所有人使用”“促进创新”。政府数据开放被定位于推进大数据应用，实现数据资源化（要素化）利用战略举措。《促进大数据发展行动纲要》提出“推进数据资源向社会开放”，“推进数据汇集和发掘，深化大数据在各行业创新应用”思想。如何构建政府数据开放基础制度，使政府或公共机构成为数据要素的供给者就成为制度设计的关键。

数据开放被定义为“面向社会提供具备原始性、可机器读取、可供社会化再利用的数据集”。[①]在数据为生产要素的背景下，开放在经济学上可理解为数据要素的供给行为，在法律上可理解为让与使用权或许可使用的行为。数据开放与数据流通都属于向他人提供数据，供接受者使用的行为。由于政府在运营过程中所形成的数据并不能当然地开放，数据开放首先需要治理数据，将数据资源处理、完善成为可用的数据，形成可开放数据要素；同时，还要管理和控制数据开放利用的风险，开展合规管理，确保数据开放安全。所有这些活动均由主体负责管理和实施。数据本身是有风险的资源，政府将数据提供给社会主体使用，也需要控制数据社会化利用的风险，使风险可控制，责任可追溯。

同样地，政府部门之间开展数据共享或提供数据供其他政府部门使用的行为也属于政府数据的再利用，虽然其风险要小于对外开放，但仍然存在考虑共享哪些数据，采取什么方式共享，如何确保合规或安全等问题。这些也需要相应的管理活动。因此，政府数据共享和开放均属于各部门生成的数据的再利用，均需要特定的责任主体负责实施和管理。这样的管理职

---

① 《上海市公共数据开放暂行办法》（2019年8月29日上海市人民政府令第21号公布）第三条：本办法所称公共数据开放，是指公共管理和服务机构在公共数据范围内，面向社会提供具备原始性、可机器读取、可供社会化再利用的数据集的公共服务。

责来源于数据安全管理，同时又是发挥政府数据要素价值，实现数据共享和开放的需要。

为实现政府数据共享和开放利用，政府也要依法开展数据安全和合规管理。《网络安全法》《数据安全法》《个人信息保护法》等法律均适用于政府、其他公共机构和社会主体，只是安全责任的范围和内容略有差异。比如，《数据安全法》第六条是专门规范政府部门的安全责任及其分工，而第八条则对所有数据处理者的安全和合规义务进行原则性规范，而第四章数据安全保护义务，亦是一视同仁地适用于包括公共机构在内的所有数据处理者。因此，政府亦像其他社会主体一样，应当履行相应的安全管理义务，维护数据上的合法权益及数据的安全利用秩序。

2. 政府数据资源管理权的定位

为实现政府数据的要素价值，我们需要明确特定政府部门与其生产控制的数据之间的控制关系，承认其持有者身份，并在此基础上明确其共享和开放的义务。无论从安全的角度，还是从要素化利用的角度，我们都需要承认特定政府机构对数据的控制和管理能力，这一点与社会主体作为数据持有者没有任何差异。只是政府作为数据持有者在数据要素化利用方面并没有自主权利，而更多是依照法律要求实施共享和开放，也就是要素化利用是政府数据持有者的义务。“作为公共数据管理人，公共机构有义务开放数据，也有义务维护和管理好公共数据的利用秩序，而这些都以明确其权利为前提。”正因为数据持有者享有权利内容或性质不一样，宜将政府机构数据持有权称为数据管理权。承认政府对其生产的数据的管理权实质上就是公共机构的“数据持有者权”。政府对于政府数据资源的管理权旨在确立特定主体的安全管理、治理数据、共享和开放职责。

无论是提升各自的智能决策和管理水平，还是政府部门之间共享、对外开放，均需要各级政府承担数据资源的管理职责，将数据治理成为可用、可再利用的数据要素，充分实现其要素价值。治理数据或管理数据就成为数字时代政府的一项新职责和新能力，成为提升政府社会治理能力的基本要求。每个政府部门都需要按照统一规范、标准和流程治理数据，实现数据汇集融通，实现跨层级、跨系统、跨部门、跨地区共享，同时对接社会需要，向社会提供可机读、可再利用的数据要素。这样的数据治理工作首先要界定数据持有边界，分清各自的职责，并在此基础上实现统筹协调，对既有的政府管理体系按照数据治理要求进行组织架构、业务流程、管理机制调整，以适应以数据为核心资源的综合治理体系，精准计算和高效配置各类数据资产，应用于行政管理、公共服务、经济社会发展等领域。而支撑这样的数字政府形态的就是构建以数据持有权为基础的底层制度，在此基础上形成政府部门的治理数据、使用数据、管理数据、流通（共享和开放）数据的能力。为了与社会主体数据持有权相区分，本书将政府的数据持有权称为数据资源管理权。数据资源的管理权本质上是数据持有者权，只是需要严格依据法律规定目的、流程等来行使数据“持有者权”。这样，即可以用数据资源管理权来构建多元的数据开放体系。

3.政府数据资源管理权的制度价值

确立政府数据持有权的意义在于明确数据资源的管理职责，使政府生产的有用的数据资源具有明确的责任主体，在确保数据资源安全管理的前提下，使其要素价值得到充分发挥。从现行法律来看，确立政府数据资源管理权的价值主要体现为以下三方面。

其一，以数据支撑本部门决策，提升管理绩效和服务质量与效率。构建灵敏的数据采集和汇集架构，采取机器学习等智能手段分析数据，成为政府提升治理能力和服务效率的新手段。每个政府部门都应当充分运用数据智能，建立“用数据说话、用数据决策、用数据管理、用数据创新”的管理与服务机制，实现基于数据的科学决策，同样，数字化也能改善公共服务提供的方式和质量，为各种公共服务提供便利高效的手段。

其二，通过数据共享提升政府部门的科学决策能力，推进治理能力现代化。数据要素化还体现在：通过政务数据共享，支撑整个政府的智能决策，推进政府治理体系与治理能力现代化，进而提升整个社会资源配置、管理和利用效率。

其三，通过数据开放支撑社会经济创新和高质量发展。政府部门所生产和持有的数据具有明显的社会性、公共性，是整个社会智能化运行的基础数据，政府持有的数据向社会开放，与社会各行业数据汇集融合，可以支撑各行业和主体智能决策，促进产品和服务创新，形成社会经济发展的新动能，构建国家竞争新优势——数据生产力。

无论是提升各自智能决策和管理水平，还是政府部门之间共享、对外开放，均需要各级政府承担数据资源的管理职责，将数据治理成为可用、可再利用的数据要素，充分实现其要素价值。对于政府数据来说，依靠政府的数据持有者权可以开启政府数据共享、无条件开放与有条件开放活动，以赋能公共管理、社会生活与经济发展。

§18.2　基于数据性质的数据要素化利用制度

在我国，政府数据、政务数据与公共数据等概念均出现在了相关的法律规范文件当中，这一定程度上反映了我国数据开放立法，特别是地方政府的相关立法初衷和基本逻辑的不统一，也引发了我们对于政府在数据经济活动中定位的认识偏差。政府数据要素化利用必须建立清晰的规则，以构建最大化发挥政府数据价值要素化利用制度。在这方面，最重要的是根据政府数据再利用的目的来确定数据要素的性质，根据数据要素性质确立利用规则。

1. 政府数据：政府生成并控制的数据

政府数据是由政府生产、控制、管理的数据。政府数据是按照数据的实际控制关系或按照隶属主体来进行分类，而不是按照性质进行分类。政府数据是从主体的角度对数据的描述，大致指政府拥有或控制的数据为政府数据。狭义理解，政府仅是指国家机构中执掌行政权力、履行行政职能的行政机构。广义理解，政府泛指各类国家权力机构，包括立法机构、司法机构和行政机构。

2015年发布的《促进大数据发展行动纲要》（国发〔2015〕50号）中明确提出了政府数据与社会数据二分法，统筹利用政府数据（偶尔也用政务数据）和社会数据资源，“推动政府数据开放共享，促进社会事业数据融合和资源整合，将极大提升政府整体数据分析能力”。在主要目标中，有这样的表述：“高效采集、有效整合、充分运用政府数据和社会数据，健全政府运用大数据的工作机制，将运用大数据作为提高政府治理能力的重要手段，不断提高政府服务和监管的针对性、有效性。”

政府数据大致可以称为政务数据或《政务信息资源共享管理暂行办法》（国发〔2016〕51号）定义的政务信息资源。政务信息资源指：“政务部门在履行职责过程中制作或获取的，以一定形式记录、保存的文件、资料、图表和数据等各类信息资源，包括政务部门直接或通过第三方依法采集的、依法授权管理的和因履行职责需要依托政务信息系统形成的信息资源等。”而该办法所说的政务部门，是指政府部门及法律法规授权具有行政职能的事业单位和社会组织。从定义上，政务数据（信息）与政府数据存在些许差异，政府数据强调数据的隶属或控制关系，而政务数据强调“履行职责”过程中的制作和获取。但在范畴上差别不大。

2. 政府数据并不等于公共数据

公共数据是数据持有者对外提供数据的一种使用状态——自由使用的数据。公共数据是数据领域基础概念，它时常被作为数据开放的前置概念。

2021年的《上海市数据条例》将公共数据定义为：“国家机关、事业单位，经依法授权具有管理公共事务职能的组织，以及供水、供电、供气、公共交通等提供公共服务的组织（以下统称公共管理和服务机构），在履行公共管理和服务职责过程中收集和产生的数据。”2022年1月颁布的《浙江省公共数据条例》则将公共机构直接扩展到一切公用事业运行者。“条例所称公共数据，是指本省国家机关、法律法规规章授权的具有管理公共事务职能的组织以及供水、供电、供气、公共交通等公共服务运营单位，在依法履行职责或者提供公共服务过程中收集、产生的数据。”而且明确规定“根据本省应用需求，税务、海关、金融监督管理等国家有关部门派驻浙江管理机构提供的数据，属于本条例所称公共数据”。这样的立法也影响了之后的地方立法，如重庆市、四川省、厦门市等，使公共数据界定走向宽泛化。更多的地方立法将主体的“公共性”扩展到了业务公共性，凡是从事公用事业和公益事业的组织所生产的数据皆为公共数据。因此，公共数据的生产主体包括了政府等公共管理机构和从事公共服务的其他公共机构。

在法律上，公共数据具有两个特征：其一，向社会公开，社会主体可自由获取；其二，使用不设限制。因而公共数据属于法律上的“公有物”或经济学意义上的公共产品，属于任何人可以自由取用的公共资源。公共机构在从事公共事务管理中形成的数据并不都属于法律意义上公共数据——可以开放给任何人自由使用的数据。除了纯粹的地上建筑物或设备的水文地理信息外，几乎所有的公共机构从事公共事务管理的初始数据都涉及自然人和法人组织管理或关联到这些主体，因而这些主体的合法利益自然也延伸到这些数据上，使其不能被视为公共数据。显然，公共数据是取决于数据属性，而不是数据产生或来源主体的性质。公共数据既可以来源于政府等公共机构，也可以来源于私人或企业。依据主体性质定位并不符合数据使用事实和现状，不符合法律上对“公共”资源的定位。

在数据成为资源的背景下，任何主体生产和控制的数据首先是满足该主体的需要，即使该主体是从事公益事业，其所生产的数据也并非当然地属于公共数据。数据是否为公共数据应当是法律干预的结果，而这种干预一定是基于某种正当理由。这种理由可以是：

（1）数据生产（尤其是治理成本）是由公共预算支出，其形成的数据要素当然应当作为公共数据，因而用于公益目的，至于是否成为不特定主体使用的公共数据，则取决于数据普适性或可公用性。

（2）数据需求具有普遍性或公众性，数据产品宜作为公共产品供给。数据具有社会性和公共性，数据并不因此而成为公共产品。数据成为公共产品应当是基于法律规定和持有者自愿的结果。

如果数据要素化利用是对数据资源加工处理的结果，那么我们就应当按照成为生产要素的数据性质来安排数据的利用方式。也就是说，初始主体或业务性质与数据的性质没有直接关系，数据的性质取决于数据利用的定位。在两种情形下，数据可以认定为公共数据。

一是数据利用的性质：如果数据被明确为可为不特定主体或大众自由使用的数据，那么该数据属于公共数据。此类公共数据特征是数据可以为任何主体使用。

二是数据利用的目的：如果数据直接用于公共利益、公共安全、公共卫生等，那么该数据可以被定义为公共数据。此类公共数据的特征是数据为特定主体使用，但用于公益目的。

目前，一般认为政府生产和治理形成数据产品，应当作为公共产品来向社会供给。但前提是这些数据产品是具有普遍需求的，在不具有普遍需求时，也不应当作为公共产品，而应当有偿有条件提供时，就不应当然地视为公共数据。因此，政府所产生数据如何要素化利用，应当分类开展，按照符合数据属性特征和激励高质量产品供给的逻辑设计，只有财政预算支撑所生产的数据具有纳入公共数据的范畴可能性，但是否纳入还取决于使用目的和普遍适用性。在后讲中将详细讲解公共数据的开放利用模式。

3. 公用和公益企事业单位的数据要素化的实现

从立法目的上来看，公共数据是为了界定哪些数据可以向社会开放，或者便于政府推动数据开放，因而其目的是界定数据再利用或重用的数据的性质。地方政府开展公共数据开放探索之所以不断地扩大公共数据范畴，是因为一旦被贴上公共数据的标签，数据持有者即具有向社会开放的义务或者可以纳入政府的数据开放范围。但是，这与数据作为资源，且应按数据重用性质来定义数据的性质的理念是相悖的。在“数据二十条”确立数据资源持有权的情形下，现行地方立法先定义一个宽泛的公共数据概念，然后将所有公共机构所运营产生的数据均纳入公共数据开放的做法，需要进行调整。调整的基本方向是，确立公用公益企事业单位对所产生的数据资源的持有权，施加向政府提供满足公共管理和基本公共服务所需要的数据的义务。

一方面，我们应当肯定公用事业和公益事业主体对所生产的数据的持有权。如前所述，我们不应当因为主体或主体从事的业务性质来定义数据性质，而应当按照数据资源再利用性质来确定各种公用和公益企事业单位所形成的数据资源性质。燃气公司拥有组织和个人用气数据，通常包括用户编号、用户地址、用户姓名、当月或年度用气量等；同样，电力公司、水务公司等也拥有类似用户用电量、用水量的数据。显然，这些服务具有公共性，但是这些公共服务生成的数据并不具有公共性，并不是可供任何主体使用的数据。更何况公用或公益事业机构本身是独立的法人机构，所生成数据当然地隶属于该组织管理，应当由该组织控制和依据法律规定进行开发利用。只是因为这些基础数据涉及政府的公共服务，因而这些公用或公益企事业单位必须首先满足公共管理的需要。

另一方面，要对公用公益企事业单位的数据持有者的权利和义务作出明确的规定。赋予其持有权主要目的是让企事业单位承担起数据治理责任并最大化实现所生产数据要素价值。对于公用公益企事业单位来讲，因其产生的数据本身具有公共性，其首先应当具有公共管理和公共服务的价值，因而负有向政府提供公共管理和公共服务所需要数据的义务。履行这一目的体现了其生产的数据的公共数据价值，但这不妨碍其生产和供给满足社会需要的数据产品，最大化地实现数据要素价值。

§18.3 政府数据共享：数据治理价值的实现机制

数据的要素价值体现在数据转化为智能或智能决策，就政府数据而言，其要素价值主要体现在支撑政府智能决策，提升治理和公共服务的水平和效率。

1.政府数据共享

数据共享泛指特定范围内的主体之间相互开放数据资源，相互获取和使用对方数据资源或共同数据资源，属于限定主体范围的数据流通。数据共享既可以适用于政府部门之间，也可以适用于私人领域，是在一定范围的主体之间共享特定的数据资源。政府内部的不同部门之间共享数据，称为政府数据共享。2016年，国务院发布《政务信息资源共享管理暂行办法》用于“规范政务部门间政务信息资源共享工作，包括因履行职责需要使用其他政务部门政务信息资源和为其他政务部门提供政务信息资源的行为”。

共享主体限定在政府部门及法律法规授权具有行政职能的事业单位和社会组织之间。这也就意味着，共享主体属于广义的政府。

政府主体之间共享的数据属于政府在执行各自公共事务或服务过程中形成的可共享数据。可共享数据的目的是促进政府部门之间协同治理，提升公共服务的效率，因而在理论上凡是有利于政府运营和公共服务效率提升的，凡是有利于提升治理水平和效率的数据均应当予以共享。但是在实操中，不同部门之间的职权分工和责任，可能会影响到各部门共享数据的意愿，影响到可共享数据的范围。

此外，数据治理是政府数据共享的前提条件。《政务信息资源共享管理暂行办法》对政务信息资源的共享作出了明确规范。第九条规定“政务信息资源按共享类型分为无条件共享、有条件共享、不予共享等三种类型”。

第十三条要求，按照“谁主管，谁提供，谁负责”的原则，提供部门应及时维护和更新信息，保障数据的完整性、准确性、时效性和可用性，确保所提供的共享信息与本部门所掌握信息的一致性。当前，全国一体化在线政务服务平台的建设摆脱了以往政府管理低效的困境，大幅提升了政务服务效能，实现了政府职能管理方式的变革，为政务数据的有效流通和利用带来了便利。

实践中，有许多有价值的数据是由政务部门收集管理的，如何调动政务部门参与数据共享的积极性，建立政务数据共享机制成为亟待解决的问题。政务数据之所以需要共享，其根本原因在于行政系统的碎片化导致的部门信息不对称，进而带来数据获取、掌握和分析能力的分散，不能有效实现数据的价值，也不利于行政效率的提升，丰富多样的数据信息资源只有通过有效的共享和开放才能发挥其最大作用，实现最大价值。

就政府数据治理而言，面向共享和数据开放的数据治理组织架构和责任体系几乎是一样的，只是共享和开放的目的不同，数据治理范畴、要求、标准不完全一样。因此，各级各类政府应当建立统一的数据治理机构，按照不同的需求和标准开展治理，形成满足可共享或可开放的数据要素。

2.政府数据共享的技术实现：政务数据共享目录和共享平台

政务信息资源是政府在履行职能过程中产生或使用的信息或数据，涉及的部门、行业众多，类别庞杂，如果没有完整、统一、清晰的数据体系，很难实现跨部门、跨行业、跨地域的业务协同与高效共享。《政务信息资源共享管理暂行办法》第四条第二款规定：“各政务部门按本办法规定负责本部门与数据共享交换平台（以下简称共享平台）的联通，并按照政务信息资源目录向共享平台提供共享的政务信息资源（以下简称共享信息），从共享平台获取并使用共享信息。”因此，实现政务数据共享的两个关键基础设施是编制政务信息资源目录，建立政务数据共享交换平台。

政务信息资源目录是通过对政务信息资源依据规范的元数据描述，按照一定的分类方法进行排序和编码的一组信息，用以描述各个政务信息资源的特征，以便于对政务信息资源的检索、定位与获取。其作用主要是：

其一，形成政务数据（信息）资源目录，实现政务数据资产化管理制度，掌握动态的政务信息资源的现状，规划政务信息资源的建设。

其二，在政务数据资源目录基础上，可以形成政务数据共享目录和政府数据开放目录，实施政务数据要素化利用管理。

其三，在使用者和各部门之间搭建起一个桥梁和纽带，方便使用者检索和定位所需要的信息资源，并且根据政务信息资源中元数据定位信息资源的获取。

早在2002年，《国家信息化领导小组关于我国电子政务建设指导意见》（中办发〔2002〕17号）即首次提出“国家要组织编制政务信息资源建设专项规划，设计电子政务信息资源目录体系与交换体系”。在政务信息共享概念后，为推进政务信息资源目录编制，发改委于2017年发布了《政务信息资源目录编制指南（试行）》（发改高技〔2017〕1272号）要求加快建立政府数据资源目录体系，推进政府数据资源的国家统筹管理。2022年6月6日，国务院印发《国务院关于加强数字政府建设的指导意见》（国发〔2022〕14号），提出“建立全国标准统一、动态管理的政务数据目录，实行一数一源一标准，实现数据资源清单化管理”。

在清理数据资源目录基础上，需要建立政务数据资源共享的基础设施，以支撑共享的实现，这便是政务数据共享交换平台。数据共享交换平台是面向政府部门提供政务数据资源的共享平台，通过统一数据标准和联结交换标准，实现政务数据“可见、可查、可管、可控、可用”，支撑各业务单位和业务部门的数据共享、交换和业务协同工作，支撑政府数据的整合应用，最终实现数据要素化利用。数据共享交换平台，不仅在同级部门之间实现共享交换，还尝试在国、省、市（县）不同层次上实现数据目录联通、数据资源联通、业务流程联通。为推进统一政务数据共享交换平台建设，国家发布《政务信息系统整合共享实施方案》（国办发〔2017〕39号）、《加快推进落实〈政务信息系统整合共享实施方案〉工作方案》（发改高技〔2017〕1529号）等政策文件指导推进。2022年9月，国务院办公厅发布的《全国一体化政务大数据体系建设指南》是最新的政策文件。

《全国一体化政务大数据体系建设指南》要点

2022年9月，国务院办公厅发布《全国一体化政务大数据体系建设指南》。该《指南》明确提出，政务数据共享开放和平台建设取得一定成绩，但政务数据体系仍存在统筹管理机制不健全、供需对接不顺畅、共享应用不充分、标准规范不统一、安全保障不完善等问题。《指南》指出“当前政务数据资源存在底数不清，数据目录不完整、不规范，数据来源不一等问题，亟须进一步加强政务数据目录规范化管理。数据需求不明确、共享制度不完备、供给不积极、供需不匹配、共享不充分、异议处理机制不完善、综合应用效能不高等问题较为突出。有些部门以数据安全要求高、仅供特定部门使用为由，数据供需双方自建共享渠道，需整合纳入统一的数据共享交换体系”。

为此，针对政府数据共享当中的现实问题，《指南》提出了两大举措。

第一，构建完善统一共享交换体系。依托全国一体化政务服务平台和国家数据共享交换平台，提升国家政务大数据平台数据共享支撑能力，统一受理共享申请并提供服务，形成覆盖国家、省、市等层级的全国一体化政务数据共享交换体系，高效满足各地区各部门数据共享需求，有序推进国务院部门垂直管理业务系统向地方政务数据平台共享数据。各地区各部门按需建设政务数据实时交换系统，支持海量数据高速传输，实现数据分钟级共享，形成安全稳定、运行高效的数据供应链。

第二，深入推进政务数据协同共享。国家政务大数据平台支撑各省（自治区、直辖市）之间、国务院各部门之间以及各省（自治区、直辖市）与国务院部门之间的跨部门、跨地域、跨层级数据有效流通和充分共享。各地方政务数据平台支撑本行政区域内部门间、地区间数据流通和共享。各部门政务数据平台支撑本部门内、本行业内数据流通和共享。以应用为牵引，全面提升数据共享服务能力，协同推进公共数据和社会数据共享，探索社会数据“统采共用”，加强对政府共享社会数据的规范管理，形成国家、地方、部门、企业等不同层面的数据协同共享机制，提升数据资源使用效益。

3.政府数据共享的地方探索

随着中央层面的政府数据共享工作的部署，地方层面的政府数据共享也在不断地推进和完善中。据不完全统计，全国各地已经有超过20个地方政府出台了推进政府数据共享的具体实施办法，典型的如《辽宁省政务数据资源共享管理办法》《上海市政务数据资源共享管理办法》《河南省政务信息资源共享管理暂行办法》《湖北省政务信息资源共享管理办法》等。截至2019年10月底，我国已有102个地级及以上的地方政府上线了数据开放平台。根据《中国地方政府数据开放报告》，我国51.61%的省级行政区、66.67%的副省级和24.21%的地级行政区已推出政府数据开放平台。

各地方依托全国一体化政务服务平台和国家数据共享交换平台，构建起覆盖国务院部门、31个省（自治区、直辖市）和新疆生产建设兵团的数据共享交换体系，初步实现政务数据目录统一管理、数据资源统一发布、共享需求统一受理、数据供需统一对接、数据异议统一处理、数据应用和服务统一推广。全国一体化政务数据共享枢纽已接入各级政务部门5951个，发布53个国务院部门的各类数据资源1.35万个，累计支撑全国共享调用超过4000亿次。可以说，政府数据的共享工作是整个政府数据流通利用相关制度建设中最早落地，同时也是成效最显著的数据法律规范制度。

第19讲　政府数据的社会供给：数据开放和授权运营

政府既是政府数据资源管理者，又是整个数据经济推动者和监管者。构建良好的制度和机制，为社会提供高质量的可用数据资源是政府的重要职责。在这方面，政府数据开放被认为是推动数据经济发展，实现数字化转型的重要措施。在“数据二十条”颁布之后，我们应当从推进政府数据要素化、社会化利用的角度思考数据开放制度，在完善无条件开放和有条件开放制度基础上，推进政府数据授权运营稳步、高效发展。

§19.1　政府数据开放的基础理念

政府数据开放是政府作为基础数据资源持有者向社会提供可用数据要素的行为。由于数字时代对数据的需求不同，政府向社会提供数据的内容和方式也不尽相同，因而应当根据社会需求和政府数据开放的可行性探索适用于政府数据社会价值最大化实现的数据开放制度。

1.数据开放的基本精神与举措

政府在许多活动领域都存在收集、生产、存储和传播广泛的数据资源的情况，如政治、经济、法律、地理、医疗健康、环境、气象、旅游、商业、知识产权和教育领域等。包括行政、立法及司法机构自身制作的公共文件和统计数据在内，政府数据构成了一个庞大、多样和宝贵的数据资源库。政府数据是重要的生产要素，可以通过公共服务主体之间的共享和面向社会进行开放实现其价值。“数据二十条”沿用地方实践中的公共数据概念，提出“推进实施公共数据确权授权机制”，构建了更加科学的数据开放体系。

为加强公共数据开放利用的力度，“数据二十条”提出了三个新举措。

其一，统筹授权，推进数据开放。数据开放是在承认公共数据生产者管理权的基础上施加的一项义务，统筹授权意味着在统一开放政策、规则和规划下，允许公共服务机构根据数据行业特征、用途等因素实施开放。可以建立公共数据开放平台，但是公共数据开放义务主体仍然是各公共服务机构。在统一规划下，由公共服务机构自主管理的公共开放，可以激发数据开放活力，强化公共数据的有效供给。

其二，实行安全使用目的的数据开放方式。数据存在隐私和安全风险，数据开放需要避免原始数据流动利用的风险，同时又能够使接受人使用数据。为了减少对数据安全和合规风险的担忧，“数据二十条”提出“原始数据不出域、数据可用不可见”新方式。公共服务机构单独或联合进行数据治理和汇集，开发数据模型，形成计算分析结果等数据衍生产品向社会提供或许可使用；建立安全计算环境，允许相关研究机构或企业组织在该计算环境中运算数据，获得计算结果。前者属于原始数据形成产品的交易；后者是在特定环境下原始数据的计算使用，均实现了原始数据的计算价值，但又没有脱离原公共机构控制的数据系统（域）。推行以安全使用为目的或方式的数据开放，可以不断扩张数据开放利用的范围。

其三，公共数据可以有条件开放使用。在公共管理和服务过程中形成的数据并不是简单开放，而是必须经过清洗、分类、归集和注释等治理工作，这需要巨量的成本投入。因此，公共数据开放是数字经济时代的公共基础设施，目的是满足社会对基础数据资源的需求。因此，“数据二十条”依据公共数据使用目的，采取不同开放模式：用于公共管理、公益事业的公共数据，采取有条件无偿开放方式；而用于产业发展、行业发展的公共数据则采取有条件有偿开放方式。两种开放方式实质上是采取受益者负担公共数据治理成本的原则，在满足公共利益本身需要的同时，促进公共数据转化为生产要素，让需求者可以获得可用且好用的公共数据资源。

2.数据开放：政府数据社会化利用的方式

根据“数据二十条”精神，开放是流通数据的重要方式。在这个意义上，开放就是将所持有的数据提供给他人使用。因此，数据开放是数据资源实现要素化、社会化利用的方式。

在域外实践中，开放很少作为一种流通数据的方式，而往往作为数据修饰语，即“开放数据”，其基本含义是供人自由取用的数据。开放数据中的开放是描述数据性质或利用方式。这个意义上开放数据相当于公共数据。在我国，不使用开放数据，而使用公共数据开放。也就是说，我们先定义了公共数据，然后再以开放来描述公共数据的社会化利用方式。此时的开放就作为流通数据的方式。我国地方立法探索中所定义的公共数据又不是按照数据目的或使用方式来定义的，而是按照隶属主体性质或业务性质来定义的，这就导致我国公共数据开放的结果并不等同于“开放数据”，而应当根据开放后数据使用目的或方式定义开放性质。正因此，我国的数据开放就形成两种性质的数据，可为任何主体自由使用的数据（对应无条件开放）和按照符合条件的主体受控使用的数据（对应有条件开放）。

在现行地方立法中，公共数据的“开放”一般定义为公共机构向自然人、法人或者非法人组织提供数据的行为。例如，《贵州省政府数据共享开放条例》第三条即直接将政府数据开放定义为“行政机关面向公民、法人或者其他组织依法提供政府数据的行为”。数据开放专指公共机构向社会提供数据行为，至于公共机构的范围在地方立法中宽窄不同（是否包括公用公益企事业单位）。但不管主体如何，数据开放行为的共性是流通数据——向社会提供数据，供社会主体使用。

数据开放作为政府满足社会再利用政府所掌握数据的方式，应当实现社会的需求和政府的供给匹配，建立满足社会需要的数据开放制度。这样的数据开放已经与国际社会在“开放数据”概念下的政府数据开放不一致了。因此，我们应当适应数据要素化理念和制度要求，探索适合我国社会经济发展需要的数据开放制度。

数据开放的目的是政府数据要素化利用，发挥政府数据的社会价值。在这样的目的定位下，政府数据应当“以开放使用为原则，以不开放为例外”，只要不侵害社会主体权益和危害国家安全，只要是社会需求的，那么就可以实施各种类型的开放。关键是针对不同的数据及其应用设置不同的开放条件和方式，并且能够将数据社会化利用风险控制在可接受的水平。在这方面，地方数据开放实践中，已经形成有条件开放和无条件开放，“数据二十条”又提出有条件有偿开放。在这样的背景下，我们可以探索出一条最大化政府数据要素化利用价值的开放制度。

3.数据开放的范围：原始数据与政务信息

数据开放则是适应大数据时代的一项公共政策，旨在实现政府数据为社会的最大化利用，以此攫取数据红利。这意味着政府数据开放的目的是形成大数据应用的公共数据资源池。因此，政府数据开放的目标一开始就应该定位于数据可以再使用，能够满足机器学习、大数据分析等需要。2018年，《上海市公共数据开放暂行办法》第三条明确规定：本办法所称公共数据开放，是指公共管理和服务机构在公共数据范围内，面向社会提供具备原始性、可机器读取、可供社会化再利用的数据集的公共服务。这一定义之后被各地方立法广泛采纳，因而政府开放一般认为开放的是原始、可机读和可再利用的数据集。按照本书的定义，数据集已经不再是数据初始形态或未经加工处理的数据资源，而是要素化的数据产品（作为产品的数据）。

虽然政府对开放数据已经提出可机读、可再利用原始数据的要求，但是地方法律并没有相应的标准，也没有如何将数据资源转化为可开放的数据要素的机制，因此就出现了开放数据与社会需求的不匹配甚至不能满足社会需求的状况。问题出在数据开放的前提是数据治理，首先要将公共管理和服务过程中形成的数据治理变成可开放、满足社会需要的可用数据（可再利用的数据要素）。而可利用的数据要素必须满足以下要件：

（1）可用性：属于可关联、可计算分析的原始数据；

（2）可重用性：脱离初始场景的数据可被接受者理解、识读和使用；

（3）合规性：数据提供给社会主体使用不违法、不侵权、不危害国家安全。

显然，满足上述要求就需要开展数据治理，一方面，要将公共事务过程中形成的原始数据，治理成为具有一定质量，满足特定使用目的的数据；另一方面，这一过程还要确保合规合法，确保数据开放的安全。这两方面，本质上是要配置相应的资源，开展数据治理和数据开放管理工作。目前，对于开放数据要求和数据治理实施都不到位，因而政府开放出的数据与社会的需求存在落差。各地开放的数据大多数为人可识读的信息，而且多为统计信息或事实数据列表。其原因可能是现阶段公共机构无能力向社会提供可机读原始数据。更深层次的原因可能是目前数据开放的目标与当前的体制机制不配套，甚至与社会需求多样性不完全匹配。也许我们本身不应当将数据开放限定于原始数据，而应当将信息资源纳入开放体系，构建可机读原始数据和信息资源两类开放。

将政务信息资源纳入数据开放范围的主要理由包括如下几点。

（1）社会大众对政府数据的需求是人可识读或使用的数字化信息和知识，而不是数字化可机读的原始数据。如将数据开放定位于基本公共服务，那么所开放的恰恰应当是人人可使用的信息资源。

（2）政府在运营过程中形成的信息资源也是有再利用价值的。信息资源不仅可以满足数字时代市民生活需要，满足研究者对信息资料收集的需要，而且亦可以被加工成为可机读数据，成为机器学习的对象。

（3）政府机构运营过程形成的可以开放的数据形态是业务统计、总结报告等。这些信息是对数据加工分析形成的，不仅是现成的数据资源，而且对外提供没有风险。

（4）信息资源的开放不需要增加政府运营成本。对于政府机构在从事管理和公共服务过程中形成的信息资源可以主动向社会开放，置于公众可获取的开放平台，不需要治理，也不需要控制信息资源使用，因而不需要增加太多的财政预算。

因此，开放的数据应当作广义理解，既可以是经治理的可机读原始数据，也可以是不需要深度治理的、具备普适价值的政务信息。

§ 19.2　政府数据开放制度的基本框架

数据开放是政府的一项新事业、新服务，需要寻求实现数据开放目的的可行制度。实践中形成的无条件开放和有条件开放是适应社会发展需要和政府数据治理能力的制度，政府需要在明确责任的基础上，切实地推进两类数据开放。

1.数据开放的主体

数据开放作为政府向社会供给数据要素的行为，需要明确谁来开放，落实开放数据责任的主体。数据开放的主体应当是实际生产和控制数据的持有者（或称管理者）。

政府是一个分工明确的体系，各级各类部门之间有明确的分工，因而政府的数据生产是分散的；但其数据资源管理权却是独立的，因而每个实际生产和控制数据的政府部门（机构）都有权利，也有责任向社会开放数据。在数据开放领域仍然应当坚持“谁生产，谁管理，谁开放”的原则，明确数据开放的责任主体。数据开放责任主体主要负责两件事情，一是可开放数据资源治理，二是开放数据风险和过程管理。这样的权责配置原则也将延伸到授权运营。

此外，建立统一的数据开放平台不影响数据开放责任主体是分散的各级各类政府部门或机构。因为，统一的数据开放平台只是政府向社会开放的渠道或技术实现方式，并不意味着由该统一运营机构负责治理和提供数据（开放）。例如，《上海市数据条例》第四十二条明确，本市依托市大数据资源平台向社会开放公共数据，但是责任主体仍然是各级责任部门："市级责任部门、区人民政府以及其他公共管理和服务机构分别负责本系统、行业、本行政区域和本单位的公共数据开放，在公共数据目录范围内制定公共数据开放清单，明确数据的开放范围、开放类型、开放条件和更新频率等，并动态调整。"

这里需要澄清分散的开放主体与统一开放的关系。统一的数据开放是数据开放的技术基础设施，即统一的标准和制度规则。它并不意味着数据需要物理集中，更不意味着开放的主体是唯一的。这意味着政府数据开放必须明确政府数据资源的管理权，在明确管理权的同时落实数据开放义务与责任。

2.政府数据开放的二分理论

在地方立法中，大多将政府数据开放定位于政府在数字时代的基本公共服务。但是，数据的社会需求是多样的，并非每个主体都有相同的需求，也不是所有的数据都具有普遍适用性。实际上，社会对政府数据的需求大致可以分为两类，一类是大众需求，即社会大众或任何主体都有需求或需求的可能性；另一类是特殊需求，即社会中的特殊主体、特殊行业、特定用途的需求。显然，在前一种情形下，属于政府应当提供的基本公共服务；而在后一种情形下的政府数据供给没有普遍性或公共性，不宜纳入政府的基本公共服务范畴。在实践中，满足这两种数据需求的政府数据开放分别为无条件的数据开放和有条件的数据开放，两种开放大致对应不需要治理的政务信息和需要治理的原始数据。由此，我们可以沿用无条件数据开放和有条件数据开放，构建两类不同性质的数据开放：基本公共服务范畴的无条件数据开放和非属于基本公共服务范畴的有条件数据开放。在应然层面上，政府数据开放的二分理论应当按照表4进行区分。

表 19–1　政府数据开放的二分理论

	数据形态	行为性质	获取条件
非基本公共服务的数据开放	原始、可机读的事实数据	经济性（有条件、可以收费）	特定数据需求者经核准获取
基本公共服务的数据开放	业务汇总、统计报表、工作报告等信息资源	普惠性（无条件、无偿）	任何社会主体自由获取

政府数据开放的二分理论是建立在原始数据和原始数据分析结果二分基础上的。原始数据基本上是存储于特定系统中，标准化的可机读或机器学习的数据，具有受控使用特性；而原始数据关联分析或机器学习的结果转化为可公开发布和传播的，亦可为人识读的信息。能够满足大众消费（使用）的只有信息或知识，信息或知识经过大众学习和传播转化为人类智慧，形成社会生产力。而作为产生信息或生产知识的原始数据要素，并非所有的社会主体有这样的需求和转化能力，因而不适合公开的自由使用方式（这样的使用方式还存在较大风险），只有在一定制度安排下，流通、汇集、融合以支撑机器智能或人工智能。我们也并不因此否定无条件开放的信息资源的要素性——对社会生产力促进作用，只是原始数据更加有价值，是支撑机器智能的关键生产要素。

3. 政府数据的无条件开放与有条件开放

无条件开放是国际“开放数据”运动所秉持的基本原则，即政府应当无偿向社会主体提供可自由使用的数据，所谓无条件开放的政府数据多是指政府部门在公共管理和服务过程形成（制作）的可公开和自由使用的信息资源。这类数据资源是政府部门在从事公共管理和服务过程中形成的业务信息，如行政数据术语表和技术规范及其工作总结、统计分析、业务报表等。不涉及民事主体权益和国家秘密的信息资源可向社会公众公开，自由利用。

我国政府一开始就提出有条件开放和无条件开放的分类。例如，《贵州省政府数据共享开放条例》（2020年）第二十一条明确规定，“按照开放属性分为无条件开放、有条件开放和不予开放三种类型”[①]。这里的属性是按照是否限定数据接受者进行划分的：可以提供给所有公民、法人或者其他组织使用的政府数据属于无条件开放类；在特定条件下可以提供给公民、法人或者其他组织使用的政府数据属于有条件开放类；涉及国家秘密、商业秘密、个人隐私，或者法律、法规规定不得开放的政府数据属于不予开放类。与此同时，该《条例》认为，政府数据应当以无条件开放为原则，“有条件开放类或者不予开放类的政府数据，应当有法律、行政法规或者国家有关规定作为依据”。这一分类也基本上被我国地方政府所普遍采纳。

政府数据的无条件开放更多旨在实现普遍的社会价值。一方面，获取信息（数据）是公民的基本权利，每个人都有言论自由的权利，其中就包括持有意见和接受、传播信息和思想的自由；另一方面，在数字时代，公众对于公共信息存在强烈的需求，以享受便捷的数字化生活。毫无疑问，政府数据的无条件开放旨在将公民获取数据的成本降至最低，最大限度地促进信息与数据的流通，有效促进公共服务水平的提升。

与无条件相反，所谓有条件是指在数据使用主体、使用用途或方式等层面进行限制。为实现有条件开放，政府在数据开放时需要对使用者进行选择和控制。因此，有条件开放是在政府控制数据使用的前提下对社会提供数据的行为，是政府所实施的数据流通利用行为。

之所以要建立有条件开放制度，是因为政府对于数据开放需要解决以下两个基本问题。

其一，数据治理问题。政府数据流通利用意味着向社会提供经过治理的可机读、可重（复）用的原始数据，从事公共事务过程中形成的数据首

---

① 更早的《上海市公共数据开放暂行办法》（2019年）第十一条明确提出分级分类开放，将公共数据开放区分为非开放、有条件和无条件开放三类。

先需要治理才能转化为可重用数据（可开放数据），而且开放的数据还需要持续更新，因而需要持续地治理。数据治理是将原生数据处理成为具有计算使用价值的数据的生产活动，需要大量的资金、人力和技术资源的投入。显然，有条件开放使政府有机会吸收社会力量提供有偿治理服务。

其二，数据开放利用的风险问题。数据本身是有风险的资源，尤其是可机读原始数据的风险更高。政府在开放数据时必须将数据风险控制在可接受的范围之内，这就要求政府必须对开放数据进行合规性审查或评估，必须选择可信的数据使用者，必须采取技术和法律手段控制使用数据主体的使用行为。

因此，有条件开放主要解决可开放数据资源的生产和数据开放风险管理两大问题。在解决这两个问题的过程中演绎出授权运营，吸收社会资源投入或第三方开展政府的数据治理，管理数据开放。当然，如果国家财政预算能够支持政府自身开展数据治理，管理数据开放，那么有条件开放亦可以由政府自己实施，且可以免费实施。这也就意味着，有条件开放并不一定是有偿，其前提是政府财政预算可以负担原始数据开放的成本且开放数据的使用应当限定于公益目的。

4.数据开放的基础设施：统一数据开放平台

无论开放是否有条件，政府数据开放都应当通过统一的数据开放平台进行，这是政府数据赋能社会或者具体行业的基础设施建设。

在数字政府建设过程中，我国建设了全流程一体化在线服务平台即“国家政务服务平台”，在统一政务服务门户、服务事项管理、身份认证、电子印章、电子证照、数据共享等方面发挥了公共入口、公共通道、公共支撑三大作用。由于数据开放也被定义为数字时代的公共服务，公共数据资源又是掌握在各级政府部门和各个部门手中，为避免数字化建设过程中由先分散到集中的弊端（从各个地方自建信息公开网站到打造全流程一体化在线服务平台），在推行公共数据开放过程中，我国选择了统一平台开放模式。2015年，《促进大数据发展行动纲要》明确提出“建成国家政府数据统一开放平台”，“推进公共机构数据资源统一汇聚和集中向社会开放”等，反映了国家在推进数据开放上的总体指导思想。2022年9月，国务院办公厅印发《全国一体化政务大数据体系建设指南》，进一步明确提出“通过国家公共数据开放平台和各地区各部门政务数据开放平台，推动数据安全有序开放”。根据《指南》，全国一体化政务大数据体系包括三类平台，为“1+32+N”框架结构，即1个国家政务大数据平台，31个省（自治区、直辖市）和新疆生产建设兵团统筹建设的省级政务数据平台，“N”个国务院有关部门的政务数据平台，除以省为单位统筹建设的政务云外，各省、市及各部委政务大数据平台建设需求或将得到释放。

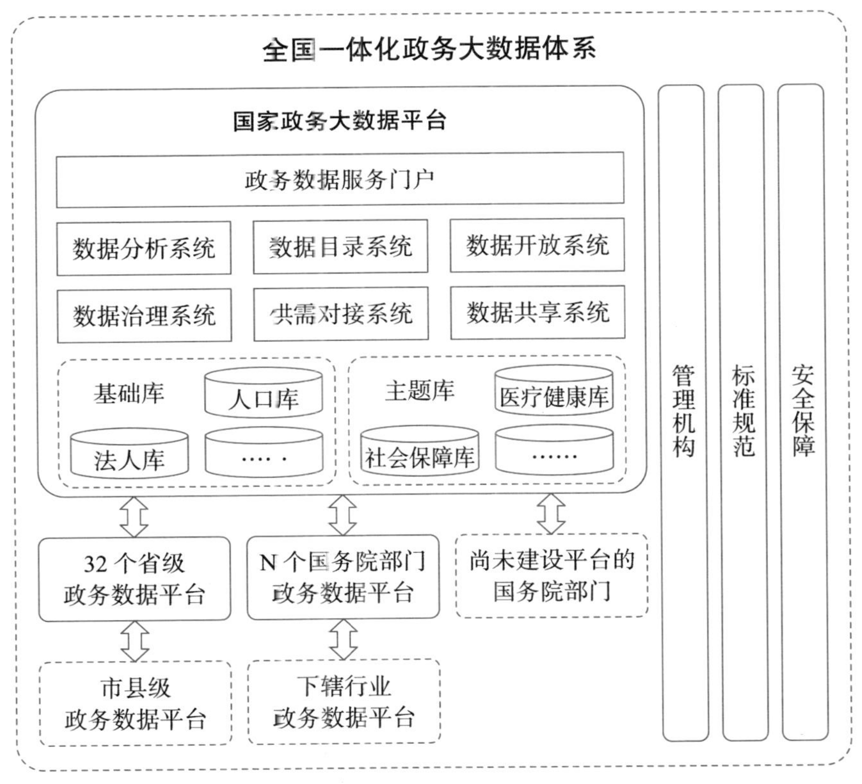

图19-1　全国一体化政府大数据体系总体架构图

资料来源：国家发改委

《促进大数据发展行动纲要》发布后，各地方政府积极贯彻这样的思想，开展公共机构数据资源共享和开放平台的建设，并通过立法将统一规划管理和统一数据开放平台上升为法律，以更加有效地实施政府数据开放计划。例如，《贵州省政府数据共享开放条例》明确，在省级政府建立议事协调机制，统一领导全省政府数据共享开放工作，同时规定省人民政府大数据主管部门负责全省统一的政府数据共享平台、开放平台的建设和运行维护，所有的政府数据共享开放应当在全省统一的政府数据共享平台、开放平台上进行。《浙江省公共数据条例》建立了分级建设和管理的统一公共数据平台，省级政府统一规划和编目，建立省、市、县三级公共数据平台管理体系。上海市是最早推行公共数据统一开放的省市。与其他省市不同的是，政务数据共享和公共数据开放管理体制不完全相同。政务数据资源共享管理工作的领导机构采取设在市委办公厅的“领导小组+经信委组织实施”的模式，而在公共数据开放环节则采取市政府办公厅直接领导的做法，以强化对公共数据开放的统一领导。《上海市公共数据资源开放暂行办法》第五条也直接将统一开放平台（以下简称开放平台）的建设、运行和维护交给了市大数据中心。《重庆市数据条例》提出如果建立了统一公共数据资源平台，不仅“政务数据、公共服务数据按照本条例规定纳入公共数据资源体系”，而且“鼓励自然人、法人和非法人组织将数据依法汇聚到公共数据资源体系”。

从以上列举我们可以看出，由统一机构负责公共数据开放，建立或通过统一数据开放平台进行开放，实施统一公共数据目录管理已经成为地方政府普遍的做法。但是，统一是否必然要求数据集中到平台或一个数据中心，则并不一定。因为统一可以是统一数据开放管理、通过统一平台实施开放、建立统一数据标准等，但这并不意味着数据集中存储到一个中心。因为，数据开放意味着向社会提供经过治理的可机读、可重（复）用的原始数据，从事公共事务过程中形成的数据首先需要治理才能转化可重用数据

（可开放数据），而且开放的数据还需要持续更新，这对治理效率提出更高的要求。从技术实现的角度来看，在数据产生的源头进行治理，然后实时提供利用是最高效的方式。先集中存储，再治理，再开放，数据治理工作量是开放平台难以承受的。如果在源头治理，那么再集中存储的必要性就不存在了。因此，最有效的组织公共数据开放的方式是，源头治理、源头存储，统一通道（平台）开放。统一开放平台只起到数据查询、匹配、调用或分发的作用。这在技术上被概括为"物理分散，逻辑集中"。在地方立法中，《天津市促进大数据发展应用条例》非常明确地提出"物理分散，逻辑集中"的政府数据开放机制。

因此，数据是各政府部门业务运营的"副产品"，即使为开放目的的数据也无须物理移动，改变其管理权和开放义务主体，而应以最恰当的方式原地生产、原地存储、原地治理，统一窗口（平台）开放。统一数据开放平台需要做的事并不是数据集中存储，数据目录的编制和技术标准的统一，数据需求与供给（提供）的匹配、数据开放的合规管理等才应当是统一数据开放的主要内容。

§19.3　政府数据授权运营

数据授权运营被认为是实施政府数据有条件开放的有效路径，但如何推进和实施公共数据授权运营，在最大化实现数据社会价值的同时，确保公共数据社会化利用的安全和合规，防范不必要的社会风险，是授权运营制度亟待探索和完善的。

1.政府数据授权运营的提出

有条件开放是我国数据开放制度的一大创新，而在地方探索有条件开放的过程中，逐渐形成了授权运营制度。2016年10月，福建省人民政府就颁布了《福建省政务数据管理办法》（省政府令第178号）。该办法将政务数据共享和开放融为一体的规范模式，要求编制、公布政务数据开放目录，依托统一的政务数据开放平台，向社会开放政务数据（第二十九条和第三十条），并将开放类型分为普遍开放类和授权开放类（第三十二条）。授权开放也分为两种，一种是按照规定程序申请，对符合条件的申请对象予以授权；另一种涉及将授权开放的数据进行商业开发的，应当通过公开招标等竞争性方式确定授权开发对象，也就是目前所谓的“授权运营”模式。属于政府取得的授权收入应当作为国有资产经营收益，按照规定缴入同级财政金库。显然，这奠定了我国政府数据有条件开放实施的基本制度规则。在有条件开放中提出授权运营，为其他地方所广泛采纳或接受。2021年11月发布的《上海市数据条例》将公共数据授权运营视为独立于公共数据开放的一种制度。

授权运营是地方政府在探索有条件数据开放过程中提出的，同时也得到国家支持。《国民经济和社会发展第十四个五年规划和2035年远景目标纲要》中明确提出“开展政府数据授权运营试点，鼓励第三方深化对公共数据的挖掘利用”。《全国一体化政务大数据体系建设指南》也明确提出“推进数据运营”的保障措施，按照“管运适度分离”原则，加大政务数据运营力量投入。加强专业力量建设，建立专业数据人才队伍，提升其数字思维、数字技能和数字素养，补齐运营主体缺位、专业能力不足短板，创新政务数据开发运营模式，支持具备条件、信誉良好的第三方企事业单位开展运营服务。建立健全政务数据运营规则，明确数据运营非歧视、非垄断原则，明确运营机构的安全主体责任，研究制定政务数据授权运营管理办法，强化授权场景、授权范围和运营安全监督管理。

目前，政府数据授权运营在各地已有诸多实践。2018年，成都市大数据股份有限公司获得市政府政务数据集中运营授权，搭建了成都市公共数据运营服务平台。2020年10月，该平台形成了第一批政府数据运营需求清单，涉及17个部门、55类数据。2021年3月，平台进一步形成第二批政府数据运营需求清单，涉及300多类数据，涵盖企业信用、交通、民生、住房建设等方面。2019年7月，数字重庆大数据应用发展有限公司成立，重庆依托该公司上线了全市政务数据运营平台，标志着重庆市在推动数据资源“聚通用”及大数据发展生态建设优化上迈出了实质性的一步。2020年9月，北京市发布《关于推进北京市金融公共数据专区建设的意见》，北京市经济和信息化局创新“政府监管+企业运营”的公共数据要素市场化应用模式，授权北京金融控股集团有限公司所属北京金融大数据公司建设金融公共数据专区，并承接公共数据托管和创新应用任务。之后，2023年7月18日，北京市经济和信息化局印发了《北京市公共数据专区授权运营管理办法（征求意见稿）》，试图将公共数据专区授权运营扩展到更多领域。

我国政府数据授权运营仍然处于探索阶段，还需加强从制度到法律层面的保障，特别是在数据权属界定、定价、交易、安全保护等环节，应当予以规范。尤其是需要结合“数据二十条”的基本精神，构建符合数据特征，实现政府数据要素化利用的授权运营制度。因此，这里提出并探讨几个制度和实施方面的问题。

2.政府数据授权运营的基础和内容

政府数据授权运营是数据有条件开放的一种可行路径，因此，我们仍然应当在数据开放制度框架下探讨其定位。数据开放是构建政府生产和控制的数据的社会化利用秩序，因而我们首先要承认政府是其生产数据的持有者，只是为了与社会主体区别，称政府为数据资源管理者。显然，授权运营首先需要政府有权，而政府对其所生产的数据资源的管理权是其授权运营的基础。从法律性质上来看，这种授权运营行为可以定性为特许经营。

政府管理的数据是政府机关在履行职责和提供公共服务过程中处理的各类数据，这类数据也具有要素价值，除满足政府治理需要外，还可以满足社会主体的需要，而数据开放即是满足社会对政府持有数据需要的方式。从政府本身属于公共服务机构的角度，政府有义务将其在履职和公共服务过程中的数据作为公共产品或公共服务再次提供给社会。但是，政府在履行职责和提供公共服务过程中形成的数据并不当然成为被社会主体所重用的公共产品。这是因为，政府在履行职责和提供公共服务过程中形成的数据只是资源，未经治理是没有要素价值的，只有投入大量的人力和物力才能生产出可供社会重用的数据要素（或称为数据产品）。成为数据要素之后，向社会提供（开放）的过程还需要专业的管理，以发现、对接和匹配社会需求，并在整个过程中管控数据社会化利用的风险。因此，从治理到开放，再到社会化利用管理是一个相当复杂和专业的过程，是现有的政府力量（财政预算、人员编制等约束）所力不能及的。因此，就有了政府作为资源持有者授权专业机构实施向社会提供数据的授权运营。

为了有效地实施授权运营，政府的授权内容一般包括以下内容。

其一，数据治理。政府机构运营过程形成的数据并不适宜向社会提供，甚至也不适宜重用。因此，授权运营往往是政府作为资源持有者授权专业机构开展数据治理，将数据治理成为可开放的数据。

其二，数据产品化。可开放的数据要素，还需要进一步结合社会需求或具体的需求场景，才能成为真正满足特定需求的数据产品。

其三，数据对外提供管理。如同工业品需要经销商、分销商，授权运营就是政府将数据市场化业务交给专业机构运营。

对于数据资源来讲，其数据产品化还未开始或完成，因而其授权运营自然就包括授权加工使用数据资源，形成数据产品并向最终用户“销售”。这样的授权实际上是让授权运营者替代授权者行使其本身所享有的加工使用和流通的权利。这意味着被授权主体在授权范围内享有开发数据资源所形成的数据产品的加工使用权利，同时还享有向社会提供所加工使用形成的数据产品的经营权。授权运营者实际上已经取得了政府数据产品持有者地位，这样的地位是政府授权的结果，因而认为其取得数据产品经营权。这是政府数据授权运营的主要模式。正因为受托运营机构实现将政府的资源转为产品，所以受托运营机构是作为特许的数据产品持有者，其对外提供数据的过程（开放）相当于数据流通行为。由此，授权运营实现了政府持有的数据要素化或产品化过程，实现政府数据的社会化利用，使政府数据可以合法地接入数据要素市场。

3. 授权运营治理：授权侧与运营侧的制度安排

为推进授权运营有效实施，首先必须解决政府侧的授权效力和效率问题。这是因为政府数据的授权运营最终是向社会供给高质量数据要素，而且这种供给是特许经营的市场方式，这就要求政府侧的授权有效、稳定，且能够高效地调动各政府部门履行供给数据的义务。

授权运营首先面临的问题是谁代表政府实施授权。政府由各级各类政府部门组成，而且每个机构都有各自的管理权限和服务职责，各自产生或生成数据。这些数据首先是各政府机构的生产要素，甚至是各自的资源。在法律上，可以明确各政府机构应当行使数据资源管理权，履行提供数据的义务，但是必须考虑到操作上的可行性，尤其是按照市场规则开展数据授权运营情形下。从效率的角度来看，政府宜采取集中授权方式，由一级政府代表同级所有部门（机构）授权专业机构开展运营。但是为实施这样的授权就必须有相应的制度和机制，让各机构履行各自提供数据的义务，其中包括如何解决政府授权运营过程中的成本和收益问题。

但是，政府数据是一个庞杂的体系，反映着行业和社会分工。一方面，政府本身的数据资源管理权需要区分行业，具有垂直管理属性（只是程度不同）。另一方面，数据的再利用也具有行业或领域性质。因此，各行业主管部门是否亦有权授权专业机构运营，也就成为授权运营的重要问题。显然，在承认各政府部门（机构）具有数据资源管理权前提下，我们亦应当承认各政府部门对外开放数据的权利和义务。在这种情形下，一级政府部门授权就应当代表同级政府机构所进行的行为。即便如此，原则上我们也不应剥夺有条件的行业主管部门独立实施授权。一个可能的原则是：越基层的政府，越可以实施统一授权；垂直管理强、行业特征明显的行业主管部门也可以独立实施授权运营。

授权运营是在政府不能直接从事具有商业性质的行为约束下，通过特许经营方式实现的政府数据要素化、市场化利用，在政府侧也需要考虑授权有效运营问题，既要考虑授权者权利的合理配置，也要考虑政府数据授权运营的风险管理，只有在权责一致的情形下，才能建立高效的授权运行机制。

运营侧的治理规范也是数据授权运营需要解决的问题。在这方面，首先需要按照市场规则定位和构建授权运营组织，将授权运营者打造成为自负盈亏、独立经营的法人组织。这是因为授权运营者需要承担将政府数据转化为生产要素，形成特定场景下可用的数据产品任务，以满足特定社会需求，而这是有成本的，即使政府提供数据不收费，授权运营者也需要投入资金来治理和运营，通过收费以支撑运营成本并获得可能的利润。只是由于政府提供数据不收费，因而授权运营者在数据资源上不需要投入资金，因而授权运营者的收费就需要接受政府的监管，使运营者所获得的收益与其投入大致相称。因此，授权运营者一般定位于营利性法人，只是其收费受政府监管（实施政府定价），以彰显公共数据开放的公益性质。在这样的定位下，我们既需要保持运营者的独立属性，同时还要有必要的政府监督和约束，以使授权运营符合政府数据开放的目的。

一般来说，政府要与授权运营者事前签署授权运营合同，明确双方权利、义务和责任，同时在此基础上建立事中和事后监督约束与处置机制，形成安全高效授权运行机制。授权运营合同和事中事后监督需要明确和处理以下事务。

其一，授权范围和内容。政府应当通过授权运营合同或特许经营合同明确授权数据的范围、授权经营的内容、授权期限、各方的权责利等，同时明确运营者运营的独立性和政府监督管理的边界。

其二，明确运营者的数据产品持有权。如果授权内容包括原始数据的治理、产品化等内容，那么就应当确立数据运营者数据产品持有权，以激励运营者生产更高质量的数据，自主决定数据产品交易或服务，更好地满足社会需求。当然，如果政府实行源头治理，仅授权运营者开发和对接社会需求、经销或分销数据产品，那么运营者仅取得数据产品经营权。

其三，数据开放的安全和合规责任。政府与运营者之间要合理分配数据开放过程中的数据安全和合规责任，确保数据开放不侵犯私人权益，危害国家安全和公共利益。

其四，数据运营者投资、收费和收益分配等。明确运营者在政府定价机制下独立投资运营政府的数据资源，实行自负盈亏、独立经营的机制。

其五，运营者服务和监督数据使用的责任。作为向社会提供数据产品的主体，授权运营者需要提供售后服务，确保提供的数据符合国家或行业质量要求和合同目的，同时还应当对数据使用者的使用数据风险进行管理。

“数据授权运营”可以说是一种极具中国特色的政府数据流通利用模式。授权运营单位通过取得公共数据管理机构的授权，对授权运营的公共数据进行加工，形成数据产品和服务，以实现向市场化的主体提供符合标准要求的数据要素的目的。这种具有“特许经营”性质的市场化数据分享模式，一方面协调了公共主体及其他社会主体之于公共数据之上的利益关系，另一方面在可控、可监督的数据安全监管范畴内实现了高质量数据要素产品的供给，实现了市场化价值与效率的提升。我们需要鼓励实践探索，发展出一些高效的授权运营模式，为立法提供可借鉴的经验。

4.授权运营收益的社会化分享

政府管理的数据资源来源于社会，政府是代表全体人民来行使数据资源管理权，并通过数据开放（含授权运营）实现数据的社会价值。在这一过程中，无条件开放可以让公众直接享用数据，感受数据红利，而在授权运营中，具有社会性和公共性的数据资源是通过特定行业、特定主体的开发利用来实现数据的社会价值的，而直接获利者是这些实际使用数据的主体，社会公众并不能直接获取利益，尤其是经济利益。为了让全体人民感受到政府数据开放带来的红利，就需要有良好的制度设计，通过二次甚或三次分配来实现社会的公平。

上海市在公共数据开放领域的探索

上海市从2012年6月启动了政府数据资源向社会开放试点工作，为推进我市政务数据资源共享和开放工作，2014年上海市人民政府发布了《关于推进政府信息资源向社会开放利用工作实施意见的通知》（沪府办〔2014〕37号）。该通知确立了上海市政府数据开放原则和实施措施。基本原则为：（1）开放为先，确保安全；（2）突出重点，稳步推进；（3）统一标准，规范运行；（4）引导市场，促进应用。数据开放的主要步骤和措施为：梳理政府信息资源，然后确定政府信息资源开放范围，并完善政府信息资源开放渠道，支持政府信息资源增值利用。上海市经信委2016年和2017年分别制定了当年本市政务数据资源共享和开放工作计划（沪经信推〔2016〕238号和沪经信推〔2017〕461号）。

2018年9月，上海市政府颁布了《上海市公共数据和一网通办管理办法》（市府令第9号），为促进本市公共数据整合应用确定总体框架，明确了分类共享和开放原则。在第三十条分类开放条款中，明确“公共数据按照开放类型分为无条件开放、有条件开放和非开放三类。涉及商业秘密、个人隐私，或者法律、法规规定不得开放的，列入非开放类；对数据安全和处理能力要求较高、时效性较强或者需要持续获取的公共数据，列入有条件开放类；其他公共数据列入无条件开放类”。不过，该办法具有综合性，随后即开始制定《上海市公共数据开放管理办法》(政府21号令)，该管理办法于2019年10月发布。21号令是一部专门规范公共数据开放的地方性法规，所确立开放原则、开放类型、开放机制等是经过长期数据开放实践经验总结的结果，其所确立的许多制度规则具有可复制推广价值。尤其是第五章多元开放，实质上在确立公共数据开放基本制度的同时，试图推动社会数据开放。

2021年11月，上海又出台了《上海数据条例》。其中提出的“公共数据授权运营”制度旨在传统数据开放的基础上，授权特定数据运营主体在授权范围内，依托统一规划的公共数据运营平台提供的安全可信环境，实施数据开发利用，并提供数据产品和服务。授权运营制度进一步丰富了政府数据流通利用的模式，更有效地对接了数据要素市场，从而进一步提升公共数据社会化开发利用水平。

——根据有关资料整理

事实上，政府数据通过授权运营的方式进行开放利用也是数据治理要求下的现实选择。政府数据的开放最终是为了进行分析利用进而反哺产业发展、反哺社会需求、反哺政府管理和服务。然而，政府数据的利用以数据质量达到一定标准为前提。因此，数据治理成为数据开放利用过程中不可或缺的重要环节。然而，数据治理需要投入相关的人才、技术、能力以及运营模式。对于政府部门而言，持续性投入专门力量进行数据治理将是重要挑战。从这一角度，将这一需要投入大量人力、物力、财力的任务交由专门的社会主体进行，是一个较为理想的选择。

公共数据授权运营是上海数据立法的亮点之一，这也是全国范围内第一次以立法形式提出公共数据授权运营制度。为了有效推动和落实该项制度，授权运营具体管理办法也已经提上了上海市地方立法的工作安排。

多元数据开放体系

为了推进和扩大公共数据开放，地方立法将公共服务机构（公用事业和公益事业的企事业组织）的数据纳入公共数据。而数据成为一种经济资源或生产要素，在“数据二十条”明确公共数据可以确权授权实施条件有偿开放政策背景下，我们应当区分政府的数据持有者权和其他公共机构（公用或公益企事业组织）的数据持有者权，采用不同数据开放（提供数据）行为，加上一般社会机构，三类主体数据持有者权的区分即可以构建适合数据特征和数据要素化利用规律的数据基础制度。

一、政府数据持有者的数据开放

政府是专门生产公共产品，承担公共管理职能和基本公共服务职责的公共机构，因而政府向社会提供的服务一定是均等化和普惠性的，且以无条件和无偿为原则。随着政府社会管理日益数字化，数字政府亦成为现代政府基本运行模式，其中很多公共服务都以数字化方式提供，同时也不断扩大公共服务的类型和范围，比如，数字社区居家养老、智慧出行、数字阅读等生活新图景和便民措施，而政务信息资源开放亦被认为是数字政府的一项新的基础公共服务，应当无条件和无偿向社会提供。在当前公共数据开放实践中，所开放出来的数据基本属于可公开为大众使用的信息资源。此类数据开放可以视为既有公共服务在数字时代的延伸，纳入基本公共服务范畴。

但是，可机读、可再利用的原始数据开放并不当然属于既有的公共服务自然延伸，而是一种向社会提供的新服务，这种服务的性质需要根据数据受众是否具有普惠性来重新评价，并且考虑数据治理（要素化）和运营管理的成本。从现在数据开放的实践来看，此类数据开放宜定位于非基本公共服务，可以设置获取者条件并可以收费，除非将某些数据的开放被定位于普惠性服务由财政支撑所有的运营成本。由于政府不能有经营行为，所以要实现有条件和有偿的政府数据开放，就需要以授权运营方式，通过引入社会资源将政府持有的数据要素化，并对接社会需求，按照政府调控的价格向社会供给数据。因此，在确认政府的数据持有者权的基础上，还要有科学的授权运营制度，使政府持有的数据能够合法安全地提供给社会，政府成为数据要素的供给者。

二、其他公共机构数据持有者的数据开放

其他公共机构即是地方立法中公共服务机构，一般指医疗、教育、供水、供电、供气、通信、文旅、体育、环境保护、交通运输等公共企事业单位。显然，这些企事业单位在提供公共服务过程中收集、制作的数据并不一定都是公共数据，更不是可供全社会主体所自由使用意义上的公共数据。为了更准确定义，《重庆市数据条例》开始以“涉及公共利益”来限制其他公共机构生产的数据。《厦门经济特区数据条例》甚至将其他公共机构生产的数据直接分为公共数据和非公共数据两类。笔者认为应当承认其他公共机构独立的数据持有者权，赋予其自主开发利用其产生数据资源的权利，同时施加向政府提供公共基础信息的义务，从而在实现数据资源自主处理的基础上，也可以为政府提供实现公共服务目的所需要的基础数据。

应当承认，无论从立法表述，还是政府或立法者本意都不是要将其他公共机构所持有的全部数据纳入公共数据的范畴，而是以支撑开展数字时代的各类公共服务为根本目的。最为直接的是为实现“一网通办，一网通管、一网协同”的基础公共服务，需要打通各部门和各领域数据，实现互联互通、智能化应用数字底座或数据基础设施。这就需要接入医疗、教育、供水、供电、供气、通信、文旅、体育、环境保护、交通运输等公用和公益企事业单位的数据。显然，政府从事公共管理和服务需要采集这些行业

的基础数据是非常正当的，这是从事公共服务的企事业单位应尽的社会义务。不过，将其他公共机构所持有的数据纳入公共数据范畴还应当具有更深层的制度目的，即支撑政府新的公共服务活动——数据开放。所开放的数据被定位于社会可再利用的原始数据，而政府又依赖于各行业社会主体（包括其他公共机构）所提供的各种原始数据，才能形成公共管理和公共服务所需要的数据集。

三、一般社会主体的数据开放义务

数据具有社会性和公共性，作为非公共机构的一般社会主体也具有开放数据的义务。不过对于社会主体而言，除非法律明确要求向社会无偿或无条件开放数据，如何向社会提供数据应当是数据持有者自身意志所决定的事项。而对于其他公共机构而言，其本身肩负着公共服务基本职责，因而有义务在传统公共服务范围内提供信息服务或者数字化提供公共服务。这样，其他公共机构向社会（通过政府汇集）提供公众需要或者向政府提供基本公共服务需要的数据，就是这些机构既有公共服务的延伸，是其应尽的义务。只要法律予以明确，这些机构就应当免费无偿提供。但是，如同政府一样，这些机构生产的数据并不一定都是或适合满足公众需要、可自由使用的数据，对于那些没有这样的共用性、公益性的数据，则应当由这些公用公益企事业单位自主决定，行使数据持有者权。由于其他公共机构本身是独立的法人，有独立资产，且不属于公权力机关，因而没有必要将其数据持有者权称为数据资源管理权，而应当直接称为数据持有者权。为满足政府向社会提供基本公共服务所需数据，只要在法律中明确这些公用公益企事业单位的公共数据提供的义务即可。

另外，不仅其他公共机构具有向社会开放数据的义务，而且一般社会主体也具有这样的义务。因为每个组织都是一个社会存在，社会需要基本公共服务和公共管理，政府为实施公共管理，提供基本公共服务，需要社会主体提供满足公共利益所需要的数据。为此就需要向社会主体施加向政府提供满足公共利益需要数据的义务，但应当严格限定于公共利益目的或基本公共服务需要。

——高富平：《公共机构的数据持有权——多元数据开放体系的基础制度》，载《行政法学研究》，2023年第4期

基于上述，本书试图构建三类数据持有者权，即政府的数据持有者权（数据资源管理权）、其他公共机构的数据持有者权和社会机构的数据持有者权，在承认这三类主体都享有数据资源持有者权的前提下，分别施加不同的数据开放义务，设计差异化的数据开放方式和机制，构建多元化数据开放利用体系，实现全面数据开放的制度愿景。

表19-2　省级政府出台的数据经济相关地方性法律法规（截至2022年）

序号	名称	文件	时间
1	北京	北京市公共数据管理办法	2021
		北京市数字经济促进条例	2022
		北京市政务信息资源管理办法（试行）	2017
2	天津	天津市促进大数据发展应用条例	2018
		天津市公共数据资源开放管理暂行办法	2020
3	河北	河北省数字经济促进条例	2022
4	山西	山西省政务数据管理与应用办法	2020
		山西省大数据发展应用促进条例	2020
		山西省数字经济促进条例	2022
5	内蒙古	内蒙古自治区政务数据资源管理办法	2021
6	辽宁	辽宁省大数据发展条例	2022
		辽宁省政务数据资源共享管理办法	2019
7	吉林	吉林省促进大数据发展应用条例	2020
8	黑龙江	黑龙江省促进大数据发展应用条例	2022

续表

序号	名称	文件	时间
9	上海	上海市政务数据资源共享管理办法	2016
		上海市大数据发展实施意见	2016
		上海市公共数据开放暂行办法	2019
		上海市公共数据和一网通办管理办法	2018
		上海市公共数据开放分级分类指南（试行）	2019
		上海市公共数据开放实施细则	2022
		上海市数据条例	2021
10	江苏	江苏省公共数据管理办法	2021
		江苏省数据经济促进条例	2022
11	浙江	浙江省公共数据条例	2022
		浙江省公共数据开放与安全管理暂行办法	2022
		浙江省公共数据和电子政务管理办法（废除）	2017
		浙江省人民政府关于深化数字政府建设的实施意见	2022
		浙江省数字经济促进条例	2020
12	安徽	安徽省政务数据资源管理办法	2021
		安徽省大数据发展条例	2021
13	福建	福建省大数据发展条例	2022
		福建省政务数据管理办法	2016
14	江西	江西省公共数据管理办法	2022
15	山东	山东省公共数据开放办法	2022
		山东省电子政务和政务数据管理办法	2021
		山东省大数据发展促进条例	2021

续表

序号	名称	文件	时间
16	河南	河南省数字经济促进条例	2021
		河南省人民政府关于推进云计算大数据开放合作的指导意见	2015
		河南省数据条例（征求意见稿）	2022
		河南省政务数据安全管理暂行办法	2022
		河南省政务信息资源共享管理暂行办法	2018
17	湖北	湖北省政务数据资源应用与管理办法	2021
		湖北省政务信息资源共享管理办法	2018
18	湖南	湖南省网络安全与信息化条例	2021
19	广东	广东省政务数据资源共享管理办法（试行）（失效）	2018
		广东省加快推进“互联网+政务服务”工作方案	2016
		广东省公共数据管理办法	2021
		广东省公共数据安全管理办法（征求意见稿）	2022
		广东省数据要素市场化配置改革行动方案	2021
		广东省数字经济促进条例	2021
		广东省人民政府关于加快数字化发展的意见	2021
20	广西	促进大数据发展行动方案	2016
		印发推进政务数据资源共享开放和业务协同工作方案的通知	2016
		广西公共数据开放管理办法	2020
		建立健全政务数据共享协调机制加快推进数据有序共享的实施意见	2022
21	海南	海南省促进大数据发展实施方案	2016
		海南省公共信息资源管理办法	2018
		海南省大数据开发应用条例	2019

续表

序号	名称	文件	时间
22	重庆	重庆市公共数据开放管理暂行办法	2020
		重庆市数据条例	2022
		重庆市政务数据资源管理暂行办法	2019
23	四川	四川省数据条例	2022
24	贵州	贵州省政务数据资源管理暂行办法	2016
		贵州省大数据安全保障条例	2019
		贵州省大数据发展应用促进条例	2016
		贵州省政府数据共享开放条例	2020
25	云南	无	
26	西藏	西藏自治区政务数据资源共享管理暂行办法	不详
27	陕西	陕西省大数据条例	2022
28	甘肃	无	
29	青海	青海省政务信息系统整合共享工作实施方案	2017
		青海省政务信息资源共享交换平台建设方案	2017
30	宁夏	宁夏回族自治区政务数据资源共享管理办法	2018
31	新疆	无	

表19-3　我国部分地区规范性文件对“公共数据”的定义

时间	单位	名称	规范内容
2016年3月	贵州省第十二届人大常委会	贵州省大数据发展应用促进条例	公共数据，是指公共机构、公共服务企业为履行职责收集、制作、使用的数据
2017年5月	浙江省人民政府	浙江省公共数据和电子政务管理办法	公共数据是指各级行政机关以及具有公共管理和服务职能的事业单位，在依法履行职责过程中获得的各类数据资源

续表

时间	单位	名称	规范内容
2018年12月	天津市人大常委会	天津市促进大数据发展应用条例	第五十五条（一）政务部门，指各级政府部门和行政执法机构。（二）政务数据，指政务部门在履行职责过程中制作或者获取的，以一定形式记录、保存的文件、资料、图表和数据等各类信息资源
2018年11月	上海市人民政府	上海市公共数据和一网通办管理办法	公共数据，是指本市各级行政机关以及履行公共管理和服务职能的事业单位在依法履职过程中，采集和产生的各类数据资源
2019年8月	上海市人民政府	上海市公共数据开放暂行办法	本办法所称公共数据，是指本市各级行政机关以及履行公共管理和服务职能的事业单位（以下统称公共管理和服务机构）在依法履职过程中，采集和产生的各类数据资源
2021年11月	上海市人大常委会	上海市数据条例	公共数据，是指本市国家机关、事业单位，经依法授权具有管理公共事务职能的组织，以及供水、供电、供气、公共交通等提供公共服务的组织（以下统称公共管理和服务机构），在履行公共管理和服务职责过程中收集和产生的数据
2020年9月	贵州省人大常委会	贵州省政府数据共享开放条例	本条例所称的政府数据，是指行政机关在依法履行职责过程中制作或者获取的，以一定形式记录、保存的各类数据，包括行政机关直接或者通过第三方依法采集、管理和因履行职责需要依托政府信息系统形成的数据
2020年6月	浙江省人大常委会	浙江省公共数据开放与安全管理暂行办法	本办法所称的公共数据，是指各级行政机关以及具有公共管理和服务职能的事业单位（以下统称公共管理和服务机构），在依法履行职责过程中获得的各类数据资源
2021年1月	北京市推进大数据工作小组办公室	北京市公共数据管理办法	本办法所称公共数据，是指具有公共使用价值的，不涉及国家秘密、商业秘密和个人隐私的，依托计算机信息系统记录和保存的各类数据

续表

时间	单位	名称	规范内容
2022年1月	江西省人民政府	江西省公共数据管理办法	本办法所称的公共数据，是指各级行政机关以及具有公共管理和服务职能的事业单位（以下统称公共管理和服务机构）在依法履行职责和提供公共服务过程中产生或者获取的任何以电子或者其他方式对信息的记录
2022年5月	北京市经济与信息化委员会	北京市数字经济促进条例	本条例所称公共机构，是指本市各级国家机关、经授权具有公共管理职能的组织。本条例所称公共数据，是指公共机构在履行公共职责和提供服务过程中收集和产生的，依托计算机信息系统记录和保存的各类数据
2021年7月	深圳市人大常委会	深圳市数据条例	公共数据，是指公共管理和服务机构在依法履行公共管理职责或者提供公共服务过程中产生、处理的数据
2021年10月	广东省人民政府	广东省公共数据管理办法	公共数据，是指公共管理和服务机构依法履行职责、提供公共服务过程中制作或者获取的，以电子或者非电子形式对信息的记录
2022年1月	山东省人民政府	山东省公共数据开放办法	本办法所称公共数据，是指国家机关，法律法规授权的具有管理公共事务职能的组织，具有公共服务职能的企业事业单位，人民团体等（以下统称公共数据提供单位）在依法履行公共管理职责、提供公共服务过程中，收集和产生的各类数据
2022年1月	浙江省人大	浙江省公共数据条例	本条例所称公共数据，是指本省国家机关、法律法规规章授权的具有管理公共事务职能的组织以及供水、供电、供气、公共交通等公共服务运营单位（以下统称公共管理和服务机构），在依法履行职责或者提供公共服务过程中收集、产生的数据 根据本省应用需求，税务、海关、金融监督管理等国家有关部门派驻浙江管理机构提供的数据，属于本条例所称公共数据

续表

时间	单位	名称	规范内容
2022年3月	重庆市人大常委会	重庆市数据条例	（四）政务数据，是指国家机关和法律、法规授权的具有管理公共事务职能的组织（以下称政务部门）为履行法定职责收集、制作的数据 （五）公共服务数据，是指医疗、教育、供水、供电、供气、通信、文旅、体育、环境保护、交通运输等公共企事业单位（以下称公共服务组织）在提供公共服务过程中收集、制作的涉及公共利益的数据

第20讲　国家数据主权与国际数据经济新秩序

数字经济是未来社会经济发展的趋势，而数据经济是数字经济的核心。与其他生产要素相比，数据要素更容易进行跨境流动，数据要素的价值会随着流动不断增加，但与此同时，国家安全、企业利益与个人隐私都面临着诸多风险。因此，围绕数据跨境流动和流通开展双边、多边国际合作，形成国际规则，是加快利用国际数据资源，形成推动我国经济高质量发展的新发展格局的客观要求。目前，国际社会在促进数字贸易便利和数字贸易规则方面已经达成一些共识，而在数据跨境、安全和隐私方面仍然存在分歧，如何平衡经济发展和国家安全，参与和引领国际数据经济新秩序形成，仍需我国提出方案、发出中国声音。

§20.1　数字贸易与数据管制

数字化对国际贸易的影响在持续深化，全球贸易分工格局在重构，全球经济关系在重配，全球贸易治理体系也在重建。国际社会已经出现应对数字贸易的双边、地区性或多边协定，但是跨境数据流动、国家安全等方面还存在着较大分歧。数据主权和数据本地化存储，各不相同的数据出境管制，不断地增加国际贸易的摩擦。在这样的背景下，我国面临着如何平衡数据监管与开放、国家安全和数据跨境流动的议题，形成有利于我国数据经济发展的数据出境管制政策。

1.数字贸易：数字经济时代的国际贸易

数字贸易一般被理解为以数字形式实现的货物和服务贸易，而数字贸易背后则是数据的流动。

数据的价值取决于以不同的方式组合来自不同主体（域）的数据，获取有价值的信息或知识。数据价值链中的每一步都可能发生在不同的国家/地区。例如，有一家总部位于德国的零售商，该零售商委托一家专业的市场研究公司来收集其德国、法国和英国客户的数据。然后，数据由位于爱尔兰的数据分析提供商进行汇总和分析，分析结果为零售商德国总部的战略业务决策提供信息。

数字化增加了贸易的规模、范围和速度，使公司向全球更多的数字连接客户提供新产品和服务。数字化也在改变我们的商品贸易方式，带来跨境电商，使消费者直购国外产品。信息和通信技术服务构成数字贸易的支柱，提供必要的网络基础设施，并支持其他类型服务的数字化，促进了数字化服务的兴起，这些服务由一系列基于数据驱动的创新解决方案（如云计算）等新服务提供支持。

虽然数字贸易没有一个被认可和接受的单一定义，但越来越多的共识是，它涉及消费者、企业和政府以数字形式实现货物和服务贸易。数字贸易强调贸易的方式是通过数字技术实现的，但并非所有的数字贸易都是通过数字方式交付的，既可以是数字方式交付，也可以是实物交付。也就是说，数字贸易涉及通过数字实现但实物交付的商品和服务贸易，例如，通过在线市场购买书籍，或通过匹配的应用程序预订公寓住宿。当跨境贸易涉及数字内容和数据产品时，那么就出现纯粹通过数字方式完成交易履行的纯数字贸易。

跨境数字贸易的核心是数字化方式实现的跨境商品或服务交易。数字贸易的方式既包括数字化平台促成的数字贸易，也包括任何以数字通信方式实现的跨境贸易。国际社会以三个维度来描述数字贸易，即交易的性质

（How）、交易的产品（What）和交易涉及主体（Who）。如表20–1所示，第一列是交易的性质，决定什么交易可以被视为数字贸易；第二列“产品”将信息或数据作为产品或服务的单独一项；第三列是所涉及的主体。

表20–1　数据贸易的三个维度

性质（How）	产品（What）	主体（Who）
数据订单（Digitally Ordered）	货物（Goods）	企业（Business）
平台实现（Platform Enabled）	服务（Services）	消费者（Consumer）
数字交付（Digitally Delivered）	信息（Information）	政府（Government）

从能否数字交付的角度，国际贸易可分为“数字交付”和“非数字交付”。数字交付也被称为“ICT–enabled services”，即“通过信息和通信技术网络远程交付的服务产品”。平台是一种数字化中介（digital intermediaries），其促进商品和服务的交易，也包括跨境数字贸易，但是在国际贸易中如何计算其服务的价值（如何与服务的贸易或服务分开）就是一个难题。完全数字化和可下载的产品也可以轻易地实现跨境订购，如软件、音乐、电子书、数据和数据库服务，它实现了“数字订购+数字交付”。

2.数据主权：跨境流动管制问题

随着数字贸易的兴起，数据跨境流动频繁，数据流出国境的各种利益保护问题受到广泛关切，本国利益保护逐渐延伸到域外空间，出现数据主权（data sovereignty）概念。数据主权使国家基于国民利益和国家利益对数据跨境流动实施一定的管制。

数据主权是国家主权的延伸。任何一个国家对于产生于本国、存储于本国和关系本国公民、企业与国家利益的数据当然享有管辖权。《国家安全法》第二条明确：“国家安全是指国家政权、主权、统一和领土完整、人民福祉、经济社会可持续发展和国家其他重大利益相对处于没有危险和不受内外威胁的状态，以及保障持续安全状态的能力。”在网络成为人类生存和活动的基本环境和工具背景下，网络将自然人、法人和各种组织的活动数据化，而数据化的信息均可以借助网络传播与流动，且可以轻易地跨国流动。于是，针对网络空间及其生产和流通的数据管制而提出网络空间主权。国家主权可以延伸至网络空间，网络空间被视为国家主权在陆、海、空、天之后的第五空间。由此，国家被认为对产生于本国网络空间的数据享有管辖权、管控权。因此，数据主权是一个政治或国际法概念，强调主权国家对本国数据进行管控和保护的独立自主的权力。

数据主权是国家特有的政治权力，旨在保护本国公民的数据主体权利和数据财产权。在此意义上，数据主权只针对其他国家具有效力，它不改变产生于本国范围内的数据归属、控制和利用关系。基于主权，国家享有对产生于本国的数据的利用秩序进行规制的权力，并保护本国公民和主体的利用权利不受他国干涉和侵扰。数据主权是叠加在数据主体权利和数据持有权上的“保护伞”，是国家行使的用于对抗域外侵害，保护国家安全的权力。

基于数据主权的观念就产生了备受争议的数据本地化和数据跨境流通管控。一方面，要求产生于本国的数据应当在存储于本国境内（存储于本国服务器上）；另一方面，国家对产生于本国的数据的出境进行限制、禁止和管制。跨境数据流动管制的基础数据境内存储，在此基础上附加各种限制出境的条件，以控制数据跨越国境的自由流动。

3.数据跨境流动管制的理由

数据不仅是资源或生产要素，而且是国家战略资源。基于国家经济和安全利益、本国公民权利的保护及数字产业政策等因素，应当对数据跨境流动予以管制。以下是各国实施跨境数据流动管制的主要理由。

（1）国家经济和安全利益

在数据经济时代，大数据起着不可替代的作用，它是一个国家发达程度的表现，信息技术与经济社会的交汇融合引发了数据迅猛增长，数据已成为国家基础性战略资源，其潜在价值和增长速度正在改变着人类的工作、生活和思维方式。数据属于一国的重要战略资源，从国家主权的角度应对数据跨境流动进行管制，实现对国内信息流动的主权控制，保护公共秩序和公共利益。另外，因跨境数据流动在数字创新和经济增长中至关重要，并出于数据保护和网络安全的考量（例如，对关键基础设施的网络攻击因素）及对执法数据获取的监管，需对数据跨境流动进行管制。

（2）本国公民权利的保护

个人信息是社会交往、社会治理的工具，也是数据经济时代的资源。进入数据化时代，各种硬件设备形成的海量数据记录与特定个体关联，可被用于匹配与分析。而人不应被当作客体而随意处理（分析），由此建立起个人数据（个人信息）保护制度，以保护信息主体的权益。个人信息（数据）保护权是一种基础人权，管制数据跨境流动有利于维护个人信息和数据保护权，防范数据处理行为侵犯主体尊严、自由和隐私权。另外，一些国家也将保护数字人权作为管制的理由，这主要是指保护本国公民访问互联网、获取信息的权利。

（3）数字产业政策

数据跨境流动管制关系数字产业政策的制定和发展，主要体现在两方面。其一，关系关税政策的制定。对数据跨境流动进行管制需要征收数字税；反之，不对数据跨境流动进行管制将导致关税损失。其二，关系国内数字产业的发展。通过对数据跨境流动进行管制，掌握对国内数据流动和数字技术的控制权，以维持自身竞争力，保护并推动本国数字产业发展，促进数字包容。

（4）国际数字贸易新秩序

数字经济的兴起导致权力越来越集中在少数主要平台和那些有能力充分利用它们的人手中。而监管机构无法跟上技术变革的步伐，这在很大程度上导致大型科技公司势不可当。结果是技术先进国家的财富激增，而世界其他地方却没有相应的繁荣。数据跨境政策可能反映了国内政策（塑造国内公司、保护国内数据流和资源）和外向政策（塑造一国境内外国公司的状况及其数据流）之间的平衡。因此，各国的数据出境管制是对抗，争取发展机会，最终实现数字经济新秩序。

长期以来，国际数字贸易秩序话语权由美国等发达国家主导和垄断，中国在国际数字贸易秩序话语体系中处于较弱势状态。中国不断增长的综合国力，以及不断变化的国际政治经济格局，尚未有强势国家在其规则领域形成具有统治性的话语权，给数字贸易新秩序的构建营造了灵活空间。通过数据跨境流动管制，构建操作可行、切实有效的数字贸易机制，反映中国利益诉求，进一步明确国际数字贸易中的中国规则，提高中国在国际数字贸易新秩序中的话语权。

4.数据跨境流动管制国际政策概览

各国政府出于保护本国数据安全等因素的考虑，纷纷出台了数据监管措施，在跨境数据流等方面设置壁垒。对于数据的跨境流动管制，主要包括数据本地化、有条件地移转、数据自由流动三种形式。[①]

（1）数据本地化

数据本地化是指国家禁止跨境流动的数据，通过制定法律或规则限制本国数据向境外流动，在一国境内存储、处理和访问有关国家公民或居民的数据。各国实施数据本地化的程度有所不同，中国、哈萨克斯坦、尼日利亚、巴基斯坦、沙特阿拉伯、土耳其、越南等国实施严格的数据本地化（Restrictive），完全禁止本国数据出境。印度、卢旺达等国家实施部分数据本地化（Guarded Approach），禁止本国特定数据出境，这些特定数据只能在一国境内存储、处理和访问。对于许多国家，尤其是亚洲邻国而言，中国的数字政策模式被视为支持数字经济的成功方法。因此，得出一个潜在的支持途

① UNCTAD，Digital Economy Report 2021 https://unctad.org/system/files/official-document/der2021_en.pdf

径，即通过一系列政策，特别是数据本地化来培育本地数据产业。

（2）有条件地移转

有条件地移转是指只要数据满足了法律规定的条件，就可以自由出境。有条件地移转允许数据跨境流动，这些数据必须满足特定的监管条件，否则不能跨境流动。对于数据可移转出境条件的规制方法（prescriptive approach）分为刚性和中间性（也称柔性）。采取刚性措施的有：阿尔及利亚、阿根廷、阿美尼亚、巴西、哥伦比亚、科特迪、埃及、欧盟、佐治亚州、以色列、肯尼亚、马来西亚、摩洛哥、秘鲁、南非、瑞士、泰国、突尼斯、乌克兰、英国。而采取中间性或柔性的有：阿塞拜疆、巴林、白俄罗斯、加纳、日本、吉尔吉斯斯坦、新西兰、韩国、阿拉伯联合酋长国。

（3）数据自由流动

数据自由流动是指国家对数据的跨境流动总体上采取自由流动原则，而只对关键或危害国家的流动行为采取干预。这种方法也被称为轻干预方法（light-touch approach）。实行这种措施的国家有澳大利亚、墨西哥、菲律宾、新加坡、美国等。

实际上，由于国家安全利益的存在，没有国家对数据跨境采取完全自由的态度，只是程度和方式方法略有不同。

5.数据跨境流动管制问题

数据本地化政策正在世界范围内迅速传播，在很大程度上将增加贸易成本，甚至数据出境管制正成为新的贸易壁垒。美国信息技术与创新基金会（INFORMATION TECHNOLOGY& INNOVATION FOUNDATION，ITIF）的研究认为，一个国家的数据限制每增加1个百分点，其贸易总产出将减少7%，其生产率将降低2.9%，并且下游价格在五年内将上涨1.5%。

国际贸易和投资必然伴随与贸易有关数据流动，这在大多数情形下是贸易的必然，数字通信手段无疑提高了国家之间数据流动的便利性，也为各国寻求管制这种流动提供了充分的依据。在某种意义上，数据流动是国际贸易往来的自然现象，伴随贸易的数据流动的管制原则上不应当因为数字化而发生根本改变。在过去，参与国际贸易的国家主要管控关系军事或经济安全的技术秘密信息或先进技术进出口，而对于伴随国际贸易出现的个人信息、商业信息等则不作干预。如今，在跨境数据管制下，似乎不加区分地将所有数据流动纳入管制范畴，这可能泛化了国家利益或国家安全。

除了技术贸易本身涉及的技术信息需要重点管控外，与国际贸易有关的数据跨境流动分为两种类型，一种是数据作为国际商务活动的附属物，另一种是数据作为国际贸易的标的。

数据作为国际商务活动的附属物，指从事国际商务活动（投资合作、贸易、服务等）必然要处理与国际商务活动相关的数据，包括个人数据、业务数据、交易履行数据等。

数据作为国际贸易标的物，数据本身是交易标的，即跨境“数字订购+数字交付”贸易所涉及的数字内容产品、数据产品等。这是数据经济国际化出现的新型贸易，是数据资源跨国流通。即使碎片化数据不敏感，一旦涉及规模性数据流通，也可能危害到国家安全，即使不涉及国家安全，也存在经济资源安全问题。就此而言，国家最需要管制的是作为规模化的跨境数据流通，而不是与国际商务活动伴随的数据流动。

在理论上，上述两种划分也许没有那么清晰。这是因为新技术和商业模式正在改变服务的生产和供应方式，模糊了商品和服务以及交付方式之间本来就是灰色的区别，并引入了商品和服务的新组合。例如，智能电子产品还需要嵌入式服务或平台支持。传统上，贸易规则是以区分商品还是服务以及是否跨越边界为前提的，但在数字时代，这些区别可能并不总是清晰的。企业现在越来越能够灵活地在不同地点开展业务，并将商品与服务捆绑在一起，加大了确定适用于特定交易的特定贸易规则的难度。

支撑数字贸易的是数据的流动。数据不仅是生产手段（支撑企业智能决策），是可以交易的资产，也是全球价值链（GVCs）构建和服务提供的一种手段。它还通过促进贸易便利化措施的实施，减少了对实物贸易的直接支持。数据也是云计算、物联网（IoT）和增材制造（additive manufacturing）等新兴且快速增长的服务供应模式的核心。所有这些涉及数据流、计算服务、智能解决方案等服务的贸易也被概括为数字服务贸易（Digital trade in services），并成为全球经济中最具活力的领域。因此，进入全球数字贸易时代，数据所扮演的多重角色，使数据的管制也变得异常复杂。但是，区分规模性的数据流通和与国际商务活动伴随的数据流动仍然是重要的，在该区分下再根据其对国家的危害程度分别对待是未来数据跨境流动管制需要解决的问题。

§20.2　我国数据出境管制

从概念和范畴上，数据出境管制不仅与贸易有关，而且与一般的国际交往、国家间司法协助、人员跨境流动等有关。数据出境管制是以国家安全和国家利益为基准点来判断哪些数据的出境应当受到管制。在《国家安全法》框架下，我国已经建立以《网络安全法》《数据安全法》《个人信息保护法》为基础的数据跨境流动管制框架。而且随着数据经济跨越国界，数据出境管制也会随之发展变化，形成适应正常的国际经济往来的数据出境管制框架。

1. 什么是数据出境

数据境内存储是指数据在其产生（发生）地存储，也叫本地化存储。数据本地化存储是数据主权观念兴起的产物。境内存储一般理解为存储数据的服务器位于境内。不仅企业服务器应当布设于境内，而且租用的云存储服务器亦应当是境内服务商布设的云存储服务。

基于本地化存储的要求，数据出境意味着，数据处理者在中华人民共和国境内运营中收集和产生的并存储于境内的数据，提供给域外主体。

《数据出境安全评估申报指南（第一版）》明确以下情形属于数据出境

行为：

（一）数据处理者将在境内运营中收集和产生的数据传输、存储至境外；

（二）数据处理者收集和产生的数据存储在境内，境外的机构、组织或者个人可以查询、调取、下载、导出；

（三）国家网信办规定的其他数据出境行为。

根据上述指南，存在两种数据出境情形，一种是主动出境，即数据处理者在日常运营中收集和产生的数据传输、存储至境外，实践中常见的场景是境内主体通过软件包括电子邮件、FTP、跨境搭建的VPN、API等传输信道以及硬件包括U盘、移动硬盘，甚至装载数据的便携笔记本等向境外主体提供数据，或者境内主体使用海外服务器时产生的数据上传或存储；另一种是被动出境，即数据处理者收集和产生的数据存储在境内，境外的机构、组织或者个人可以查询、调取、下载、导出，实践中常见的场景是境外主体通过访问境内主体部署于境内的公开网页、服务器、数据库或信息系统等获取数据。

数据与国家安全紧密联系在一起。数据是国家安全的载体，属于国家安全的重要范畴，跨境数据管制以数据出境管制为核心，以维护国家安全为基本宗旨。

2.我国数据出境管制政策概览

2015年，我国颁布了《国家安全法》，贯彻实施国家提出的总体国家安全观战略思想，确立了全面国家安全防御体系。之后，我国逐渐建立了数据出境管制制度和措施。这主要体现在以《网络安全法》《数据安全法》《个人信息保护法》为基础的数据跨境流动管制框架的建立。

《网络安全法》是一部全面规范网络空间安全的基础性法律。《网络安全法》首先通过落实各社会主体网络安全责任，提升各组织网络安全能力，确保网络的使用不会危害国家安全和国家利益。在维护国家安全方面，《网络安全法》建立了关键信息基础设施制度，明确了关键信息基础设施的运营者在中华人民共和国境内运营中收集和产生的个人信息和重要数据应当在境内存储，出境需要采取评估。由此我国明确提出关键信息基础设施运营数据境内存储，出境采取评估管控的出境管制制度。

《数据安全法》仍然坚持总体国家安全观，以维护国家主权、安全和发展利益为基本宗旨。《数据安全法》建立了数据分类分级保护制度，及相应的数据安全保障制度。第二十一条以国家安全为标准，将所有的数据区分为国家核心数据、重要数据和一般数据，实行分级保护，建立集中统一、高效权威的数据安全风险评估、报告、信息共享、监测预警机制和安全应急处置机制。在此基础上，《数据安全法》建立了“数据处理活动的安全审查制度”“数据出口管制制度”投资贸易活动中的“对等措施”以及司法协助中的“数据审批制度”等制度维护国家安全。

《个人信息保护法》对于个人信息出境总体上采取了与国际社会接轨的出境路径。依据《个人信息保护法》，境内个人信息处理者可依据缔结或者参加的国际条约、协定进行个人信息进出境处理或向境外提供利用。除此而外，个人信息处理者因业务等需要，确需向中华人民共和国境外提供个人信息的，可以采取以下三种方式出境：“安全评估”“保护认证”和“标准合同”。满足任何一种条件（方式）即可以合法出境。个人信息处理者应当采取必要措施，保障境外接收方处理个人信息的活动达到《个人信息保护法》规定的个人信息保护标准。

总体而言，在数据出境管制上，我国区分主体采取不同的管制政策，一般个人信息处理者采取较宽松的多元方式，而关键信息基础设施运营者则采取唯一的评估制度。所有数据出境管制制度主要就是关键信息基础设施管制制度和出境评估制度。

3. 个人信息出境管制基本措施

个人信息处理关系个人尊严、自由和平等主体权利（属于人权范畴），自20世纪70年代域外便开始建立个人信息处理法律规则，防范滥用个人信息的处理行为对主体权利的侵害。1980年欧洲委员会的《个人数据自动化处理中的个人保护公约》和1981年OECD《隐私保护和个人数据跨境流通指南》旨在消弭个人信息跨境流动规则的冲突。欧盟议会与欧盟理事会1995年《关于涉及个人数据处理的个人保护以及此类数据自由流通的第95/46/EC/号指令》（简称《个人数据保护指令》）开启了个人数据出境限制和管制之路。国际社会关于个人数据出境通行的基本原则是，只要个人数据的目的国（进境国）对个人数据的保护达到出境国的个人数据保护水平，即应当允许公民个人数据流出境外。也就是，个人信息原则上允许出境，但应当以本国公民数据主体权利得到出境国的充分认可保护为前提。

2016年《网络安全法》最先建立我国的个人信息出境管制制度，且只针对关键信息基础设施运营者，规定凡是在中国境内收集和产生的重要数据和个人信息的出境都需要进行数据出境安全评估。依此，个人信息出境仅有出境评估一种制度，且只有关键信息基础设施运营者的个人信息出境才纳入评估管控范畴。

2021年《个人信息保护法》作为专门法，全面地规定了个人信息出境的一般方式和条件，同时国家依据对等原则，建立限制或者禁止个人信息出境的国家“清单制度”或者反制措施。依据《个人信息保护法》，个人信息出境条件为：（1）确属业务必需；（2）基于个人单独同意；（3）遵守国家安全管制措施。除了依据我国缔结或者参加的国际条约、协定出境外，个人信息出境方式为：（1）通过国家网信部门组织的安全评估；（2）经专业机构进行个人信息保护认证（需符合网信部门规定）；（3）按照国家网信部门制定的标准合同与境外接收方订立合同。

根据2022年《数据出境安全评估办法》，数据处理者向境外提供重要数据、关键信息基础设施运营者和处理100万人以上个人信息的数据处理者向境外提供个人信息，或者自上年1月1日起累计向境外提供10万人个人信息或1万人敏感个人信息的数据处理者向境外提供个人信息等情况需要采取出境安全评估办法。其他个人信息出境则可以采取标准合同。

个人信息出境认证制度也正在建立，为个人信息出境提供另一种安全通道。2022年12月16日，全国信息安全标准化技术委员会秘书处发布《网络安全标准实践指南——个人信息跨境处理活动安全认证规范V2.0-202212》（TC260-PG-20222A）。不过，国家信安标委正在制定国家标准《信息安全技术　个人信息跨境传输认证要求》，2023年3月16日已经发布征求意见稿，不久将正式实施。

国家互联网信息办公室2023年2月22日发布了《个人信息出境标准合同办法》，对以与境外接收方订立个人信息出境标准合同的方式向境外提供个人信息的行为作出规范。据此，除法律、行政法规或者国家网信部门另有规定外，个人信息处理者通过订立标准合同的方式向境外提供个人信息的，应当同时符合下列情形：（一）非关键信息基础设施运营者；（二）处理个人信息不满100万人的；（三）自上年1月1日起累计向境外提供个人信息不满10万人的；（四）自上年1月1日起累计向境外提供敏感个人信息不满1万人的。个人信息处理者不得采取数量拆分等手段，将依法应当通过出境安全评估的个人信息通过订立标准合同的方式向境外提供。

4.重要数据出境管制

如果说个人信息跨境流动的控制主要解决的是国家之间个人数据权利保护水平不一致性的问题，那么重要数据跨境流动的控制主要解决的是国家安全问题，而这相对来讲更加具有弹性，更具有强烈的政治性。

《网络安全法》建立关键信息基础设施安全制度，并确立了重要数据及出境安全评估制度。《网络安全法》并没有对什么是重要数据予以明确界定，《数据安全法》第二十一条分类分级制度中对重要的数据作了方向性的规定："国家建立数据分类分级保护制度，根据数据在经济社会发展中的重要程度，以及一旦遭到篡改、破坏、泄露或者非法获取、非法利用，对国家安全、公共利益或者个人、组织合法权益造成的危害程度，对数据实行分类分级保护。”独特之处在于，在重要数据之后又规定了国家核心数据。这样，按照对国家安全的危害程度，数据被分为一般数据、重要数据和核心数据。这样的分类被2021年《网络数据安全管理条例（征求意见稿）》采纳，该条例亦被列入国务院2023年立法规划。

在我国，重要数据出境的管制策略为出境评估。因此，《数据出境安全评估办法》第十九条也对什么是重要数据作出规定：“本办法所称重要数据，是指一旦遭到篡改、破坏、泄露或者非法获取、非法利用等，可能危害国家安全、经济运行、社会稳定、公共健康和安全等的数据。”2022年，全国信安标委形成《信息安全技术重要数据识别指南（征求意见稿）》，给出识别重要数据的基本原则、考虑因素以及重要数据描述格式。指南将重要数据描述为：“以电子方式存在的，一旦遭到篡改、破坏、泄露或者非法获取、非法利用，可能危害国家安全、公共利益的数据。”并注明“重要数据不包括国家秘密和个人信息，但基于海量个人信息形成的统计数据、衍生数据有可能属于重要数据”。

随着数据资源化凸显，数据在网络环境中跨境流动给国家经济和政治安全带来了危害，于是在许多法域中出现了数据本地化存储的要求。数据本地化存储不限于个人数据，而逐渐扩展至关重要的非个人数据。重要数据是从国家安全意义上对数据类型或级别的划分，作为我国非个人数据出境管制的重要依据。我国对于个人信息之外的数据出境采取的策略是，一般数据充分流动，重要数据在满足安全保护要求的前提下有序流动，释放数据价值。

我国重要数据出境管制面临的问题有两方面。一是数据分类分级尚不清晰。数据分类是根据数据的属性或特征，按照一定的原则和方法进行区分和归类，建立起一定的数据分类体系，以便更好地管理和使用数据；而依据数据的重要性和影响程度进行的分类就是分级，分级应当是分类基础上服务安全管理的一种分类。目前各行各业的数据还未形成权威的分类分级体系。二是数据安全评估实施存在难题。数据分类分级是静态的，而数据安全风险多出于应用，需要结合特定出境应用场景、用途、使用者等才能做出评判。因此，作为重要数据的出境管制方式，重要数据的出境评估的实施仍然面临诸多挑战和实操问题。2024年3月，国家网信办发布了《促进和规范数据跨境流动规定》对我国数据出境政策进一步优化和明确，具有重要指导意义。

5. 安全的数据跨境路径探索

2020年8月12日，商务部发布《关于印发全面深化服务贸易创新发展试点总体方案的通知》，提出在北京、天津、上海等条件相对较好的试点地区开展数据跨境传输安全管理试点，支持试点开展数据跨境流动安全评估，建立数据保护能力认证、数据流通备份审查、跨境数据流动和交易风险评估等数据安全管理机制。

北京、上海、浙江、海南积极探索自由贸易试验区（自由贸易港）的数据跨境方案，主要涉及重要数据流动中的风险管控及保障措施、试点建立数据保护认证机制、积极部署国际互联网专用通道、稳步推进与特定地区信息互通或特定类型数据跨境传输。例如，2019年8月，《中国（上海）自由贸易试验区临港新片区总体方案》首次提出“构建国际互联网数据专用通道”，明确建立数据保护能力认证、数据流通备份审查、数据跨境流通和交易风险评估等数据安全管理机制，标志着数据跨境流通法律监管体系迈上新台阶。

但是，数据出境关系国家安全，重要数据的模糊性和国家安全广泛性决定了即使在自由贸易港，数据出境可行措施也很难落地。目前，自贸港的探索也主要集中在对现有出境措施的优化，比如，对每一类数据进行判断，形成该自贸区（港）特定领域的潜在重要数据“正面清单”，优化数据出境安全评估机制，优化个人数据出境的标准格式合同：使其更符合贸易情境下的个人数据的出境监管，尤其是确保数据出境标准合同与商业主合同不冲突。

建立“同主体同类数据高频出境白名单制度”，即数据第一次出境时仍须完整执行安全评估流程，同时对数据处理者、数据接受方、数据条目、数据出境频次和数据用途等进行备案，后续同主体同类数据再次出境时，可省去烦琐的评估流程，采取“事前备案+事后监管”相结合的监管机制以防范风险。

由于数据安全风险主要源自使用端，所以如何在受控环境下实现数据跨境流通利用成为解决数据出境的关键。因此，运用数据空间方法，构建特定行业的跨境数据空间也许是一条平衡跨境流动应用和国家安全利益的可行路径。

§20.3　国际数字贸易秩序

数字技术给国际贸易带来的挑战既包括传统贸易数字化、平台化、便利化所激发的国际贸易秩序变革，也包括数据资源化背景下数据资源跨境流通秩序的形成，而这两方面相互交织构成了当今国际数字经济的新秩序。我国正积极参与国际数字贸易规则制定以影响数字贸易国际新秩序的形成，并已经提出加入《数字经济伙伴关系协定》。

1. 国际社会涉数字贸易或数据跨境的协定

世界贸易组织（WTO）一直被视为具有特权的多边贸易管制机制，但自21世纪初各国越来越多地将重点转向双边或区域性特惠贸易协定（PTA）。与此同时，自21世纪始数字化对国际贸易造成了深度影响，数据成为国际贸易协定的新内容。于是，在21世纪出现许多双边或地区性协定涉及数字贸易条款。据统计，2000年以来，有近350份PTA涉及数字贸易。美国是最先在贸易协定中加入数据条款的国家。2004年，美国先与新加坡签署自由贸易协定，之后与智利、巴拿马、韩国签订类似自由贸易协定。之后，美国主推《跨太平洋伙伴协定》（TPP），但又在2017年退出TPP，转向北美自由贸易协定（NAFTA），2018年更名为USMCA，在先前工作的基础上增加了新的数据相关规定，并于2020年7月1日生效。另外，2019年，美国和日本达成了一项数字贸易协议，该协议以TPP条款为基础，并纳入了USMCA中增加的关键要素。

WTO是引领与制订多边贸易规则的最重要的国际组织，如今也面临如何适应新型数字化产品与服务跨境贸易的挑战。首先WTO框架下的三大传统协定（《关税及贸易总协定》《服务贸易总协定》《与贸易有关的知识产权协议》）以及乌拉圭回合之后签署并生效的《贸易便利化协定》（TFA）与《信息技术产品协定》（ITA）等协定均可在现有基础上或通过延展规则创制，以适应数字贸易挑战和需要，但这可能需要长时间的国际谈判才能达成。目前，WTO的86个成员国正在谈判一项基于电子商务等数字经济提议的数字贸易新协议，其成员国就数据收集、责任、市场准入权、非歧视、源代码披露、税收、网络安全等13项不同条款进行了多轮谈判。澳大利亚、日本和新加坡贸易部部长作为联合召集人于2021年12月14日发表的一份联合声明表示，在电子签名和认证、在线消费者保护、未经请求的电子商业信息、开放政府数据、电子合同、透明度、无纸化交易以及互联网开放这8项条款的谈判中取得了实质性进展，同时在电子传输免关税、跨境数据流动、数据本地化、源代码、电子交易框架、网络安全、电子发票以及关于市场准入的高层次讨论方面提出合并提案，并将在这些领域加强谈判。

在2018年之后，国际社会诞生了三份有较大影响的区域性贸易协定。

《全面和进步跨太平洋伙伴关系协定》（*Comprehensive and Progressive Agreement for Trans-Pacific Partnership*，CPTPP）。2017年，美国退出TPP，剩余11国继续未竟事业所形成的。2018年，CPTPP生效，签署国为除美国外TPP原12个成员剩余11个国家，即澳大利亚、文莱、加拿大、智利、日本、马来西亚、墨西哥、新西兰、秘鲁、新加坡和越南。

《太平洋地区经济伙伴关系》（*Pacific Regional Comprehensive Economic Partnership*，RCEP），是由中国主导以促进地区自由贸易为主要目的。谈判始于2012年，2020年11月签署，有15个成员国：澳大利亚、文莱、柬埔寨、中国、印度尼西亚、日本、老挝、马来西亚、缅甸、新西兰、菲律宾、新加坡、韩国、泰国和越南（印度2020年在签署前退出）。

《非洲大陆自由贸易协定》（*The African Continental Free Trade Agreement*，CFTA），协定于2018年签署，是在三个区域经济共同体谈判基础上形成非洲范围的自由贸易协定（FTA），旨在促进非洲内部贸易，为未来建立大陆关税同盟铺平道路。

与此同时，还出现两个专门致力于数字经济的国际协定。一个是《数字经济伙伴关系协定》（*Digital Economy Partnership Agreement*，DEPA，2020年6月12日，智利、新西兰和新加坡签署）；另一个是《新澳数字经济协议》（*Singapore-Australia Digital Economy Agreement*，DEA）。新加坡与澳大利亚两方于2020年8月6日签署该协议，其是具有约束力的数字协议。

2.《数字经济伙伴关系协定》（DEPA）

2020年6月11日，智利、新西兰和新加坡政府在网上使用电子签名签署了《数字经济伙伴关系协定》。该协定是第一个在数字贸易问题上建立合作关系、探索新方法、促进不同制度之间的兼容并解决数字化带来的新问题的协定。

DEPA，简称德帕，协定目的是加强数字领域的合作，建立解决数字贸易问题的国际新方法，探索数字经济的新领域，如数字身份、电子支付、数据跨境流动和人工智能。协定的谈判于2019年5月启动，三国贸易部部长共同讨论了如何最大限度地发挥数字化对经济的贡献，以及如何利用数字化时代贸易带来的机遇。最后确定制定这一领域的国际规则，确保企业和消费者更容易利用数字贸易机会，同时保护公共和私人利益。

DEPA共16个模块，其中包括：商业和贸易便利化，数字产品及相关问题，数据问题，更广泛的信任环境，企业和消费者信任，数字身份，创新和数字经济，中小企业合作，数字包容（Digital inclusion），透明度。在这些模块中提出一些基本原则来解决数据经济和贸易的问题。这些原则包括：（1）使用电子设备；（2）国民待遇和不歧视数字产品；（3）便利跨境业务的记录存档，包括电子发票和促进电子支付；（4）个人数据保护；（5）网络安全；（6）在线消费者保护，包括承诺致力于消除未经请求的广告信息（垃圾邮件）；（7）保护安全的数字身份；（8）实施人工智能的道德治理框架；（9）自由数据流；（10）通过确保接入开放互联网解决数字鸿沟和数字包容问题。

DEPA具有里程碑意义，为数字国际贸易新时代塑造全球规则提供了样本。它在促进全球一体化数字经济发展方面具有开创性意义，对未来的展望为进一步的贸易谈判指明了道路。最重要的是，它的模块化方法使它比传统的全面贸易协定更具可扩展性和灵活性。建立了一种合作机制，通过这种机制可以涵盖人工智能等技术的新用途。此外，由于DEPA缺乏报复性措施的规定，而且无法以传统贸易协定的方式执行，因此它有助于进一步创新和更具开拓性的方式的探索。

DEPA承诺建立一个数字经济伙伴关系，以支持创新，并在本国和全球建立信任。DEPA国家认识到，没有互联网用户的信任，就没有数字经济。因此，DEPA包括两个旨在建立信任的模块，即管理垃圾邮件和保护个人数据。同时认为，数据流是全球性的，各个国家的隐私规则不足以保护人们的隐私，因此需要国际合作来构建强有力的保护框架，包括透明度、数据质量和问责制度。DEPA还包括一些条款，推动就新兴问题的合作，例如，在数字经济竞争政策上采取共同的做法。

DEPA建立了一个超越CPTPP承诺的国家间数字贸易管理框架，DEPA对其他希望加入的国家开放，提供了志同道合的贸易伙伴达成高标准数字贸易协议的途径。2020年12月，加拿大宣布将寻求加入DEPA。我国于2021年10月，决定申请加入《数字经济伙伴关系协定》（DEPA）。2022年8月中国加入DEPA工作组正式成立，全面推进中国加入DEPA的谈判。

3. 数字贸易中的税收问题

数字贸易带来了许多需要解决的问题，除了隐私和数据保护、国家安全等问题外，还有税收问题。许多科技初创企业和数千家小企业都受到了流感带来的经济衰退的严重打击。相反，Facebook、Google和Amazon的市场份额和利润在危机期间都出现了爆炸式增长。人们越来越认识到数字公司应该缴纳公平的税款，于是在国际社会中开始提出远程企业征税。

向企业尤其是外国公司收税，要求纳税人与税务管辖区之间建立“联系”，通常以办公室或工人等实体的形式存在。在我们的数字世界里，公司可以与用户互动，在一个国家创造价值，而不需要在那里建立实体。超过130个国家正在经济合作与发展组织的包容性框架（OECD’s Inclusive Framework）下讨论新规则，以改变“关系”要求，使其不依赖实体存在。这些规则将决定如何把部分应税利润分配给用户所在的市场辖区。而有些国家则率先采取单方面行动，以推进该进程。2019年7月，法国对用户在创造价值方面发挥积极作用的数字活动产生的收入征收3%的数字服务税。

跨境电子商务消费税也是国际社会所热烈讨论的议题。消费税是以消费品的流转额作为征税对象的各种税收的统称，典型的消费税如增值税（VAT）和商品及服务税（GST），是对购买商品和服务征收的，由最终消费者承担。过去，各国倾向于免除低价值商品的消费税，因为税收额相较于征收成本要低。然而，电子商务方式大幅增加了低价值商品的进口量改变了这一情况。一些国家正在尝试借助数字平台来收集交易信息，向消费者征收相应消费税。

目前，大多数国家对电子书或电影等数字产品不征收关税，部分原因是世界贸易组织（WTO）成员之间达成了一项临时协议，不对“电子传输”方式交付的产品征收关税。这一禁令到期后可能不会立即延期，于是可能产生数字关税（Digital customs duties）。

另外，经济合作与发展组织包容性框架还在解决企业有可能将利润转移到低税收管辖区的问题。政府间存在税收竞争——降低企业税率以吸引投资，也助长了这一问题。所以提出最低征税额来限制国家“不公平竞争”。如果另一个国家征收的所得税低于商定的最低税率，可能会赋予这些国家“退税”的权利。

4.构建国际数字贸易新秩序

随着数字技术与数字经济的迅速发展，围绕着全球数字治理话语权的争夺也日益激烈。数字贸易迅猛发展为全球经济注入新活力，同时也对数字贸易治理提出严峻挑战。国情、目标和立场上的巨大差异决定了各国难以在短期内形成统一的国际数字贸易规则。其中，发达国家与发展中国家之间的主张及核心诉求差异更加明显。目前，数字贸易规则主要依托区域贸易协定构建，形成具有较强影响力的“美式模板”和“欧式模板”。整体来看，彰显美国意志的“美式模板”构建了高标准范本，背后反映的是美国利益。彰显欧盟意志的“欧式模板”也存在凭借自身强势地位与缔约方达成非等价承诺的问题。

我国作为数字贸易大国，应积极参与国际数字贸易规则制定并影响数字贸易国际新秩序的形成。自2019年1月WTO正式启动电子商务谈判以来，我国积极参与并提交了四份相关议案，主要涉及中国对于电子商务谈判的立场以及在建立良好和安全可靠的电子商务交易环境和推动合作方面的建议，为多边贸易体制下数字规则的构建贡献了中国力量。不断加强议题的引导能力，扩大与“一带一路”国家的数字贸易合作，积极探索反映发展中国家利益和诉求的规则体系。积极构建普惠型数字贸易规则，进一步提升我国在数字贸易领域规则制定方面的话语权与影响力。

2020年9月，国务委员兼外长王毅在全球数字治理研讨会上提出《全球数据安全倡议》：各国不得强制境外数据本地化存储，不得绕过他国法律直接向企业或者个人调取境外的数据，应当通过司法协助和多双边协议解决跨境数据调取需求，跨境调取数据应当尊重他国主权、司法管辖权和对数据的安全管理权。2022年4月21日，习近平主席在博鳌亚洲论坛年会发表题为《携手迎接挑战，合作开创未来》的主旨演讲，首次提出全球安全倡议。2023年2月，中国政府正式发布《全球安全倡议概念文件》。

数据流动是国家间投资贸易的必然要素。对传统经济而言，没有数据流动，就没有国际合作和贸易；对数据经济而言，没有数据跨境流动，就没有境外市场开拓和跨境服务，数据成为我国参与新的国际竞争秩序的重要谈判砝码。当前，在世界范围内，围绕数字贸易促进与便利类规则的分歧较少，但在数据、隐私和安全类规则方面的分歧较大，主要聚焦于跨境数据流动、数据本地化、源代码和加密保护等关键议题。我国应当形成和坚持统一且适当的数据跨境流动政策，在开放和保护、管制与自由之间寻求平衡点，通过双边协定的方式来推进国际数字经济新秩序的形成，积极参与国际数字贸易全球标准的制定。